金石書録解題

劉 節 著
洪光華 輯注

圖書在版編目(CIP)數據

金石書録解題 / 劉節著；洪光華輯注. -- 北京：商務印書館，2025. -- (劉節作品系列). -- ISBN 978-7-100-25669-8

Ⅰ.Z88：K87

中國國家版本館 CIP 數據核字第 202575C3X1 號

權利保留，侵權必究。

澳門城市大學中國文化研究院專題項目

(劉節作品系列)
金石書録解題
劉節 著 洪光華 輯注

商 務 印 書 館 出 版
(北京王府井大街36號 郵政編碼 100710)
商 務 印 書 館 發 行
三河市尚藝印裝有限公司印刷
ISBN 978-7-100-25669-8

2025年9月第1版　　開本 880×1230　1/32
2025年9月第1次印刷　印張 9 1/2
定價：88.00 元

前言

洪光華

劉節（1901—1977），原名翰香，字子植，號青松，浙江永嘉（今温州市鹿城區）人。1926年從上海國民大學哲學系畢業後，考入清華學校國學研究院。1928年自清華畢業，歷任南開大學、河南大學、燕京大學、大夏大學、浙江大學、金陵大學、中央大學、中山大學等校教職。1930年代曾任國立北平圖書館編纂委員兼金石部代主任；全面抗戰期間曾任中英庚款董事會協助研究員；1950至1955年兼任中山大學歷史學系主任。作爲中國著名歷史學家，他的治學範疇包括中國古代思想史、先秦史、金石學、考古學、古器物學、古音韻學、古文字學、人類學、民俗學、中國史學史等多方面。主要著作有《楚器圖釋》《中國古代宗族移殖史論》《歷史論》《古史考存》《中國史學史稿》等。

2021年8月8日，是劉節先生120周年陽曆誕辰紀念日，筆者在"劉節先生研究"公衆號發表了《劉節與續修四庫全書提要》一文以資紀念。南京大學博士生王江鵬君在公衆號留言，提出了將劉先生所撰提要在北京商務印書館出版的具體建議。澳門理工大學譚世寶教授也跟筆者說，出版劉先生撰寫的提要以嘉惠後學，有重要意義。王江鵬君曾任職北京商務印書館，在他牽綫下，我與商務編輯關杰先生溝通，他表示"劉節作品系列"再增加一本劉先生的著作，當然歡迎。於是他向單位領導請示，並積極建言，本書終獲支持，得以列入出版計劃。

關於《續修四庫全書總目提要》

乾隆三十八年開始編纂《四庫全書》，又將著錄書和存目書的提要，彙編成一部二百卷的總目，定名爲《四庫全書總目》。"《四庫全書》的編纂，産生了《四庫全書總目提要》這部可作爲典型的目録書，充分發揮了'辨章學術，考鏡源流'的功用，影響深遠，直接迪引了清中期以後私人藏書目録，包括版本目録、藏書志、藏書題跋的撰寫。"①

《續修四庫全書總目提要（稿本）》（以下簡稱《稿本》）由中國科學院圖書館整理，羅琳教授主持，1996年12月由濟南齊魯書社影印出版。劉節先生所撰提要載第29卷第123頁下至第280頁，共214則。中國科學院圖書館古籍組又移録了《續四庫提要》的經學部分，1993年在中華書局出版《續修四庫全書總目提要·經部》上、下兩册，其中收入劉先生所撰提要26則。

蒙廣東省立中山圖書館倪俊明館長引見，筆者聯繫到中國科學院大學羅琳教授，向其討教。羅教授在《稿本》的《前言》中介紹説，光緒年間，開始有衆多學人提出續修《四庫全書》和撰寫《續

---

① 王亮：《〈續修四庫全書總目提要〉研究》，復旦大學博士學位論文，2004年。

修四庫全書總目提要》的建議，却因各種原因未能成事。20世紀20年代初，日本政府迫於壓力，決定比照美、英等國之例，將"庚子賠款"的一部分"退還"給中國，並將其中一部分用於中國的文化事業。管理這部分款項的機構，是東方文化事業總委員會，中日兩國各派員出任委員，柯劭忞爲委員長。

負責《續修四庫全書總目提要》編撰事務的機構，是1927年底成立的東方文化事業總委員會下屬的人文科學研究所。該所擬定了《續四庫提要》浩大工程所遵循的擬目、體例、撰寫、分類、經費、購書之原則。其於1927年製訂的《人文科學研究所暫行細則》，規定了《續四庫提要》的選定範疇：一、搜集乾隆《四庫全書提要》失載各書；二、搜集乾隆以後至宣統末年名人著作。選定著録書目，但今人生存者不録。

《續四庫提要》的撰寫始於1931年7月，至1945年7月還有作者呈繳提要稿。羅教授還寫道，1931年開始撰寫提要時，祇有柯劭忞、江瀚、胡玉縉、王式通及另外增聘的倫明等六人。1933年底至1934年初，又增聘了孫人和等三十多人。1938年春再增聘二十多名較年輕的學者參加撰寫工作。

劉節先生何時加入撰寫《續四庫提要》的團隊，没有第一手的材料可資證明。1931年7月，劉先生辭去河南大學教授兼国文系主任，入職國立北平圖書館任編纂委員，後兼任金石部代主任。1931年12月《國立北平圖書館館刊》第5卷第6號"新書介紹"欄目上刊登了劉節對容庚撰《秦漢金文録》之評介，而此篇正是劉先生所撰《續四庫提要》中的一篇。類似的新書評介與提要對應的情況還有幾則，或許可以據此推測，劉節先生開始參與撰寫《續四庫提要》的時間不會太晚,大約就在此時。除了容庚《秦漢金文錄》之提要,劉節還爲徐中舒、馬衡、郭沫若、商承祚等其他當代學者的著作撰寫提要。據此可知,1927年《人文科學研究所暫行細則》所定的"今人生存者不錄"之規定,應該也有所修訂。另外,從選目來看,應該是人文科學研究所選定的書目,請各位專家寫,而不是由專家自由裁量選目。因爲在劉先生所撰提要中,多有對所論之書的負面評價,大概《續修四庫全書》之總目,最後還需經過篩選酌定。

在1952年的一份材料中(未刊稿),劉先生講述了其被邀參加撰寫提要的詳情:

在南開教書時,就時刻在想法子到北京圖書館去作事,弄了兩年工夫才得進北京圖書館。在該館作四年事,認識了許多日本及西洋的東方學專家,於是我的名望漸漸的大起來。正在這時日本有一班國際間諜,在北京利用中日庚子賠款,拉攏許多中國知識份子。其中有些是同他們發生秘密關係的,有些不過站在學術的立場上的接近。當時他們計劃續四庫全書,要許多學者爲續四庫全書作提要。稿費是很大的,我就是被拉的一個人。

當時日本人邀約時,我曾與一位老先生商量。他説光是作文章拿稿費也無所謂,可是不能有其他秘密事件。我以爲作提要,都是普通的書(史部金石類、子部譜錄類),既非國防秘密,又可以多看書,多作文章,又有稿費,爲什麼不可以做呢?等到日本人有損我民族立場時再退出也不算遲吧。所以在一九三五年一月二十九日北京教授們反對冀東政府時，要我簽名我立刻簽名，就準備日本人取銷我作提要的資格，日本人倒沒有計較這一點。七七事變以後我到了上海，中日戰爭起來了，我就沒有再作提要。

這段文字中值得留意之處有兩點。第一，劉先生說在北圖工作四年，指1931起至1935年轉燕京大學任教這段時間。緊接着說認識日本東方學專家，邀他寫提要，讀者容易誤以爲1935年才開始撰寫。而從劉先生說"在一九三五年一月二十九日北京教授們反對冀東政府時，要我簽名我立刻簽名，就準備日本人取銷我作提要的資格"，就可以很清楚地知道，"在該館作四年事"與被邀寫提要，並無關時間順序。至於認識日本專家、東方文化事業總委員會的重要成員橋川時雄，在1927年的文章裏就已經提到劉節。當時劉先生是清華國學研究院的學生，日本的漢學家在那個時候，在關注王國維、梁啟超、陳寅恪、趙元任、李濟等知名學者的同時，也在觀察他們的學生。除了劉節，在撰寫提要的學者中，就有謝國楨等多名出自清華國學院的學生。第二，劉先生停止撰寫提要的時間，是1937年，"中日戰爭起來了，我就沒有再作提要"（出處同上）。1937年夏，劉先生辭去燕京大學教職，7月2日，與妻兒從北平乘火車去天津，計劃乘船去上海，再轉赴加拿大多倫多圖書館任職。不料七七事變起，一家滯留上海、杭州，至1938年底纔脫離上海，輾轉抵達西南大後方。從新發現而尚未出版的劉先生1937年11月和1938年全年的日記中，沒有看到撰寫提要的記錄。羅琳教授介紹說，"1938年春再增聘了二十多名較年輕的學者參加了撰寫工作"，會不會就是爲了填補這些停止再與日本人合作的學者之缺？再從所存劉先生撰稿中，也可以看出一些端倪。第208則起，字迹已不如之前端正，可能是在旅途中匆匆寫就，未及謄抄就交稿退出的緣故。羅琳教授在《前言》的結語中說："撫今追昔，幾代中國學者未能實現的編纂《續修四庫全書總目提要》的宿願，竟由日本人出面，用'庚子賠款'，組織中國的優秀學者，在抗日戰爭的年代裏，得以實現，不禁令人唏噓不已！"劉節先生是一個有道德"潔癖"的人，雖然撰寫提要屬於文化事業，但畢竟由日本人出面組織，抗戰軍興，他理所當然地停止了這項工作。在《續四庫提要》中他所撰寫的僅有214則，就是這個原因。

劉先生所撰提要之書目，包括劉喜海、吳大澂、吳雲、陸心源、劉鶚、翁方綱、瞿中溶、孫星衍、李遇孫、潘祖蔭、葉昌熾、孫詒讓、羅振玉、王國維等大家編撰的圖書。劉先生性格直率，是個真人，落筆言之有物，不講情面。他評郭沫若《殷周青銅器銘文研究》——"沫若於音韵、訓詁之學，實未深究。雖每有懸解，終不能自圓其說者，職是故也"。劉先生的直言不諱，也反映了當時學術風氣之一斑。

劉先生在北平圖書館任金石部代主任，他工作的內容之一，是在《國立北平圖書館館刊》"新書介紹"欄目介紹新出版的金石類書籍及其他書籍。他同時在《燕京學報》《圖書季刊》《大公報》《北平晨報》等報刊發表了不少的提要、書評。現搜集其中的金石文字類的提要，收入本書。與劉先生撰寫的《續四庫提要》相同的書目，其提要附於每則後面；其他書目提要則置於214則《續四庫提要》之後，並按發表時間先後爲序，而同一書目者，則以北圖館刊所載爲先。幾種報刊同時發表且文字完全相同者，衹於文後說明，不重複抄錄。

劉先生撰寫的《續四庫提要》部分，按照《續修四庫全書總目提要·索引卷》的分類，包括經部：小學類之文字、文字總義，石經類；史部：金石類之總錄、金、石、玉、璽、甲骨文、陶，雜史類，目錄類；子部：藝術類之書畫、舞樂、法帖，譜錄類之器物等。本書收入的214則提要，據此標記分類。劉先生所撰提要，並不僅限於一般意義上的金石，如徐中舒撰《鳳氏編鐘圖釋》講律呂，程迥撰《三器圖義》講權量之制，張仲壽著《疇齋二譜》講製墨、製琴。

劉先生在《中國史學史稿》（商務印書館，2020年）中，有專節介紹"古器物學與古銘志學"，同時介紹了一些清代以前的金石學書目："自宋代以來，金石學已漸趨發達，元明兩代著作雖不多，但並不是沒有。例如元朱德潤的《古玉圖》二卷，有《得月簃叢書》本，及其他刻本。又潘昂霄有《金石例》十卷，有雅雨堂刊本。說到明朝，就更多了。朱晨有《古今碑帖考》一卷，《格致叢書》本。于奕正有《天下金石志》十五卷，《顧氏金石輿地叢書》本。此外如都穆之《金薤琳琅》二十卷，趙崡之《石墨鐫華》八卷，王世貞之《弇州墨刻跋》四卷，楊慎之《金石古文》十四卷，郭宗昌之《金石史》二卷。這些書，都是《東觀餘記》《廣川書跋》一類性質的書，或者衹是存錄原文而已。若拿這些書與清代的著作相比，是相去不可以道里計的。"

關於中國語言文字的論述

熟習小學，是舊學的功底。劉節先生父親劉景晨先生（1881—

1960,原名冠三,號貞晦)是清末民初學者,他就經常把石鼓文用於書法作品。劉節先生説父親給自己灌輸了很多文史方面的知識(據劉節1952年簡歷表)。家學淵源,其來有自。

劉先生大學期間主修哲學,同時也研習古文字學。收入附録"札記序跋"之《章氏〈文始〉札記》,應該是20世紀20年代,他在上海國民大學研讀章太炎《文始》時所作的讀書筆記。1925年上海私立南方大學因校長江亢虎與廢帝溥儀暗通款曲,密謀復辟,導致校内爆發"驅江運動",劉先生是運動的骨幹,因此被江開除。堅持反江立場的師生另組上海私立國民大學,以章氏長校。劉先生轉學國民大學,與太炎先生結師生之緣或即始於此時。1927年王國維先生逝世,清華國學研究院欲延請章氏爲導師,劉氏將章氏於上海的聯絡方法告知院方,可知師弟之間交誼不淺。①

章氏《文始》九卷,浙江圖書館刊本已收入《續修四庫全書》。馮汝玠(志青)先生所撰提要介紹此書:"是編首列叙例,次列韻表,次列紐表。次依韻分爲九類:曰歌泰寒類,曰隊脂諄類,曰至真類,曰支清類,曰魚陽類,曰侯東類,曰幽冬侵緝類,曰之蒸類,曰宵談盜類,類各爲卷。以《説文》中獨體爲初文;以從獨體省變、合體象形指事,及聲具形殊、同體重複四類之文爲準初文。以古韻之二十三部,分歌、泰、隊、脂、至、支、魚、侯、幽、之、宵十一部爲陰,寒、諄、真、清、陽、東、侵、冬、緝、蒸、談、盜十二部爲陽。又分陰陽兩聲,爲侈、弇、軸三音。又分陰弇

---

① 戴家祥《致蔣秉南》:"劉節告以太炎先生在滬地址,並且説:'萬一已遷居,請問胡樸安先生。'"見卞僧慧纂:《陳寅恪先生年譜長編(初稿)》,中華書局,2010年。

與陰弇，陽弇與陽弇；陰侈與陰侈，陽侈與陽侈爲同列。二部同居爲近轉，同列相比爲近旁轉，同列相遠爲次旁轉，陰陽相對爲正對轉，自旁轉而成對轉爲次對轉，爲正聲。不在此五轉，而雙聲相轉者，爲變聲。"①

劉先生之《章氏〈文始〉札記》不全，僅有一册，57紙，爲《札記》的前半部分，内容涉及從叙例至第五部魚陽類之陰聲魚部甲止。這一册《札記》的複本，蒙中央美術學院趙胥教授慷慨提供，謹致謝忱！近一個世紀前的舊稿首次面世，彌足珍貴。

劉節在清華國學研究院從王國維先生研習古文字學、古音韻學，從趙元任先生學習現代語言學，同學間砥礪切磋，畢業後不懈努力，他在中國古文字領域的造詣已被關注和肯定。1931年他入職國立北平圖書館任編纂委員，旋即兼任金石部代主任。正是在北圖，劉先生的學術水平再上一個台階，並結識了一大批志同道合的學者。

劉先生與"今世考古學鉅子"容庚先生交誼甚篤。1934年1月，容氏請劉先生爲其新著《武英殿彝器圖錄》作序。1952年院系調整後，劉、容二氏在中山大學再次同事。1956年3月，容氏請劉氏幫其校對準備再版的《金文編》書稿。劉先生還專門向另一位金石家、同事商承祚先生借來郭沫若之《兩周金文辭大系》作參考。②

1934年6月，由容庚、徐中舒、董作賓、顧廷龍、邵子風、商承祚、王辰、周一良、容肇祖、張蔭麟、鄭師許、孫海波等人醖釀發起成立金石學會。9月1日在北平大美餐館召開金石學會成立大會，票選容庚、徐中舒、劉節、唐蘭、魏建功等五人爲執行委員，

---

①《續修四庫全書總目提要·經部》，中華書局，1993年。
②《劉節日記1939—1977》，大象出版社，2009年，1956年3月20日、21日條。

容庚爲常務委員。會上決定將金石學會改名爲考古學社。社址"暫設燕京大學燕東園24號",或"由北平文津街北平圖書館劉子植先生轉交亦可",可知劉先生是學社的重要成員。《考古社刊》第二期刊登了劉先生對此社定位的綱領性論述——《考古學社之使命》。劉先生在此文中説:"在十餘年以前,中國根本没有考古學,祇有所謂金石學,其内容是拿考古學同古器物學合起來的一種學科。既無嚴格的範圍,又無一定的方法。"因此,"考古學者同古器物學者應該分工合作"。"古器物學者爲得要考定名物制度,務必同考古學者取得密切的連絡。"還要"對於許多旁的學科要特別留意,如地質學、人類學、古生物學、古代史之類"。

1939年2月至6月,劉先生偕朱希祖、繆鳳林、金毓黻、常任俠等學者,六赴重慶嘉陵江北岸之磐溪勘察古石刻,辨釋漢石闕字畫,相與參酌,各有所得。①

劉先生還爲容庚先生學生邵子風之《甲骨書録解題》作序。《章氏〈文始〉札記》《〈武英殿彝器圖録〉序》《〈甲骨書録解題〉序》,以及《藤花榭本〈説文解字〉校讀後記》《跋〈驫羌鐘考釋〉》《〈名原校證〉序》等篇,收入本書附録"札記序跋"。

劉先生所撰書評序跋不囿於金石學範疇,他在1952年《自撰著作簡介》中略謂:"一九四六年將陸續在北平圖書館館刊、圖書季刊和大公報圖書副刊上發表約百篇書評、跋等輯録成《群書叙録》。"可惜《群書叙録》未能付梓,書稿亦不存。好在大部分的文字尚可在上述出版物中找到,可另行輯校出版。

―――――――――
① 參見《劉節日記》《朱希祖日記》、金毓黻《静晤室日記》、常任俠《戰雲紀事》等。

在爲《武英殿彝器圖錄》作序的同時，劉先生再作《中國金石學緒言》，細述了金石學之起源，介紹歷代有建樹的學者及其著作，闡明金石學與現代考古學的關係。他說"吾國金石學權輿于宋代"，從一開始，就成爲專門之學，而不是祇爲了收藏鑒賞。而"石刻種類甚多，大別之曰碑刻、曰墓誌、曰造像、曰題名、曰畫像"。吉金、石刻、明器、泉幣、古陶、封泥等等，都寓有豐富的文字及文化信息，更不用説遲發現却更古遠的甲骨文了。因此，金石學之名，祇是一種概括。及至清代，顧亭林爲《金石文字記》，志在考史，"開有清一代考證之風"。考據學之後，清代又開創了彝器款識學，"至於末葉，其流始大。……吴大澂、孫詒讓、王國維三君爲斯學正宗"。

劉先生是一位通家，他對金石文字的研究，打通考古學、古器物學、音韻學、人類學、社會學等多個學科範疇，有其獨到的學術理論和研究方法。附錄"緒言概論"所收，就是劉先生關於古器物、古語言文字等方面的論述。其中除了《中國金石學緒言》和《考古學社之使命》，還收録了《〈四庫〉本之評價》《研究中國語言文字的新路徑》等篇。

在《中國金石學緒言》中，劉先生説："自來言彝器圖録款識之書者，其器不限於吉金，其學不尚於古文，實可名之曰古器物學，其名亦始於宋人。"至晚清以迄民國，古器物已包括樂器、兵器、權度量衡諸器、符牌、服御諸器以及鏡鑒等項。以上各類，"前人視爲彝器學之附庸者，今將蔚爲大國矣"。講彝銘款識學，説尊、彝是古代禮器的總名，根據用途，再冠以定詞，如宗廟裏用的稱宗彝，出行用的是旅彝。尊既是全部禮器的大共名，又是壺、卣、罍等之總稱的小共名。尊還是侈口盛酒器的專名,但彝則非專名。劉先生接着說彝其實是圖騰,即族徽的意思,是《周禮·地官·鄉師》中"陳以旗物"之"旗"。關於彝即古代部族的旗物、圖騰、族徽,劉先生有詳細的論述,還可參看其《中國古代宗族移殖史論》(商務印書館,2021年)一書之第四章《圖騰層創觀》。而"治古器物學與治古銘識學,是每每可以相通的"。款識學對於史學上的貢獻,首先就是字體沿革方面的貢獻。《說文解字》一書,字形方面就包括小篆、籀文、古文三種。古金文大量出現以後,繼之以古印、古陶、古泉文上的文字互相比較,又加之以魏《三體石經》中的古文,得出秦用籀文、六國用古文的結論。石刻、碑志有大量的文字資料,這些都說明了古文字學與古器物學及古銘識學之間密切相關的關係。

文字、語言、讀音相互間的關係實不可分,劉先生在《研究中國語言文字的新路徑》一文中談道:"象形、象意的文字,受語言的影響,而發生形體上的改革,是很少的。所以中國文字的演變,在結構方面的多,在聲音方面的少。""中國文字自始至終是象意文字。其字體之變化,由繁而至簡,可以分作四時期,即古文、小篆、隸書、楷書四種。草書又當別論。"除甲骨文到籀文由簡向繁的時期例外,文字從繁向簡變化是總的趨勢,劉先生認爲"由繁向簡的趨勢,是文化上的進步,同時也受寫字的工具有相當影響"。[①]《古代成語分析舉例》是又一篇中國古語言文字的重要論述,因已收入劉先生另一部著作《古史考存》(商務印書館,2023年),故不

[①] 劉先生贊成"由繁向簡",而且他在書寫時也會使用一些當時通行的簡化字、俗體字,當時的出版物也會有各自的習慣用字。

重複抄錄於本書。

1933年，國民政府教育部令委中央圖書館籌備處選印《四庫全書》未刊珍本，由商務印書館承印。以何爲藍本選印，學界多有議論。就此，《北平晨報》向版本學等方面的專家約稿，並在其"北晨學園"欄目辟"討論選印《四庫全書》專刊"刊登。編輯部以"冰森"之名於八月十四日刊登啓事《討論選印四庫全書專刊》。劉先生與北平圖書館的多位同事被邀請撰文，附錄中的《〈四庫〉本之評價》就是在這個背景下所寫。劉先生對影印出版所謂四庫珍本的做法持否定態度，提醒"好學深思之士，勿爲《四庫》之名所眩惑"。"前人震於《四庫》之名，咸以《四庫》之書悉經選擇，所用之底本必爲最完善者，揆之事實，大謬不然。"他説乾隆朝至今百多年，學術已大進步。而後來發現的善本，亦頗有閣本未收者。對於原著，統治者避諱任意删改，館臣水平不逮擅自增删，所以閣本是不可輕信的。他認爲："吾人當以學術爲前提，則《四庫》之書，除大多數通行之名著外，直可束之高閣。必欲流傳之，亦當儘先選取善本印行，除必不可得者，則取之《四庫》，爲數亦頗尠矣。"從此文亦可理解他在撰寫《續修四庫提要》時，對一些書的"差評"，應該就是提示主事方，請他們最終再慎重定奪收入《續修四庫全書》的書目。如他評文氏思簡樓印本《漢熹平周易石經殘碑録》："惟素松所爲校記既有差錯，又不能與今本相校，無足取矣。"評《後知不足齋叢書》本《金石訂例》："舉十四家之墓誌銘，皆撮要示例，而無所發明。末附潘昂霄《學文凡例》《文法度》二篇，及黄宗羲《論文管見》八條，叠床架屋，無補實學。"及《漢魏六朝志墓金石例》："支離瑣碎，掛漏尤多，學者無所取焉。"等等。

整理説明

本書主體部分是劉節先生爲《續修四庫全書總目提要》所撰214則提要及在其他報刊上發表的金石書目的提要。這214則提要，分布於《續修四庫全書總目提要（稿本）》經史子三部，故沿用《續修四庫全書總目提要（索引）》的分類。每一類下提要順序，亦沿用《續修四庫全書總目提要（索引）》的順序，以便讀者核對。發表在其他報刊的同目提要附於每則文後。另有數則爲《續修四庫全書總目提要（稿本）》以外的與金石學相關的提要，作爲附錄分別放在相關類別之後。附錄"札記序跋"和"緒言概論"輯選文字的考慮前文已交代，不贅。因時間跨度大，不同報刊的體例不同，各篇的行文風格或有差異，也請讀者留意。

限於專業水平，難免仍有訛誤，敬請方家教正。

目録

卷一

經部　小學類·文字

《說文疑》十二卷　稷香館本 001

《說文段注籤記》一卷　稷香館本 002

《說文大小徐本錄異》　稷香館本 002

《象形文釋》四卷　稷香館本 003

《駢隸》一卷　《俞樓雜纂》本 004

經部　石經類

《石經尚書》一卷　《玉函山房輯佚書》本 005

《石經魯詩》一卷　《玉函山房輯佚書》本 005

《石經儀禮》一卷　《玉函山房輯佚書》本 006

《石經公羊殘字》一卷　《玉函山房輯佚書》本 006

《石經論語殘字》一卷　《玉函山房輯佚書》本 007

《漢熹平石經遺字》一卷　光緒二十七年石印本 007

《漢熹平石經殘字集》一卷　民國十九年石印本 008

《漢熹平石經殘字集錄》一卷 《補遺》一卷 上虞羅氏石印本 009
《漢熹平周易石經殘碑錄》一卷 文氏思簡樓印本 009
  附 《漢熹平周易石經殘碑錄》 文素松著 定價一元五角
    民國二十年秋 上海文氏思簡樓出版 010
《漢熹平石經殘字譜》一卷 民國二十二年文化傳薪社拓本 011
《漢熹平石經》一卷 民國二十年神州國光社石印本 011
《漢石經碑圖》一卷 民國二十年排印本 012
  附 《漢石經碑圖》 張國淦著 出版期民國二十年
    出版處北平燕京大學 定價八元 013
《漢魏石經殘字校錄》 民國二十三年山東圖書館排印本 015
《集拓新出漢魏石經殘字初編》四卷 民國十七年拓本 016
《集拓新出漢魏石經殘字二編》 拓本 017
《集拓新出漢魏石經殘字三編》 民國十九年拓本 018
《魏石經尚書殘字》一卷 《玉函山房輯佚書》本 020
《魏石經春秋殘字》一卷 《玉函山房輯佚書》本 021
《魏三體石經錄》一卷 民國十二年石印本 021
《魏三體石經續錄》一卷 民國十二年七月石印本 022
《三體石經時代辨誤》二卷 民國十四年排印本 023
《續補三體石經時代辨誤》一卷 民國十六年刻本 023
《六經圖説》一卷 江西信州文廟石刻拓本 024

史部 雜史類

《天水冰山錄》不分卷 《知不足齋叢書》本 025

史部　目錄類

《楝亭書目》傳抄本 …………………………………………… 026
《長白藝文志初稿》一卷　大興鮑氏藏抄本 ………………… 027
《續語堂題跋》一卷　《魏稼孫全集》本 …………………… 027

卷二

史部　金石類·總錄

《寒山金石林部目考》一卷　《晨風閣叢書》本 …………… 029
《金石錄補續跋》七卷　《行素草堂金石叢書》本 ………… 030
《經鉏堂金石小箋》二卷　中國書店校印本 ………………… 030
《金石題咏》一卷　燕京大學藏舊鈔本 ……………………… 031
《金石萃編補目》三卷　《聚學軒叢書》本 ………………… 032
《金石萃編校字記》二卷　光緒十二年上虞羅氏自刻本 …… 032
《金石續編》二十一卷　同治十年毗陵雙白燕堂刻本 ……… 033
《金石萃編補略》二卷　光緒八年杭州抱經堂刻本 ………… 034
《金石補編》不分卷　海鹽黃氏鈔本 ………………………… 035
《吉金貞石錄》五卷　民國十八年燕京大學刻本 …………… 036
《字原徵古》四卷　《薝嶼裘書七種》本 …………………… 036
《金石萃編補正》四卷　光緒二十年影印本 ………………… 037
《讀金石萃編條記》一卷　《煙畫東堂小品》本 …………… 038
《八瓊室金石札記》四卷　吳興劉氏希古樓刊本 …………… 039
《金石袪偽》一卷　吳興劉氏希古樓刊本 …………………… 039
《金石學錄補》三卷　《潛園總集》本 ……………………… 040

《裹岷精舍金石跋》一卷　《國粹學報》本 040
《廣雅堂論金石札》五卷　《張文襄全集》本 041
《金石古文考》一卷　石印本 042
《潔庵金石言》一卷　《信古閣小叢書》本 042
《遼代金石目》四卷　《遼痕》本 043
《怡松軒金石偶記》一卷　民國甲戌崑山趙氏刊本 044
《兩周金石文韻讀》一卷　《王忠愨公遺書初集》本 044
《金石訂例》二卷　光緒戊子行素草堂刻本 045
《南漢金石志》二卷　《翠琅玕館叢書》本 045
《金石綜例》四卷　光緒戊子行素草堂刊本 046
《癖好堂收藏金石書目》一卷　《湫漻齋叢書》本 046
《張叔未藏金石文字》二卷　四會嚴氏鶴緣堂石印本 047
《金石稱例》四卷　附《續編》一卷　光緒戊子行素草堂刊本 048
《甘泉鄉人金石跋》二卷　書鈔閣寫本 048
《金石學錄》四卷　道光四年芝省齋自刻本 049
《金石學錄補》一卷　道光四年芝省齋刊本 050
《金石起原說考補》一卷　道光四年芝省齋刊本 050
《鼎堂金石錄》二卷　《雲南叢書》本 051
《二銘草堂金石聚》十六卷　同治壬申刻本 052
《二百蘭亭齋收藏金石記》四卷　咸豐六年歸安吳氏刻本 052
《函青閣金石記》四卷　瑞安陳氏《湫漻齋叢書》本 053
《台州金石錄》十三卷　《塼錄》五卷　《闕訪目》四卷
　　吳興劉氏嘉業堂刻本 054

《東甌金石志》十二卷　光緒癸未刻本 ……………………………… 055
《安徽金石略》十卷　《聚學軒叢書》本 ……………………………… 056
《涇川金石記》一卷　《聚學軒叢書》本 ……………………………… 056
《益都金石記》四卷　光緒九年益都丁氏刻本 ………………………… 057
《中州金石目》八卷　《郿齋叢書》本 ………………………………… 057
《荆南萃古編》一卷　附《續編》一卷　光緒二十年鴻寶署齋刻本 …… 058
《三巴金石苑目》一卷　《六譯館叢書》本 …………………………… 059
《雍州金石記》十卷　附《記餘》一卷　《惜陰軒叢書》本 …………… 060
《朝鮮金石目考覽》二卷　燕京大學藏舊鈔本 ………………………… 060
《俑廬日札》一卷　東莞容氏校印本 …………………………………… 061
《雲窗漫稿》一卷　庚申六月貽安堂刻本 ……………………………… 062
《金石名著彙目》一卷　《續目》一卷　民國乙丑排印本 ……………… 062
《金石訂例》四卷　《後知不足齋叢書》本 …………………………… 063
《京畿金石考》二卷　《行素草堂金石叢書》本 ……………………… 064
《和林金石錄》一卷　《遼居雜著》本 ………………………………… 064
《兩浙金石別錄》二卷　民國戊辰二月排印本 ………………………… 065
《括蒼金石志》十二卷　《續志》四卷　同治十二年處州府學重刻本 … 066

卷三

史部　金石類·金

《三器圖義》一卷　《說郛》本 ………………………………………… 067
《西清續鑑甲編》二十卷　宣統庚戌商務印書館影印本 ……………… 068

《西清續鑑乙編》二十卷　辛未九月古物陳列所石印本 068
　　附　《西清續鑒乙編》民國二十年九月北平古物陳列所出版
　　　　定價二十四圓 069
《焦山鼎銘考》一卷　乾隆三十八年翁氏刻本 070
《清儀閣所藏古器物文》十卷　商務印書館影印本 070
《長安獲古編》二卷　諸城劉氏家刻本 071
《周無專鼎考》一卷　文選樓本 072
《懷米山房吉金圖》二卷　道光己亥曹氏石刻本 072
《齊侯罍銘通釋》二卷　道光丙午一鐙精舍刊本 073
《東武劉氏款識册目》一卷　商務印書館影印陳介祺手寫本 074
《漢建昭雁足鐙考》二卷　道光丁酉刊本 074
《銅器聞見錄》一卷　北京大學藏鈔本 075
《商周彝器釋銘》六卷　《觀象廬叢書》本 075
《權度量衡實驗錄》不分卷　上虞羅氏覆刻本 076
《宋政和禮器考》一卷　瑞安孫氏家刻本 078
《詁籀餘彝器款識》一卷　上海會文堂石印本 079
《綴遺齋彝器考釋》三十卷　商務印書館影印本 080
　　附　《綴遺齋彝器考釋》定遠方濬益原稿　商務印書館影印
　　　　定價三十五元　特價二十四元 081
《夢坡室獲古叢編》十二卷　丁卯十月上海景印本 082
《周代吉金年月考》一卷　《國粹學報》本 083
《觀堂古金文考釋五種》一卷　《王忠愨公遺書》本 083
《中國歷代之尺度》民國十五年十月油印本 084
《澂秋館吉金圖》二卷　庚午冬商務印書館石印本 085

《小檀欒室鏡影》六卷 南陵徐氏影印本 085

　附 《小檀欒室鏡影》六卷 南陵徐乃昌影印 定價貳拾伍圓

　二十二年六月 086

《貞松堂集古遺文》十六卷 民國辛未石印本 088

　附 《貞松堂集古遺文》上虞羅振玉輯 民國二十年大連貽安堂出版

　定價三十元 089

《貞松堂集古遺文補遺》三卷 蟫隱廬石印本 090

　附 《貞松堂集古遺文補遺》三卷 上虞羅振玉撰集 出版期民國

　二十一年 代售處上海蟫隱廬 定價陸元 090

《貞松堂集古遺文續編》三卷 蟫隱廬石印本 092

《漢兩京以來鏡銘集錄》一卷 《遼居雜著》本 092

《吉金文錄》四卷 南宮邢氏刻本 093

《簠齋吉金錄》八卷 戊午十二月風雨樓影印本 093

《周銅鼓考》一卷 民國二十年石印本 094

《國朝金文著錄表補遺》二卷 上海蟫隱廬石印本 094

　附 《國朝金文著錄表補遺》鮑鼎著 二冊附《王表較勘記》一冊

　上海蟫隱廬出版 定價五元 095

《寶蘊樓彝器圖錄》一卷 民國十八年影印本 097

《秦漢金文錄》八卷 民國二十年中央研究院出版 097

　附 《秦漢金文錄》容庚撰集 定價十二圓 民國二十年十二月

　中央研究院出版 098

《頌齋吉金圖錄》一卷 東莞容氏影印本 099

　附 《頌齋吉金圖錄》容庚著 實價拾圓 二十二年十月

　北平文奎堂、富晉書社代售 100

《雙劍誃吉金文選》二卷　癸酉三月海城于氏石印本 101

　　附　《雙劍誃吉金文選》　海城于省吾撰集
　　　　琉璃廠來薰閣書店、直隸書店代售　定價六元 102

《𩓣氏編鐘圖釋》一卷　民國二十二年中央研究院影印本 103

　　附　《𩓣氏編鐘圖釋》　徐中舒著　出版期民國二十一年　出版處北平
　　　　中央研究院歷史語言研究所　定價三元 104

《泉山古物編》三卷　民國甲子五月排印本 105

《新鄭出土古器圖志初編》一卷　《續編》一卷
　《附編》一卷　民國十二年石印本 106

《殷周青銅器銘文研究》二卷　民國二十年上海大東書局石印本 106

　　附　《殷周青銅器銘文研究》　郭沫若著　民國二十年上海
　　　　大東書局出版　定價七元 107

《金文叢考》四卷　民國二十一年日本文求堂石印本 108

　　附一　《金文叢考》　郭沫若著　出版處日本文求堂
　　　　出版期民國二十一年　定價日金七圓五十錢 110

　　附二　《金文叢考》　郭沫若著　昭和七年日本文求堂出版
　　　　定價日金柒元伍拾錢 111

《三代秦漢金文著錄表》八卷　上虞羅氏石印本 114

　　附　《三代秦漢金文著錄表》　海寧王國維先生原著
　　　　上虞羅福頤校補　定價七元　琉璃廠來薰閣書店代售　二十二年十一月 115

附錄

　《兩周金文辭大系》　郭沫若著　一九三二年
　　　日本文求堂出版　定價精裝日金四元五十錢　平裝日金三元五十錢 117

　《雙劍誃吉金圖錄》　海城于省吾編　定價國幣貳拾元
　　　北平琉璃廠來薰閣、上海中國書店、天津直隸書局、南京保文堂代售 118

卷四

史部　金石類·石

《古今碑帖箋》一卷　《一瓻筆存》本 ……………………………… 121
《石鼓文考證》一卷　《湫漻齋叢書》本 …………………………… 121
《漢魏碑考》一卷　陳氏《房山山房叢書》本 ……………………… 122
《杭郡庠得表忠觀碑記事》一卷　《武林掌故叢編》本 …………… 122
《碑版文廣例》十卷　光緒戊子行素草堂刊本 ……………………… 123
《漢劉熊碑考釋》一卷　漢陽葉氏刻本 ……………………………… 123
《孔子廟堂碑唐本存字》一卷　《百一廬金石叢書》本 …………… 124
《誌銘廣例》二卷　光緒戊子行素草堂刊本 ………………………… 124
《百漢碑硯齋縮摹本》　光緒十八年石印本 ………………………… 125
《九曜石刻錄》一卷　《翠琅玕館叢書》本 ………………………… 126
《漢武梁祠畫像考》六卷　《附圖》一卷　吳興劉氏希古樓刻本 … 126
《漢魏六朝墓銘纂例》四卷　光緒戊子行素草堂刊本 ……………… 127
《北宋石經補考》一卷　道光庚子芝省齋刊本 ……………………… 127
《隋唐石刻拾遺》二卷　道光壬午關中刻本 ………………………… 128
《宋韓蘄王碑釋文》二卷　《湫漻齋叢書》本 ……………………… 129
《翠微亭題名考》一卷　《武林掌故叢編》本 ……………………… 129
《漢石例》六卷　光緒戊子行素草堂刊本 …………………………… 130
《永州金石略》一卷　越峴山館刊《躬恥齋全集》本 ……………… 130
《漢魏六朝誌墓金石例》三卷　《後知不足齋叢書》本 …………… 131

《唐人志墓諸例》一卷 《後知不足齋叢書》本 ……………… 131
《惠山聽松石床題字》一卷 同治五年二百蘭亭齋刻本 ……… 132
《漢沙南侯獲刻石雙鉤本》一卷 同治癸酉涉喜齋刻本 ……… 132
《闕特勤碑考釋》一卷 日照丁氏柊林館刻本 ……………… 133
《舊館壇碑考》一卷 《湫漻齋叢書》本 …………………… 134
《佛金山館秦漢碑跋》一卷 《山左先喆遺書甲編》本 ……… 134
《昭陵碑考》十二卷 咸豐戊午闕中刻本 …………………… 135
《漢射陽石門畫象彙考》一卷 《金陵叢書》本 …………… 135
《讀漢碑》一卷 《俞樓雜纂》本 …………………………… 136
《思古齋雙鉤漢碑篆額》一卷 光緒癸未刻本 ……………… 136
《荊南石刻三種雙鉤本》一卷 光緒甲辰海天旭日齋摹本 …… 137
《陶齋藏石目》一冊 光緒癸卯中原書店印本 ……………… 137
《敦煌石室真蹟錄》三卷 宣統己酉九月吳趙王氏寫印本 …… 138
《漢武梁祠畫像題字補考》一卷 石印本 …………………… 139
《山左漢魏六朝貞石目》四卷 癸亥二月濟南刻本 ………… 140
《邠州石室錄》三卷 乙卯秋吳興劉氏嘉業堂校刊本 ……… 141
《崇雅堂碑錄》五卷 《錄補》四卷 潛江甘氏排印本 ……… 142
《補寰宇訪碑錄刊誤》一卷 《槐廬叢書》校刊本 ………… 142
《芒洛冢墓遺文》四編十六卷 上虞羅氏刻本 ……………… 143
《唐三家碑錄》三卷 癸丑年上虞羅氏刻本 ………………… 144
《漢晉石刻墨影》一卷 上虞羅氏石印本 …………………… 144
《古石刻零拾》一卷 東莞容氏石印本 ……………………… 145
《寰宇訪碑錄校勘記》十一卷 《直介堂叢刊》本 ………… 145
《夢碧簃石言》六卷 乙丑正月會稽顧氏排印本 …………… 146

《盂縣造像錄》一卷 鈔本 147

《崑山石刻見存錄》四卷 民國甲戌排印本 147

卷五

史部　金石類·玉

《奕載堂古玉圖錄》一卷 瑞安陳氏湫漻齋刻本 149

《古玉圖考》四卷 古吳毛上珍摹刻古本 150

史部　金石類·璽

《古兵符考略殘稿》一卷 上虞羅氏石印本 151

《璽印姓氏徵》二卷 附《姓檢》一卷 東方學會排印本 152

《印譜考》四卷 癸酉季冬墨緣堂石印本 153

《古璽文字徵》十四卷 《附錄》一卷 上虞羅氏石印本 154

《漢印文字徵》十四卷 《附錄》一卷 上虞羅氏石印本 155

《漢印文字類纂》十二卷 西泠印社石印本 156

《泥封印古錄》一卷 《湫漻齋叢書》本 156

《鐵雲藏封泥》一卷 光緒甲辰抱殘守缺齋石印本 157

《鄭厂所藏封泥》一卷 《陸厝舂古錄》之一 光緒癸卯石印本 157

史部　金石類·甲骨文

《殷契佚存》《考釋》各一卷 癸酉七月金陵大學石印本 158

附 《殷契佚存》《考釋》 商承祚著 定價拾肆圓 二十二年十一月
　　金陵大學文化研究所出版 159

《殷契鈎沈》二卷　北平富晉書社影印本 161

《甲骨文編》十四卷　《附錄》一卷　《檢字》一卷

　　哈佛燕京社石印本 162

　　附　《甲骨文編》　孫海波撰集　哈佛燕京社出版　定價十四元 163

《甲骨文字研究》二卷　民國二十年大東書局石印本 164

《甲骨卜辭》一卷　商務印書館影印摹本 164

附錄

　《卜辭通纂考釋》　郭沫若著　昭和七年五月日本文求堂出版

　　定價日金十二元 165

　《殷契卜辭》　附《釋文》及《文編》　容庚、瞿潤緡同著

　　廿二年六月哈佛燕京學社出版　定價每部十元 167

史部　金石類·陶

《晉保母塼跋尾》一卷　《知不足齋叢書》本 168

《吳康甫塼錄》一卷　道光十四年刻本 168

《浙江塼錄》四卷　鄞縣鄭氏刊本 169

《嚴氏古塼存》二卷　道光十九年刻本 170

《溫州古甓記》一卷　瑞安孫氏排印本 170

《鐵雲藏陶》三卷　光緒甲辰抱殘守缺齋影印本 171

《瓦當圖考》一卷　燕京大學藏摹本 171

《漢安甋廎塼錄》一卷　民國庚午四月排印本 172

《瓦削文字譜》一卷　文氏思簡樓石印本 173

　　附　《瓦削文字譜》　文素松輯　上海文氏思簡樓印行 173

子部　藝術類·書畫

《拙存堂題跋》一卷　陳氏《房山山房叢書》本 174

子部　藝術類·舞樂

《疇齋二譜》一卷　附《外錄》一卷　《武林往哲遺著》本 175

子部　藝術類·法帖

《稧帖緒餘》四卷　《鄉嶼裘書七種》本 176

子部　譜錄類·器物

《古禮器説略》一卷　《雪堂叢刊》本 176
《墨記》一卷　《學海類編》本 177
《墨評》一卷　明如韋館刊本 177
《墨志》一卷　《粵雅堂叢書》本 178
《墨海內輯》三卷　《外輯》七卷　《附錄》一卷　《涉園墨萃》本 179
《墨表》四卷　《士禮居叢書》本 180
《藝粟齋墨品》一卷　燕京大學藏滎陽鄭道乾鈔本 180
《百十二家墨錄題詞》五卷　乾隆戊子甫上邱氏刊本 181
《鑑古齋墨藪》四卷　《附錄》一卷　《涉園墨萃》本 181
《內務府墨作則例》一卷　丁巳孟秋武進陶氏涉園重刊 182
《中舟藏墨錄》三卷　《涉園墨萃》本 182
《南學製墨劄記》一卷　《涉園墨萃》本 183
《論墨絶句》一卷　光緒癸巳仲冬湘鄉謝氏檠經榭刊本 184

附錄

札記序跋

章氏《文始》札記 185
藤花榭本《説文解字》校讀後記 207
跋《屬羌鐘考釋》 211
《武英殿彝器圖錄》序 215
《甲骨書錄解題》序 217
《名原校證》序 218

緒言概論

中國金石學緒言 224
考古學社之使命 247
《四庫》本之評價 249
研究中國語言文字的新路徑 254

後記 272

卷一

經部　小學類·文字

《説文疑》十二卷
稷香館本

清缺名撰。是書本丁氏八千卷樓藏本，光緒末年歸豐氏，近入遼陽吳甌手，爲刊行於世。甌有提要，謂"以所用乾隆稿紙暨'始束終甲'推之，定爲雍乾時人。戴、孔諸老，猶爲後生，而剖析形義，精審不讓來哲，彌足矜貴"云云。書卷内自弁云："《説文》何可疑？疑其見淆於後人也。義有未安者，存以待析。至俗學相沿，形聲訛謬，戾於許説者附録焉。"以四聲分隸各字，而不記其韵目。於時儒之説皆未引徵，純抒己見。於每字下注明今字通用之非，或注"非古""僞造""疑僞"等語，而實不明其沿革也。《説文》所載異文，多古經典別本異文，有今、古文師承之不同，有爲《倉頡》《凡將》之遺字，錢、段諸儒於此俱有闡發。而此書往往概曰：既有某字，何必作某？又如"魁"字，徵引梅賾《胤征》爲證。凡此皆可見其務爲抄撮，未能深造也。末附《漢書》古字及音義異同，亦未能上溯古代聲韵之學。吳氏所謂爲精審，殊未知其然也。

《説文段注籤記》一卷[1]

稷香館本

清王念孫撰。此書舊未有傳本，近始流出，吳甌輯入《稷香館叢書》中。籤署"光禄觀察公段氏《説文》籤記"，當出其嗣人所題。編内雖僅以校勘爲範圍，每見精意之處。如"韓"字云"改井垣爲井橋，大謬"；"砭"字云"引《山海經注》改砥針爲砭針，非是"；"鷳"云"鳶飛戻天之鳶，不當改爲鴦"等條。匡正金壇，俱見精卓不苟。念孫故擅音韵之學，而於此書所論及古音之處，尤推深造。謂"便"字古音當在真部。"疑"古音在之部，不在脂部。"魏"古音在十五部。"悹"字當有聲字。元、談二部，亦有相通之字。"縈"字"佩玉縈兮"，未必入韵，當有聲、字各條。雖通隔互見，要足見其博學絶詣也。

《説文大小徐本録異》[2]

稷香館本

清謝章鋌撰。章鋌字枚如，福建長樂人。其文集中，載《答張玉珊書》。所謂所著《説文大小徐本録異》二十卷，僅首編第一至第七卷謄清，寄張公束校正，即此編是也。著此書時，年近八旬矣。《説文》十四篇，大小徐本皆分一篇爲上下卷。大徐合下卷字

---

[1] 本篇收入中國科學院圖書館編《續修四庫全書總目提要·經部》，中華書局，1993年，下册，第1081頁。

[2] 本篇收入《續修四庫全書總目提要·經部》，下册，第1106頁。

數而計之，故下卷不列總數；小徐則分計上下。其反切，大徐是孫愐，小徐爲朱翱。小徐曰："當許慎時，未有反切，故言讀若此。反切皆後人之所加，甚爲疏樸，又多脱誤，今皆新易之。"謝氏謂出於朱翱，亦小徐之所審定，故舉一見例，深爲得其源本者。於各字部，以小徐本校注異文其下，新附之爲小徐本所無者，並注焉。其後嘉興張鳴珂復以汲古閣本覆校其下。章鋌此書詳贍審慎，少所參酌，不騖浮名，蓋異乎今之爲學者。卷末有光緒十一年張鳴珂校題語。

《象形文釋》四卷①

稷香館本

清徐灝撰。灝字子遠，番禺人。是書專就許書所載象形文字，爲之疏通證明。首《自序》謂："皇古未有文字，先有物象，即有音聲，聲、形、誼三者交相爲用，而不可須臾離者也。夫確無可象，而形有所擬，是故書契之作，托始於形。形②也者，物之體也。段若膺氏注《説文》，號爲精博，獨象形一事，尚多穿鑿附會，不可以不辨也。"蓋即其全書大旨。然所收不盡爲象形，兼有會意、指事之文字，亦廁於內。亞字，引鐘鼎彝器多作亜③，"許君引賈説於後，説解必有挩誤"。田字，謂："段氏曰：'陳敬仲之後爲田氏，假田爲陳。'案：今潮州音田、陳並讀如唐，古音之僅存者。"心字，

---

① 本篇收入《續修四庫全書總目提要·經部》，下册，第1119頁。
② 形，原稿作"体"。
③ 亜，《續修四庫全書總目提要·經部》改作"亞"，不通。

謂："《説文》於肺、脾、肝等字皆主博士之説，獨於心字，兼今古文《尚書》，所以廣異義也。其説已詳於《五經異義》，故《説文》略之。古人著書之體如此。"

《駢隸》一卷①
《俞樓雜纂》本

德清俞樾撰。樾字蔭甫，有《讀漢碑》一卷，已著錄。《駢隸》一卷，蓋仿明朱謀瑋《駢雅》之意，刺取漢碑中文字各以兩字相儷者綴拾成對，揭示漢碑文章之美。若五緯之對三條，順晷之對承杓，筇竹之對空桑，荷吏之對米巫，皆巧若合符。惟古碑傳至今日，每多殘缺，或久佚之品，歷代傳刻失真，故取其文辭者，亦難審擇。若《陳球碑》"工政"雖作"公正"，而《華嶽廟碑》之"職方"，據宋拓本實非"識方"也。

---

① 本篇收入《續修四庫全書總目提要·經部》，下册，第1166頁。原稿"德清俞樾撰"，中華書局本改爲"清俞樾撰"。

經部 石經類

《石經尚書》一卷[①]
《玉函山房輯佚書》本

歷城馬國翰撰。國翰字竹吾，所輯《石經尚書》蓋取自洪适《隸釋》，計《盤庚》三篇百七十二字，《牧誓》二十四字，《高宗肜日》十五字，《洪範》百零八字，《多士》四十四字，《無逸》百零三字，《君奭》十一字，《多方》五字，《立政》五十六字，《顧命》十七字，總五百五十五字。以僞孔傳相較，計多十字，少二十一字，不同者五十五字，借用者八字。如《盤庚》"誕勸憂"，《石經》"誕"作"永"；"女有戕則在乃心"，《石經》"戕"作"近"。《多士》"時維天命，王曰多士"，《石經》作"告爾多士"。《無逸》"肆高宗之享國五十九年"，《石經》作"饗國百年"。《顧命》"殷集大命"，作"殷就大命"。其與今本不同者類如此。

《石經魯詩》一卷[②]
《玉函山房輯佚書》本

歷城馬國翰輯。國翰所輯《石經魯詩》殘碑凡百七十三字，唐魏《國風·葛屨》《汾沮》《園有桃》《陟岵》《十畝之間》《伐檀》《碩鼠》

[①] 本篇收入《續修四庫全書總目提要·經部》，下冊，第1290頁，篇首改爲"清馬國翰撰"。以下數篇收入《續修四庫全書總目提要·經部》時，篇首省籍貫而綴以朝代。

[②] 本篇收入《續修四庫全書總目提要·經部》，下冊，第1290頁。

《蟋蟀》《山有樞》《揚之水》十篇之詞也。而《隸續》卷四尚有校記一段二十餘字，零落不成文句，惟有《叔於田》一章及《女曰鷄鳴》數字可讀。其間有齊、韓字，蓋叙二家異同之説，亦當採入也。

《石經儀禮》一卷①
《玉函山房輯佚書》本

歷城馬國翰輯。《儀禮·大射儀》文七十五字，與今本無異。近世出土熹平石經數百石，《儀禮》諸篇大體可見，其與今本異同者甚多。吴興徐鴻寶所藏新出《大射儀》一石十二字，適在此碑之下，惟此石"媵爵"之媵皆作騰。而是卷所録媵觚、媵爵之媵，皆與今本同。作騰者，胡氏承珙以爲今文，而漢石經即以今文爲據。何一碑之内上下不相一致若此，得非洪氏傳録有誤耶？

《石經公羊殘字》一卷②
《玉函山房輯佚書》本

歷城馬國翰輯。《公羊》殘碑三百七十五字，隱公四年、桓公元年、哀公十四年之文也。至其文字異同，若石碏之作石蹐，昉之作放，殺之作試，逮之作遝，皆與今本異。下附《校記》一條，《後記》一條。《校記》考嚴、顏異同。《後記》載堂谿典、馬日磾、趙

---

① 本篇收入《續修四庫全書總目提要·經部》，下册，第1290頁。
② 本篇收入《續修四庫全書總目提要·經部》，下册，第1290頁。

陒、劉弘、張文、蘇陵、傅楨維等七人題名。陸機《洛陽記》謂《禮記》碑有馬日磾、蔡邕名，以此石題名觀之，石經諸碑自非蔡邕一手所書也。

《石經論語殘字》一卷①

《玉函山房輯佚書》本

歷城馬國翰輯，凡《論語》殘字九百七十一字。計上四篇：《學而》《爲政》《八佾》《里仁》，及後四篇：《陽貨》《微子》《子張》《堯曰》。又《校記》三節，述盍、毛、包、周之異同也。其他與今本不同者大都無關宏旨，若"孝乎惟孝，友于兄弟"，石經"乎"作"于"，與《論語考文》所載足利本相同。又"邦域之中"，作"國域之中"，與《尚書》石經同。大抵漢儒所傳之本如此，非爲避高祖之諱也。

《漢熹平石經遺字》一卷②

光緒二十七年石印本

漢陽萬中立輯。中立字梅崖，家藏金石拓本至多。是書乃即其家藏宋拓《漢熹平石經殘字》二種，附以翁方綱摹刻之本影印而成者也。按：中立於光緒二十三年得黃易小蓬萊閣所藏《漢熹平石經遺字》拓本，後一年又得孫承澤所藏《漢石經殘字》拓本。與小蓬

---

① 本篇收入《續修四庫全書總目提要·經部》，下冊，第1290—1291頁。
② 本篇收入《續修四庫全書總目提要·經部》，下冊，第1291頁。

萊閣一本相較，惟《盤庚》篇一石多"凶德綏績"四字。此二拓本按諸家跋語所説，若孫承澤、孫星衍則主熹平原石拓本，而何焯、翁方綱則以黄易所藏者爲洪适翻刻之本，而孫承澤所藏者爲越州石邦哲摹本，蓋皆虎賁中郎也。今以此册持較新出熹平石經殘字，知翁、何二説實不可易。清代得熹平石經舊拓本者以金匱錢泳爲最多，曾摹刻于會稽府學，而顧炎武所見尚有鄒平張氏一本。他如江都馬秋玉、丹徒蔡松原，亦各有所藏，今皆不知流落何許矣。所可以取證洪氏《隸釋》者，惟此册及南昌縣學、會稽郡學摹刻之本而已耳。

《漢熹平石經殘字集》一卷[①]

民國十九年石印本

西充白堅輯。堅字堅父，所輯漢石經殘字凡十三石。《周易》自"臨"至"剥"，一石二十六字。《文言》則各從其類也，一石二十二字。《魯詩·邶風·日月》迄《式微》，一石五十八字。《大雅·瞻卬》，一石十二字。《校記》，一石二十六字。《儀禮·鄉飲酒禮》，二石共百零九字。《春秋》文公十三年至十四年經，一石六字；成公四年至十二年經，一石二十九字；成公十三年至十八年經，一石三十字；襄公二十三年至二十九年經，一石二十七字。《論語·微子》，一石四字。《堯曰》，一石七字。共計三百五十六字，爲近世出土漢石經之精品。其後，上虞羅振玉撰《漢熹平石經殘字集録》均已採入。而堅之爲此，亦無所考證也。

---

① 本篇收入《續修四庫全書總目提要·經部》，下册，第1292頁。

《漢熹平石經殘字集錄》一卷 《補遺》一卷①
上虞羅氏石印本

上虞羅振玉撰。自吴興徐鴻寶、鄞縣馬衡集拓漢魏石經行世後，振玉即從事於漢石經考訂之作，計先後得殘石九十，爲經文及校記八百三十有九言，序記三百有五言。其考覈所得，於《詩》，知《魯》《毛》編次不同，章次亦先後或異。於《禮》，知《鄉飲酒》篇古今文次第不同。於《公羊傳》，知行字數目與今本參差尤甚。至於文字之異，若《毛詩》"虺虺其雷"，《魯詩》"雷"作"靁"，與《韓詩》同；"憂心惸惸"，《魯》作"忉"。於《春秋》知"築臺於薛"，"薛"爲"欁"之壞字；"公孫段"石經作"公孫蔑"；"鄭伯堅"石經作"鄭伯貑"，皆唐以後經生所不知也。而《詩》"濟盈不濡軌"，"軌"字乃從九之軌，非從凡之軌，則可訂經典釋之誤。《禮·鄉飲酒》"坐奠於匲"，石經有"爵"字，足補鄭注之失，均有稗于經學也。

《漢熹平周易石經殘碑錄》一卷②
文氏思簡樓印本

萍鄉文素松撰。素松，廷式子，有《瓦削文字譜》，已著錄。漢石經出土者，近年最多，而太半碎裂不成片段。此石於民國十九年出於洛陽，分上下二段，共存八百餘字。其上方歸素松所藏，計

---

① 本篇收入《續修四庫全書總目提要·經部》，下册，第1291—1292頁；並補"民國十八年"五字。
② 本篇收入《續修四庫全書總目提要·經部》，下册，第1292頁。

碑陽十二行，自下經"家人"至"歸妹"凡十八卦。碑陰十八行，兼《文言》《說卦》二傳，合計得四百九十有六字。其下方今存三原于右任家。素松此石，鄞縣馬衡考定爲京氏《易》，是熹平石經所取者，今文經也。上虞羅振玉刊《漢熹平石經集錄》，此石曾著之於篇。是書上列原石影本，下列拓片影本，甚顯明可據。惟素松所爲校記既有差錯，又不能與今本相校，無足取矣。

附 《漢熹平周易石經殘碑錄》[1]

文素松著　定價一元五角　民國二十年秋　上海文氏思簡樓出版

漢熹平石經，近年出土最多，而太半皆碎石。此方於民國十九年在洛陽出土，分上下兩截，共存八百餘字。其上方歸之文氏，計碑陽二十行：自下經"家人"至"歸妹"，凡十八卦；碑陰十八行，兼《文言》《說卦》二傳；合計凡四百九十又六字。其下方今存三原于氏家。文氏此石，鄞縣馬衡教授曾有考定，上虞羅叔言先生刊《漢熹平石經集錄》曾著之于篇。是書上列原石影本及拓片影本二種，尚可觀。至於文氏所爲校記甚簡陋，碑錄差錯，亦未能與今本經文密合。書名《漢熹平周易石經殘碑錄》，尤爲不辭！（松）

---

[1] 本篇載《國立北平圖書館館刊》第5卷第6號"新書介紹"，1931年12月，第104頁。

《漢熹平石經殘字譜》一卷[1]

民國二十二年文化傳薪社拓本

　　開封關葆謙撰。葆謙字伯益，有《新鄭古器圖錄》二卷，已著錄。茲編所得漢石經凡六十品，爲字一百七十又七，其中皆出諸家著錄之外。葆謙所爲《叙言》既無補故實，而其中諸石可考知爲某經者，亦疑莫能定。今按：諸石中若"左右""維嶽"一石，乃《魯詩·大雅·雲漢》《崧高》文句。若"尊南"及"爵興階"二石，乃《儀禮·燕禮》文。而"薛人""滕人""歸姜""師公"一石，乃《春秋》成公十三年、十四年、十五年經文。若此犖然顯明者亦未能定，他無論矣。

《漢熹平石經》一卷[2]

民國二十年神州國光社石印本

　　阿維越致輯。此册影印漢熹平石經，凡二百七十又九石，其間複出者六石，爲字三千五百有奇，近十餘年來所出熹平石經已得其半。學者不能備馬衡、羅振玉、吳寶煒三家集拓之本者，手此一編，亦可爲挈經之助也。惟其中若葉九石三、葉十三石三、葉十石二，非石經之文。而葉二十九《公羊傳》成公八年至十五年一石，爲三家集拓本所未錄。然其書不重考訂，即編次亦不以經文爲序。至於訂正上虞羅氏之說，大都不合。若葉五《周易》"臨"至

---

[1] 本篇收入《續修四庫全書總目提要·經部》，下册，第1292頁。
[2] 本篇收入《續修四庫全書總目提要·經部》，下册，第1292頁。

"剥"一石,作者謂羅氏以"利用獄"石經無"也"字與今本不合,乃誤以《象傳》之文爲爻辭。今按:羅氏《集錄》並無是説。又葉二十三石三,作者謂羅氏疑爲《論語·季氏》篇之末。今按:《集錄》亦無此説。是其言不足據矣。

《漢石經碑圖》一卷[①]
民國二十年排印本

　　蒲圻張國淦撰。國淦字乾若,有《歷代石經考》,已著錄。近年以來,漢石經出土者大小不下數百方,就中可考者,約得四千餘字。國淦即據此草爲《碑圖》,凡一卷。案:漢石經碑數,前人有四十石、四十六石、四十八石諸説,兹《圖》證明《洛陽伽藍記》四十八石説爲最可信。各碑表裏俱隸書,合計九十有六面。國淦案今本經文依次寫定,自爲起迄,七經齊列,圖後每面皆附圖記。其結論大體與羅振玉、王國維二家之説相同。國維定每碑行數三十五,今案該圖,幾乎各碑不同:《論語》第五面得四十七行,《周易》第八面祇二十七行。國維定每行字數平均七十五,然《周易》行七十三字,間有六十九或七十八者;《春秋》行七十字,間有六十八或七十四者;《論語》行七十四字,間有七十一或七十八者。設無國淦辛勤檢討,則此中真相將無從確知也。又此圖於今本經文與石經不同之字皆列表比較,又據《五經文字》中所引《石經》與《説文》比較,得知《漢石經》並無匡謬正俗之功,亦不過因襲

---

① 本篇收入《續修四庫全書總目提要·經部》,下册,第1293頁。

今文經正字而已耳。雖然國淦此《圖》未敢謂盡發《漢石經》之秘，若據斯《圖》以究研今後出土之漢石經，則其真相必可藉斯《圖》而益明，且斯《圖》之謬誤亦可藉今後出土之漢石經而舉正之，則漢石經之學豈不因國淦此《圖》而益趨粹密歟。

附　《漢石經碑圖》[①]

張國淦著

出版期民國二十年　出版處北平燕京大學　定價八元

近年以來，《漢石經》出土者大小不下數百，就可考者約得四千餘字。蒲圻張國淦氏即據此草爲《碑圖》，凡一卷。案：《漢石經》碑數，前人有四十石，四十六石，四十八石諸說。今張氏之圖，證明《洛陽伽藍記》四十八石說爲最可信。各碑表裏俱隸書，合計九十有六面。首尾皆案今本經文依次寫定，自爲起迄。七經齊列，費時三載，工力彌深，良可佩也。圖後每面皆附圖說。張氏此書本爲用以檢查《景印本漢石經殘字》之指導，而《景印本漢石經殘字》即案此圖集合影製而成。故《圖》中以◣附記之文字，即《隸釋》所存之字；以○附記之文字，即新出《漢石經》之字；而諸家所不用之今文經文字，則以●附加於旁以別之。《景印本漢石經殘字》雖未成書，而斯《圖》便於吾人掔討之功，則不可滅。按張氏所得之結論，大體與羅、王兩先生之言相同，惟

[①] 本篇載《國立北平圖書館館刊》第6卷第6號"新書介紹"，1932年12月，第124—125頁。

兩先生之言皆約略舉其成數而已。王先生定行數每碑爲三十五，今案該圖幾于各碑不同。《論語》第五面得四十七行，《周易》第八面祇二十七行，則王先生之説未可遽信。王先生定每行字數平均七十五，然《周易》行七十三字，間有六十九至七十八者；《春秋》行七十字，間有六十八至七十四者；《論語》行七十四字，間有七十一至七十八者，設無張氏辛勤檢討，則此中真相將無從確知也。今按：此圖雖未敢謂盡發《漢石經》之秘，若據此書爲研究今後出土《漢石經》之指導，則《漢石經》之真相可必藉此書而益明；且此書之謬誤，亦可藉今後出土之《漢石經》而舉正之，則《漢石經》之學豈不因張氏書而益趨粹密歟？顧是書又有兩點吾人不能不特別留意者，亦約略及之。其一，《碑圖》中附點之字，皆前人引用今文經正字之標識。《漢石經》七經皆據今文，此前人所已知者。然近年所出之《石經》碎石，往往有一二字不知出處者，其一部分皆因與今本經文不能相合。如上虞羅氏得"仇一"二字，並列一石，不知在何經；後知《魯詩》"君子好逑"字作"仇"，然後確定爲《關雎》第一章。又有"旋三句"，並立一石者，前人亦不知在何詩，及檢《魯詩》"還"皆作"旋"，然後知在《還》之末章。諸如此類，不勝枚舉，其有功後學者一也。復次，該書於今本經文與《石經》不同之字皆列表比較，又據《五經文字》中所引《石經》與《説文》比較，得知《漢石經》字體並無匡謬正俗之功，亦不過因襲今文經正字而已耳，此不可不留意者二也。今並介紹於讀者，然後得其書而論定焉。

《漢魏石經殘字校錄》
民國二十三年山東圖書館排印本

魚臺屈萬里撰。萬里字翼鵬，山東圖書館編纂。是書蓋據山東圖書館所藏原石，以今隸傳錄而成也，爲石都凡一百二十有五。其中已見於上虞羅氏《集錄》者十四石，此外皆三家集拓之本所未見，開封關葆謙《字譜》所未錄，可與阿維越致之書相輔而行也。惟其書無原石拓本，吾人無以定其真贗耳。今按：是書所錄者，《魯詩》有《周南·卷耳》迄《商頌·長發》，及《校記》等，凡四十石。《尚書》起《舜典·甘誓》迄《秦誓》，凡六石。《周易》有《比》《小畜》及《雜卦》，凡二石。《儀禮》起《士昏禮》迄《特牲饋食禮》，凡十二石。《春秋經》起桓公五年迄昭公元年，凡九石。《公羊傳》起桓公十一年迄宣公十五年，凡八石。《論語》有《先進》以下七石。又不知經名者及《叙記》二十六石。魏正始石經品字式者二石。又直行式者《堯典》三石，《禹貢》一石，《無逸》二石，疑不能定者七石。此百餘石中足以爲訂經之助者，如《魯詩·曹風·下泉》"浸彼苞稂"，石經"浸"作"濅"，與《釋文》同。此石下連《校記》，故有"曹蜉"二字。作者即謂《蜉蝣》之詩，誤也。又《大雅·文王》"厥作祼將"，石經"祼"作"灌"，正其本義。又《儀禮·聘禮》"如享禮"，石經作"亨"，與他經同。《覲禮》"予一人嘉之"，石經"嘉"作"賀"，與鄭注所引今文同。《春秋》昭公元年"秦伯之弟鍼虎"，石經"鍼"作"葴"，與《集韵》所引同。又魏石經《堯典》"敬授民時"，今本"民"作"人"，蓋唐時避諱所改也。此外具見上虞羅氏之書，不復述矣。

《集拓新出漢魏石經殘字初編》四卷[①]
民國十七年拓本

鄞縣馬衡編次。衡字叔平，有《石鼓文考證》，已著錄。初，大興孫壯倡議集拓新出漢魏石經殘石，商之馬衡，乃以兩家所藏者爲主，合之吳興徐鴻寶、國立北京大學研究所、潢川吳寶煒、膠州柯昌泗，及其他數家所藏殘石，屬金溪周康元爲之傳拓三十分，以廣其傳。分類編次則衡爲之也。得石二百十又四，爲字一千零九十又八。雖較宋人所得者僅及其半，而於漢石經有《周易》《魯詩》《儀禮》《春秋》《公羊》《論語》及《後記》七種。魏石經則有《尚書》：《堯典》《皋陶謨》《高宗肜日》《微子》《金縢》《梓材》《多士》《無逸》《君奭》《多方》《立政》《顧命》；《春秋經》則有《莊公》《僖公》《文公》《宣公》《成公》《襄公》《昭公》《定公》《哀公》諸殘石。其他單文佚字，漢、魏兩石經合計，尚有百數十字。其方面之廣，遠非宋人所能及矣。今取其中犖犖大者數端，若《春秋》襄公十一年經"莒子"，石經作"筥子"；《公羊》僖公十年傳"又將圖寡人之爲爾君者"，石經作"又將寡人之圖爲爾君者"。魏石經《尚書·君奭》有"殷嗣天滅威"，古文"嗣"作"𤔲"，爲宋人所得者相合。又《多方》"王至於宗周"，今本"至"上無"王"字，皆足以爲校經之助也。

[①] 本篇收入《續修四庫全書總目提要·經部》，下冊，第1297頁。

《集拓新出漢魏石經殘字二編》[1]
拓本

上虞羅振玉編次。是書尚取吳興徐鴻寶及羅氏自藏之石集拓而成，計《周易》二石，四十八字。《尚書》二石，十八字。《魯詩》二十六石，二百又五字。《儀禮》十二石，百七十字。《禮記·王制》一石，二字。《春秋》八石，百又五字。《公羊傳》五石，二十三字。《論語》七石，三十字。《校記》二石，十三字。《後記》一石，二字。《急就章》一石，四字。不知經名四十二石，八十四字。魏石經《尚書·堯典》一石，四字。《咎繇謨》七石，七十三字，皆品字式。《多士》一石，三十三字。《君奭》一石，二十四字。不知篇名六石，三十三字。《春秋》閔公二年一石，四字。僖公十六年至十七年一石，三字；二十六年至二十七年一石，七字。文公十年至十一年一石，三十一字。不知篇名二石，九字。此外尚有不知經名三石，四字。古文一體一石，四字。古、篆兩體二石，十八字。總計漢、魏石經爲字六百七十又四。其間與今本經文有異同者，若《周易·賁卦》初九"舍車而徒"，石經"車"作"輿"；《剥》六三"剥之无咎"，石經作"剥无咎"。《尚書·堯典》"汝作秩宗"，石經作"汝秩宗"；"三十徵庸"作"卅徵庸"。《魯詩·邶風·終風》"虺虺其靁"，石經"靁"作"霣"，與《廣雅·釋天》同。《擊鼓》"死生契闊"，石經"契"作"挈"，《經典釋文》云"契本亦作挈"，燉煌本《毛詩》同。《谷風》"我躬不閱"，石經作"我今不説"，《禮記·表記》

---
[1] 本篇收入《續修四庫全書總目提要·經部》，下册，第1297頁。

鄭注引作"我今不閱"。《周頌·良耜》"載筐及筥",石經"筥"作"簴";"其饟伊黍",石經"饟"作"餉",《禮記·郊特牲》注引詩同。《儀禮·鄉飲酒》"禮坐奠爵于篚",石經無"爵"字,而鄭注云"今文無奠"。胡承珙《儀禮古今文疏義》曰:"鄭注當云'今文無奠下爵',傳寫脱'下爵'二字。"其説與石經適合。又"篚",石經作"匪",與説亦合。又"遵者降席",鄭注"今文'遵'爲'僎'",與石經合。又末行"北面鼓"三字,乃記文。由前一行首數至此得二百餘字,不應行次相連,知《儀禮》經傳章次古今文亦有同異。《春秋經》成公四年"鄭伯堅卒",石經"堅"作"𡋛",與《玉篇》合,惟《玉篇》誤爲"𡋟"。襄公二十九年"鄭公孫段",石經"段"作"𣪠",其偏旁殘缺,不知何字。魏石經《尚書·君奭》"天弗庸釋",古文借澤爲釋,而《多士》篇"罔不配天其澤",古文"澤"作"𤀎",則石經澤有二體。又"先王勤家",古文以"懃"爲勤,與《古文四聲韵》所引古《老子》勤字作蕙者相合,皆足以爲校經之助也。

《集拓新出漢魏石經殘字三編》[1]

民國十九年拓本

潢川吳寶煒編次。寶煒字宜常,有《魏三體石經録》及《續録》各一卷,已著録。今集拓殘字四卷,爲寶煒家藏之物,繼馬衡之書而作者也。爲石一百七十又八,計其中《周易》九石,凡三十一字。

---

[1] 本篇收入《續修四庫全書總目提要·經部》,下册,第1298頁。

《尚書》十二石，凡三十五字。《魯詩》七十二石，凡三百八十四字。《儀禮》八石，四十一字。《春秋》十四石，五十四字。《公羊傳》二十四石，百零四字。《論語》十四石，五十一字。不知經名者十三石，二十四字。《後記》二石，十六字。魏石經《尚書》七石，《堯典》《咎繇謨》合計十一字。不知篇名者六石，十二字。《春秋》二石，六字。不知經名者一石，一字。合漢、魏石經計之，得七百七十有餘字也。其間與今本異者，若漢石經《尚書·顧命》"弘璧琬琰"，石經"琬"作"捥"。《魯詩·邶風·匏有苦葉》"深則厲"，石經"厲"作"癘"。又《小雅·賓之初筵》次《彤弓》後，與今本異。"載號載呶"，石經"呶"字作"譊"，亦與今本異。又《小弁》"惄焉如擣，假寐永嘆"，石經"擣"作"疛"，"假"作"監"。作"疛"者，與《經典釋文》所引《韓詩》同。又《楚茨》"祝祭于祊，祀事孔明"，石經"祊"作"閍"，"祀"作"我"，與今本異。又《小雅·大田》《瞻洛》《湛露》《裳裳者華》《隰桑》相次，《大雅·靈臺》次《旱麓》，皆與今本異。又《采菽》"樂只君子"，石經"只"作"旨"。《思齊》"烈假不瑕"，石經"烈假"作"厲罟"。《桑柔》"稼穡卒痒"，石經"穡"作"嗇"。《儀禮·喪服》"齊衰"字，石經作"縗"。《春秋經》成公二年"薛人、鄫人"，石經"鄫"作"繒"，與《國語·晋語》及《左傳》哀公十四年傳"繒關"之"繒"同。《論語·述而》"不知老之將至"，正平本"至"下有"也"字，石經同。又《子罕》"固天縱之將聖"，石經無"將"字。魏石經九石之中皆殘缺，無關宏旨，其可供校經之助者如此而已耳。

《魏石經尚書殘字》一卷[1]
《玉函山房輯佚書》本

歷城馬國翰輯。是卷亦取自《隸釋》。宋皇祐中，洛陽蘇望得拓本於故相王文莊家，取其存字摹刻之，題曰《左氏遺字》。至於清代，武進臧琳、陽湖孫星衍皆以《左傳》校之，知有《尚書·大誥》《呂刑》《文侯之命》三篇文字錯出其間。今輯本中自"事不"至"恤民"乃《大誥》文，計七十字。自"文侯"至"旅大"，《文侯之命》文，二十九字。自"令正"至"荒寧"，《文侯之命》文，六十六字，其間又錯出《呂刑》末數字。自"家純"至"其百"，《文侯之命》文，十八字。自"五刑"至"今彊"，《呂刑》文，六十九字。自"寡蠢"至"不予"，《大誥》文，四十三字。綜觀《尚書》六段之中尚偶有與《左傳》錯出之字，蓋不學者掇拾殘字以成文，故《大誥》《呂刑》分爲二，《文侯之命》分爲三。國翰取臧琳之説入錄，其考論遠不若後出陽湖孫星衍之《三體石經考》。然此二百九十五字中，異文奇字足爲詁經之助者，若《大誥》"嗣無疆大歷服"，石經"歷"作"鬲"；"允蠢鰥寡"，石經"蠢"作"截"；《呂刑》"以亂無辜"，古文"亂"作"𠬪"；《文侯之命》"無荒寧"，石經古文"寧"作"𡨴"，亦治古文字學者所樂聞也。

---

[1] 本篇收入《續修四庫全書總目提要·經部》，下册，第1298頁。

《魏石經春秋殘字》一卷①

《玉函山房輯佚書》本

歷城馬國翰輯。案:《隋志》有《三字石經春秋》三卷,注:梁有十二卷。《唐志》載《三字石經左傳古篆》十二卷,卷數與梁《七錄》合。國翰謂《唐志》標題多出臆測,然據王國維所考魏石經,石數以戴延之《西征記》三十五碑爲最得其實。而經數則《尚書》《春秋》以外,《左傳》僅及莊公中葉而止,故六朝及唐初人記載均未言他經。迨唐宋以後,蒐求殘石及遺拓,始及《左傳》。而新、舊二《志》十二卷或十三卷之數,殆兼《春秋經》言之,且未必遽爲全卷,固未可定爲臆說也。今國翰所輯《春秋經》及《左氏傳》遺字,古文三百七,篆文二百十七,隸書二百九十五。其中有一字而三體不具者,約略考之爲《桓公經傳》《莊公經》《宣公經》《襄公經》,而殘缺殊甚也。

《魏三體石經錄》一卷②

民國十二年石印本

潢川吳寶煒撰。寶煒字宜常,有《集拓漢魏石經殘字》三編四卷,已著錄。是卷乃取民國十一年洛陽新出魏正始石經半段碑及殘石之釋文影印而成。半段碑表裏刻字,表爲《尚書·無逸》《君奭》共三十四行,裏爲《春秋》僖公、文公經二十二行。殘石表刻《尚

---

① 本篇收入《續修四庫全書總目提要·經部》,下册,第1299頁。
② 本篇收入《續修四庫全書總目提要·經部》,下册,第1300頁。

書·多士》十一行，裏刻《春秋》文公經十行。半段碑與光緒中葉黃縣丁氏所得《尚書·君奭》殘字相合，蓋同爲一碑之下段也，故編中亦附錄於後。今寶煒釋文以今隸寫定，而不錄古、篆二體，略考古今經本異同。如《多士》篇，今本："王曰：猷！告爾多士，予惟時其遷居西爾，非我一人奉德不康寧。"而《石經》"王曰：猷"一行，在"西爾，非"一行後，"殷革夏"一行前，與今本迥殊，蓋"朕不敢有後"下多"王曰：猷！告爾多士"一句也。寶煒又據《晋書·趙至傳》嵇康在太學寫石經，即謂正始立石之時乃嵇康書丹，一反前人之說。按：康之寫經，乃摹錄文字，與《石季龍載記》遣國子博士詣洛陽寫石經之意相當。漢魏之時，拓墨之事未興，《後漢書》言熹平石經初立，觀視及摹寫者車乘日千餘兩。正始立石，當亦同此。三字石經出于邯鄲淳之手，自有根據，未可輕于改易也。

《魏三體石經續錄》一卷[1]

民國十二年七月石印本

潢川吳寶煒撰。是書爲補錄前書未收之石，計《尚書·多士》篇五行共三十字，《多方》篇五行十二字，《春秋》文公十年、十一年經五行二十九字，與《多士》一石爲表裏。又《多方》篇二行九字，總計四石，古、篆、隸三體，爲文八十，而作者僅以今隸錄之。其中《多方》第二石"王至於宗周"及"殷侯尹氏"二句，本連《君奭》"祇若茲"一石。今本《多方》"至"上無"王"字。寶煒不得其解，

---

[1] 本篇收入《續修四庫全書總目提要·經部》，下冊，第1300頁。

題曰："不知何經。"按：諸家集拓四石均已著録，寶煒第未之考耳。

《三體石經時代辨誤》二卷①
民國十四年排印本

北平王照撰。照字小航，號水東老人。此考成于民國十二年季冬，是時三體石經方出於洛陽，學者沿宋人之説，皆以魏正始石經名之，此洪适《隸釋》以來久已定論。而照之辨誤，乃信范曄《後漢書·蔡邕傳》，以一字石經、三字石經同爲熹平光和間所立，謂諸家皆誤繹衛恒《四體書勢》之説。恒謂正始中立三字石經者，照以爲立於學官之意也。又附會石經"變亂先王之典刑"之"變"字作"戀"，爲避少帝之諱。故强定三字石經爲漢代之物，以强聒世人，自比擬于毛奇齡之《古文尚書冤詞》。夫奇齡雖泥古不化，猶不若照之粗心違理。惟照所考太學故址以《洛陽伽藍記》爲據，尚近事實，故當存而録之，以備考覈也。

《續補三體石經時代辨誤》一卷②
民國十六年刻本

北平王照撰。照既爲《三體石經時代辨誤》，多駁正前人之説，而未及杭世駿之《石經考異》，是書即爲辨正《考異》之作。《考異》

---

① 本篇收入《續修四庫全書總目提要·經部》，下册，第1300頁。
② 本篇收入《續修四庫全書總目提要·經部》，下册，第1300頁。

有厲鶚、全祖望二序，祖望謂正始石經亦出於邯鄲淳，而嵇康等祖之，其所據者《晋書·趙至傳》也。至傳曰："年十四，詣洛陽，游太學，遇嵇康於學寫石經，徘徊視之不能去。"而康子紹亦云："至入太學，睹先君在學寫石經。"此所云寫經，乃迻錄之謂。當漢熹平光和之間石經新立，至太學臨摹者日以千數，而正始石經初立，其臨摹之風當亦如是，自非嵇康書丹之謂。照於此駁正祖望之説，甚得要領。他皆敷陳舊説而已，無所更張也。

《六經圖説》一卷[①]
江西信州文廟石刻拓本

亡名氏撰。據《大明一統志》，元信州知府盧天祥刊於信州府學，凡《易》《書》《詩》《禮記》《周禮》《春秋》六經，爲圖表三百餘事。按：六經之有圖，自宋人始。《中興館閣書目》載紹興中布衣楊甲撰《六經圖》。乾道初，毛邦翰復增補之。其後東嘉葉仲堪又取而重編爲七卷，見《宋史·藝文志》。此外，《宋志》又有俞言之《六經圖説》十二卷。朱彝尊《經義考》又載趙元輔《六經圖》五卷。亡名氏《六經圖》二種，其一種載朱善序，謂豫章李用初家藏之本。今以禮耕堂本楊甲《六經圖》考校之，與信州本十同七八，足證宋元以來諸儒所作《六經圖説》皆一脈相沿也。宋元以後至明正統中，周安有《九經圖注》，見周瑩《藏山錄》。胡賓有《六經圖全集》六卷，王循吉有《五經圖説》，見黃虞稷《千頃堂書

---
① 本篇收入《續修四庫全書總目提要·經部》，下册，第1310頁。

目》。吳繼仕有《七經圖》七卷，陳仁錫有《六經圖考》三十六卷，俱見《經義考》。然諸書今或不傳，則此圖與楊甲、吳繼仕二書鼎足而三矣。

史部　雜史類

《天水冰山録》不分卷
《知不足齋叢書》本

闕名。此有明分宜嚴氏籍没清册，清雍正間周石林從殘本重鈔，錫以今名者也。冰山之説，見《開天遺事》，張彖指楊國忠語。明陳眉公嘗云："太陽當空，冰山驟涣，蓋爲朝士之依附張江陵者誡。"石林名是書曰《冰山録》，豈欲垂千古貪墨之炯鑒歟？是書前有嚴言、趙懷玉二序；次録籍没狀並清册；下題查理官名銜；末附籍没張居正凡四則，沈志雍、鵲華游子、汪輝祖跋三則。册中自金石、服玩、書畫，乃至良田、甲第，悉數之不能終其卷，可謂夥矣。嵩以嘉靖壬戌罷相歸，爲檢其私藏，見黄金三十萬，白金二百萬，因驚訝作咄嗟狀曰："此將來涸胎歟！"後卒因此獲罪。籍没之後，孑然一身，寄養墓舍，以終其世。豈天之報施人未有爽侮者耶！

史部　目錄類

《楝亭書目》
傳抄本

　　清曹寅撰。寅字子清，別號楝亭，漢軍鑲黃旗人，康熙中巡視兩淮鹽政，加通政司銜。是編乃就其個人所藏書，以類分隸編成，凡三千二百八十七種。首有總目，乃抄者所補入。寅爲清初藏弆家之一。今流傳秘帙，往往睹其鈐印，是册所收雖宏富，概其所藏，恐未止此。每目下，注撰人、册數，不記槧本、時代。蓋當時著錄體裁，固不若今代之詳密也。補目不知誰氏手筆，多依原次排列之。分：書目、經、易、詩、書、春秋、禮、樂、小學、理學、韻學、字學、史、鑑、明史、外國、經濟、地輿、子、釋藏、道藏、書畫、類書、説部、醫部、雜部、文集、詩集、詩類、漢魏六朝人集、唐人集、宋人集、元人集、明人集、詞、曲各子目。每目下注有附、有補遺不等。其類次全不從前人所立，自抒體裁，可爲別刱。如經部有理學，史部有經濟，乃與近人分類法闇合。寅獲見當時藏書家簿錄多爲今人罕見之本，如黃葵陽、趙定宇、錢虞山之絳雲樓，曹秋岳之靜惕堂，周減齋之櫟園，東海徐氏之含經堂，以及史館所藏，類爲一時集腋[①]之作，誠目錄書中不可不見之籍也。

---

① 腋，原稿作"掖"。

《長白藝文志初稿》一卷
大興鮑氏藏抄本

清英浩撰。英浩字養吾，高佳氏。此書係抄本，無序，尾有"乙卯年奉寬手跋"。略云："英浩一字嶧林居士，晚號人海拙叟。鼎革時官中書筆帖式。所著《大學中庸論語易經書經詩經爾雅集說》《字典校錄外編》《韵編》《字雅》《六書叢話》《恬智軒集》《本草漫鈔》《痢綷》《瘧綷》《養吾集驗方》《金機納傳》《人參傳》《威靈仙傳》《續達生編》《墨史》《茶譜》《菌譜》《荔枝譜》《葡萄譜》《桃譜》《滿族古今合表》《神京古今方言小識》《幕純隨筆》《恬知軒聯語》《恬知軒書目》等，都若干卷。"又云"書中原有者十之八九，寬續加者約十之一二。其破爛紙片，則全係續訪所得。此外寒舍所有者，尚未錄入，但不甚多"云云。蓋鮑氏得其舊稿，乃爲葺補成帙，已非舊本矣。書中所錄八旗著述目錄，每目下注作者氏旗別字，科分仕途，頗爲詳覈，足備採獲之用。所錄書凡六百六十餘種，不分四部，隨著之時代先後爲次序。亦有舛記之處。而較清人《説薈》所載八旗著述目，不翅倍之，良見其蒐集之博，與夫見聞之廣也。

《續語堂題跋》一卷
《魏稼孫全集》本

仁和魏錫曾撰。錫曾字稼孫，有《續語堂碑錄》，已著錄。《題跋》一卷，爲文凡四十八篇，皆題識宋明以來金石學書籍之作。其中若影鈔元本《隸釋》及《汪本隸釋刊誤》二跋，歷叙《隸釋》刻本源流至詳，並及葉本、毛本、汪本之異同。治漢隸之學者，尤不可忽。他如《書〈印人傳〉後》及諸印譜跋，於有清一代刻印之掌故言之綦詳。跋陳萊孝《歷代鍾官圖經》，盛推蔡雲《癖談》，其評論皆得個中三昧。此外，《聖教序》《玉版十三行》及褚書《聖教序》三跋，亦足廣後學見聞也。

卷二

史部　金石類·總録

《寒山金石林部目考》一卷
《晨風閣叢書》本

明長洲趙均撰。均字靈均，宧光子，有《寒山金石林時地考》，《四庫》已著録。《部目考》一卷，乃殘缺之本，爲靈均家藏碑帖書畫之部目。其分類頗足以爲後人參考者：一、字義部，《干禄字書》之類；二、小楷部，法帖類，晉唐名人帖；三、正書部，《九成宮醴泉銘》之類；四、署書部，《中興頌》之類；五、章草部，《急就章》之類；六、篆籀部，《詛楚文》之類；七、符印部，秦璽書之類；八、分隸部，《禮器碑》之類。此外尚有碑石目、書目、唐宋元明名人雜帖，及圖畫記等。寒山趙氏所藏碑帖至多，若宋拓《劉熊》《婁壽》二碑，早見稱於世，而不見於此册，知部目殘缺殊甚也。

《金石録補續跋》七卷
《行素草堂金石[①]叢書》本

崑山葉奕苞撰。奕苞字九來，有《金石録補》二十七卷，已著録。《續跋》七卷，海昌蔣光煦得之於書肆，刻入《佚存叢書》中。凡殷周銅器、漢唐碑刻跋尾百三十二篇。其中文字偶亦收入王昶《金石萃編》，題曰《金石後録》，而不著作者之名。書中亦頗有精到之語，《漢仙人唐君碑》曰："使智鄉春夏毋蚊蚋，秋冬鮮繁霜癘蠱。"跋曰："《水經》引此，改爲'堉鄉'。而碑中無堉居川中之語，但有智水、智谷之名，則智鄉實爲智鄉，不能改爲堉鄉矣。"又《唐李勣碑跋》，訂正舊、新《唐書》謂勣年八十六之誤。《舊書》引其語諸子之言曰："我山東田父耳，位至三公，年將八十，非命乎？"《新書》改將爲踰，固與碑文不合矣。凡所考訂，皆出入史傳。錢曾《讀書敏求記》謂奕苞《金石録補》學識遠在明誠之上，洵不誣也。惟《漢孔君碣》言"元年乙未"，趙氏《金石録》以爲桓帝永壽，其説本甚有據。蓋漢代碑碣大抵出自東漢，孔君之碣尤確不可拔，而奕苞以漢高元年或昭帝始元當之，又昧于石刻史例矣。

《經鉏堂金石小箋》二卷
中國書店校印本

崑山葉奕苞著。奕苞字九來，有《金石録補續跋》七卷，已著録。是書蓋《續跋》之餘，爲文凡三十一篇，其中惟《溧陽長潘乾

---
① 原稿脱"金石"二字。

校官碑》《外黄令高君碑》《蜀郡太守何君閣道碑》《李翊夫人碑》《嚴發殘碑》《李翕析里橋郙閣頌》《仲秋下旬碑》七篇不見於《續跋》，餘二十四篇文字大體相同。惟《司隸校尉楊君石門頌跋》引《華陽國志·先賢贊》，以楊渙字孟文，訂正歐、趙以來稱楊厥之誤。而《續跋》所錄，則謂《水經注》云司隸楊渙與字孟文合，兩者相較，知《小箋》諸篇必爲後出訂正之本矣。又《外黄令高君碑跋》謂高君非《文苑傳》之高彪。《何君閣道碑跋》謂碑立于建武中元二年者，即光武帝建武三十二年四月改元後之稱。皆卓爾之論，非具史識者不能及也。

《金石題咏》一卷

燕京大學藏舊鈔本

闕名輯。爲詩凡百二十七首，詞二首，皆有明崇禎以來，迄乾隆中諸名家題咏金石之作，而以王士禎、朱彝尊、杭世駿、查慎行四家爲最多。所題器物，上起焦山古鼎，下迄王文成浯溪碑，其間若古泉、古甓、古鏡、古石刻之屬具備，而有關考史之助者至少。其中唯《高植墓石歌》記《瘞鶴銘》出土始末，曲陽發現李克用舊碑諸作，爲金石學上之珍聞，僅賴此書以傳者也。

《金石萃編補目》三卷
《聚學軒叢書》本

長沙黃本驥撰。本驥字虎癡,有《古誌石華》二卷,已著錄。《補目》者蓋爲南海吳榮光編定《筠清館金石記》時之草目,其書取青浦王昶所著《金石萃編》爲藍本,凡《萃編》已著錄者皆不再入錄;就所無者,自三代以下按年編次,備錄原文,加以考按,一遵《萃編》成例。六閱寒暑,底稿始成。原題《金石萃編補遺》,總計卷帙,反多於《萃編》。榮光旋以湖南巡撫左遷京職,挈稿而去。逮榮光逝世,原稿亦流落未得刊刻,故本驥取其簏中所藏草目,仿①孫星衍《寰宇訪碑錄》之體例,有目無文、無考據,以備搜羅之前導而已,遂改題曰《萃編補目》。計自三代以迄遼金,益以西夏、僞齊、高麗、越南、日本諸碑,爲目凡二千餘通,其數已逾《萃編》。後之補《萃編》者,若陸增祥之《八瓊室金石補正》,即以榮光原稿爲據。蓋此稿流落道州何紹基家,陸增祥錄取以補其書之不足。吾人雖未見《筠清館金石記》,此目尚可略存雛形也。

《金石萃編校字記》二卷
光緒十二年上虞羅氏自刻本

上虞羅振玉撰。振玉字叔言,別有《殷虛文字考釋》二卷,已著錄。是書成於光緒乙酉,在振玉爲少作。其校正《萃編》中碑誌之屬計一百三十種,凡五百餘條。昶之作《萃編》,成於耄年,時

---
① 仿,原稿作"訪"。

已目瞀。門下士爲其料檢書史，未能精到，故疏陋之多，幾不能讀。吳縣沈欽韓爲作條記，僅及有唐一代之史跡。今振玉此作，皆就原碑互校，其缺者補之，誤者正之。僅及文字，不論史事。如《漢祀三公山碑》"祭奠流行"，《萃編》缺"祭"字。《開母廟石闕銘》"貞祥符瑞"，《萃編》"貞"誤作"原"。《北海相景君銘》"惟漢安二年"，《萃編》誤作"三年"。《敬使君碑》"檀越馮景和"，《萃編》缺"馮"字。《龍藏寺碑》"虔心徙石"，《萃編》"徙"字誤作"從"。《九成宮醴泉銘》"維貞觀六年"，《萃編》闕"六"字。《游師雄誌》"卨委公以行諸壘"，《萃編》誤"卨"爲"尚"。《黄花老人詩刻》"夕陽欲下山更好"，《萃編》誤"夕"爲"名"。凡此皆可以爲校碑之助，實《金石萃編》之功臣也。

《金石續編》二十一卷
同治十年毗陵雙白燕堂刻本

是書武進陸耀遹纂，太倉陸增祥校訂。耀遹字紹聞，武進人，官淮安府學教授，酷嗜金石文字。《續編》之作，蓋欲補輯王氏《金石萃編》未竟之業，故所錄金石文字四百三十種，皆《萃編》未錄之品。惟編中有目無文者一百七十餘條，耀遹但聞此刻之名，而未見拓本，故錄其目以俟異之收集也。編中次第先後，悉依年代，凡碑爲後人所重刻者，則以重刻之年號爲準。物有作僞，並皆刪汰。唯《李術誌》原跋云："錄而摘之，以懲贗託"，故仍留之。其他體例，一仿《萃編》之制。唯是編所錄諸碑刻中，爲《萃編》未備而所關史事至大者，若永壽元年《右扶風丞李君通閣道記》、鳳皇元年《九真太守谷朗碑》、大明二年《爨龍顔碑》、正光四年《營州刺史高貞碑》、武平二年《朱岱林墓誌》、隋太僕卿元公及夫人姬氏二墓誌、唐《豆盧遜墓誌》，在當時皆録全文，至今足以校正新拓缺字之本至多。編中諸刻跋尾，皆經陸增祥校訂。增祥又別爲《八瓊室金石補正》，故所採録皆甚矜慎也。

《金石萃編補略》二卷
光緒八年杭州抱經堂刻本

王言撰。言字蘭谷，浙江仁和人，咸豐舉人，官嚴州壽昌縣學訓導。是書蓋爲補訂王氏《萃編》而作，計自漢迄唐所得石刻及鐘銘等四十一種，皆《萃編》所未録。體例悉依《萃編》，而採録諸家考訂文字頗不完備。若元公及夫人姬氏二誌[①]，黄本驥《古誌石華》已有跋尾。《爨龍顔碑》以桂馥、阮福二跋爲最著，而編中皆未採録。《凝禪寺浮圖銘》，其側有唐永徽□年題字二行，失拓。又沈濤《常山貞石志》有跋尾一通，亦未銘。漢《蒼公墓記》乃僞刻，碑估取延熹四年之倉頡廟碑陰相配，蘭谷不察，輯録編首，殊失檢點。又《秦望山法華寺碑》不僅爲翻刻之本，且文字亦多臆改，何紹基《東洲草堂金石跋》已詳言之，而蘭谷亦録入編中。在寥寥四十餘種碑刻中，其謬誤一至於此。其所稗補於《萃編》者，殊有限也。其中惟唐貞觀十四年《濮陽令于孝顯碑》爲諸家所未録，爲是書之一特色矣。

[①] 元公及夫人姬氏二誌，即《太僕卿元公之墓誌》及《大隋故太僕卿夫人姬氏之墓誌》。

《金石補編》不分卷
海鹽黃氏鈔本

海鹽黃錫蕃集録。錫蕃字椒升，所輯《金石補編》，蓋補王昶《金石萃編》而作。起漢《萊子侯石刻》，迄元《重修李白酒樓記》，爲目凡八十四種。而文内闕漢《元家樓殘石》、北齊《武成胡后造觀音石象記》、唐《劉崟墓誌》《趙公夫人夏侯氏墓誌》《魏邈夫人趙氏墓誌》《新羅國真鑒禪師碑》等六種。又多隋《李鍾葵造像》、唐《化度寺僧海禪師方墳記》等二種。其中與《萃編》重出者，若北齊《孟阿妃造象》、唐《裴鏡碑》、周《尉遲迥碑陰》《李秀碑》《新羅國朗空大師塔銘》，但均可以補正《萃編》之缺誤。而所録諸篇中希見之品，有武定七年之《延陵顯仲造白玉像記》、皇建元年《高肅殘碑》、唐《崔敦禮碑》、垂拱四年《澤王府主簿梁氏并夫人唐惠兒墓誌》、垂拱三年《上護軍龐德威墓誌》、永昌元年《宣州刺史陶大舉德政碑》等六①種。補正《萃編》之作得此又多一家矣。

---

① 六，原稿爲"五"。

《吉金貞石録》五卷
民國十八年燕京大學刻本

吳縣張塤撰。塤字商言，乾隆戊子舉人，官至內閣中書，有《竹葉庵文集》三十三卷，已著録。畢沅開府秦中時，招致幕府，屬其重修興平、扶風、郿三縣志，塤即以三縣金石志增訂爲此書，其時乾隆庚子中秋也。原稿久未刊行，展轉爲燕京大學圖書館所得，東莞容庚以之與黃樹穀《扶風縣石刻題記》相較，知《石刻記》即就《扶風志》削去金刻而成。其書卷一爲《興平志》稿，卷二至三爲《扶風志》稿，卷四至五《郿志》稿。書中雖大部抄輯已著録之物，而金元石刻及《郿志》全部，則當時訪求所得也。他如《興平志》增唐《寂照和尚碑》，《扶風志》增《古尸臣（當作夷臣）鼎》，鼎見《冊府元龜》，爲諸家所不録。又《無憂王寺碑》較舊拓本多二十九字，皆勝於同時著録金石諸書。惟《興平志》應收隋《安喜公李君碑》，是一疏失耳。

《字原徵古》四卷
《薌嶼裘書七種》本

南城曾廷枚撰。廷枚字升三，號薌嶼，廩膳生。所著書有《香墅漫鈔》《商略》《瓣香山房編年》《歷朝詩話腋》《事物類聞》《古諺間談》《稧帖緒餘》《音義辨同》《樂府津逮》《西江詩話》《遊戲三昧》等十餘種，已著録。《字原徵古》凡四卷，以尚論漢唐碑版別體字爲主，而取證《説文》《玉篇》，訂正婁機《漢隸字原》之誤者爲多。如漢《老子碑》"材不及孫卿、孟軻",《字原》以爲"材"與"纔"字同,廷枚謂應作材質之材。漢《樊敏碑》"樕漢之際",《字原》云"義作楚",廷枚云"實即楚字"。漢《楊淮碑》"進直遐懕",廷枚云:"偰,《説文》:'古文從辵。'"諸如此類,較之邢澍《金石文字辨異》,尤見覈實。惟其書第一卷採録《岣嶁碑》至唐《桂陽周府君碑》凡三十九種,中多贗品。所收殷周銅器,大半同薛尚功、王俅之書,而廷枚自謂以所藏拓本入録,間有可以互相印證者。其第二卷全録《急就章釋文》,三卷以下即《字原徵古》也。

《金石萃編補正》四卷
光緒二十年影印本

方履籛著。履籛字彥聞,河北大興人。嘉慶二十二年舉人,官福建閩縣知縣。所著書有《富薌齋碑目》六卷、《河内縣志》二十卷、《武陟縣志》二十卷、《伊闕訪碑録》三卷,皆少傳本。履籛博學,工爲駢體文,又篤好金石,嘗遊冀、兗、青、豫,遇殘碑斷碣,必手搨其文,故是編所録,於中州石刻爲多。而碑文五十種中,計南北朝碑五種,唐碑十五種,其餘十五種皆宋、金、元三代之物。其間訂正王氏《金石萃編》者,有唐《劉仁則造象碑》《蘇文貞公碑》《王仁皎碑》《洞清觀鐘款》《裴耀卿碑》等五種。其他採輯諸家跋尾,亦至寥落,實未定之本也。卷末附澠池、新鄭、鹿邑三縣碑目,凡六十九種,以今視之,亦非完備之作。是書初無刻本,光緒二十年桐城張祖翼向烏程吳申甫假得稿本，付之影印。其書惟於泰定三年《天寶宮聖旨碑》之元人蒙古文字，及當時訛體、俗語多所辨正，爲自來著錄家所未有，亦足存一格也。

《讀金石萃編條記》一卷
《煙畫東堂小品》本

吴縣沈欽韓撰。欽韓字文起，號小宛，蘇州木瀆鎮人。嘉慶十二年舉人，官寧國府教諭。別有《漢書疏證》七十四卷，已著錄。嘉慶戊寅，欽韓欲重注《昌黎文集》，因參閲《萃編》所錄唐代碑記，而發見其中煩瑣、穿鑿、謬陋之處甚多，故隨手疏記，因得二十又二條，故所論以有關唐代史跡而止。如言《□令賓墓誌》"南陽人也"，昶釋云："河陽古無南陽之名，《孟縣志》謂河陽即南陽者非也。"欽韓引《左傳》僖公二十五年："王與之陽樊、温、原、欑茅之田，晉於是始啓南陽。"《水經·清水注》："修武，故寧也，亦曰南陽。"應劭《地理風俗記》："河内，殷國也，周名之爲南陽。"是唐之懷、孟二州，今之懷慶府，通得稱南陽矣。又如大曆十三年《嚴震經幢》，嚴字已剥蝕不明，《萃編》不能據史傳以補其缺。欽韓據《唐書·嚴震傳》及《權德輿集·嚴震墓誌》，知當時充興、鳳兩州都團練使者，即嚴震也。昶釋云："御史中丞疑是刺史還朝兼此官，未見有所謂都團練使者。"非獨不觀全史，并《方鎮表》亦不一檢對矣。凡所論議，其精確類如此。

《八瓊室金石札記》四卷
吳興劉氏希古樓刊本

太倉陸增祥撰。增祥字星農，有《八瓊室金石補正》，已著錄。是書四卷，其第一卷爲各書序跋、與友人論金石之函札，餘爲石刻小記數十條。第二卷論先秦以來彝器。第三卷論漢洗、古鏡、泉幣及瓦當，各數十條。第四卷則尚論古塼。增祥精於石刻之學，故書中評論趙之謙《補寰宇訪碑錄》《題嘉蔭簃龍門造像錄》二文頗有拾遺補缺之功。惟《塼拓》自序言，古塼之最初者莫若長城崇墉，蓋以今長城爲秦時故物，猶不免庸俗之見。又增祥不精鑒別彝器，故書中所錄贗品甚多，若利彝、夔彝、漢太宗廟鼎，其爲僞物無疑。虢伯霾毀乃仿曾伯霾簠之文而作，增祥謂虢伯霾即曾伯霾，其誤謬尤甚。惟書中所論方面甚廣，羅振玉《俑廬日札》之前，增祥是作實爲金石學界闢一樊籬也。

《金石祛僞》一卷
吳興劉氏希古樓刊本

太倉陸增祥撰。增祥字星農，有《八瓊室金石補正》，已著錄。《金石祛僞》一卷，計所錄石刻贗品自秦迄唐凡三十四種。其中《廉孝禹闕》及《劉熊殘碑》，諸家皆無異說，且《劉熊碑》原石爲會稽顧燮光搜訪而得，尚存延津學宮，增祥之說自不可盡信。《高植墓志》，原拓僅數十字，今本乃僞刻無疑。其他各石大都僞刻，是書足供參考也。

《金石學錄補》三卷
《潛園總集》本

歸安陸心源撰。心源字剛父，號存齋，有《儀顧堂集》，已著錄。光緒五年，心源輯錄是書，蓋補李遇孫《金石學錄》之缺也。自漢至清，凡得一百七十餘人。至光緒十二年，又復博採群籍，證以聞見，又得一百六十餘人。重加編次，定爲三卷，合之遇孫原書，都得八百餘人。古今言金石者，略備於此矣。李書兼收同時之人，陸書斷自已往，懼標榜也。李書凡所引據皆不明注出處，心源此作每條皆標明所引據之書，體例尤謹嚴。其書發凡起例，出於心源，而採輯之功，蓋仁和魏錫曾爲力尤多。其訂正遇孫之書，大體皆甚得當。遇孫謂古地理書而言石刻者，以酈道元《水經注》、魏收《地形志》爲最早。而心源歷舉郭緣生《述征記》、戴祚《西征記》以駁正之。又《隋書·經籍志》言戴延之《西征記》二卷、戴祚《西征記》一卷，遇孫未能稱引，而心源辨延之即戴祚之字，從劉裕西征者戴祚也。《水經·洛水注》言戴延之從劉武西征，是延之與祚當是一人矣。凡此考證皆非遇孫之書所能及也。

《裒岷精舍金石跋》一卷
《國粹學報》本

烏程李宗蓮撰。宗蓮字少青，有《懷岷精舍詩文集》，已著錄。宗蓮爲陸心源斠勘群書，盡讀千甓亭所藏金石墨本，取其著者爲跋尾十三通，計周代吉金二、北魏迄唐代石刻十一。吉金之部，周師望鼎原藏鰈硯齋沈氏，爲文九十四字。宗蓮所見拓本僅存一半，故所考未完盡，惟以此鼎之"師望"非齊太公則確切不移。又讀蔡侯鼎爲龐侯鼎；讀寰盤之"史䇂受王命書"爲"共受王命"，引《尚書》"共行天罰""共承民命"爲證；皆牽強附會，不可爲訓。跋《高湛志》，引《南史》本紀"南荆州刺史李志以其地降"、《隋書·地理志》春陵郡"後魏置南荆州"二證，以訂正錢大昕之説；跋唐《獻陵造像碑》，引《册府元龜》卷八"貞觀十三年正月乙巳，帝朝於獻陵"，"中郎將齊士員及三原令以下各賜爵一級"，與碑相證，皆吻合不移，足補史缺。又跋唐《于孝顯碑》，引《通鑑目録》"貞觀十四年十一月甲子朔"，以訂正碑稱"壬寅朔十日戊子"之誤。足知其精心考覈，非率爾爲之也。

《廣雅堂論金石札》五卷
《張文襄全集》本

南皮張之洞撰。之洞字孝達。有集，已著録。同治季年，吳縣潘祖蔭服官京朝時，之洞方入翰苑，於祖蔭爲後輩。祖蔭好收藏殷周古器，之洞每得商略其事，故祖蔭所得古器，之洞皆有所考訂，其半數已録入《攀古樓彝器款識》，即本書一、二兩卷之文是也。後三卷乃之洞當日與祖蔭往來之函札，論及金石文字者。之洞於金石之學本非耑門，故其所論不能盡中肯綮。如謂毛公鼎、盂鼎、齊侯罍爲僞器，此失之鑒別不精者也。如以寡子卣爲曼子卣，謂即春秋時鄶國爲鄭所滅者；以曹侯豹毁之侯豹即《左傳》僖二十八年曹伯之豎侯獳之兄或弟，此失之附會者也。又如釋綸鎛，既知齊、宋諸國同姓爲昏，又謂兩代祖母皆姜姓，何緣其女又姜姓乎？乃以子仲姜爲妾，是國子同姓爲昏之禁，此自相抵牾者也。然其書亦偶有心解，如以鐘、鏄二物異形而同類，鏄、鎛二字異文而同義；以句鑃即勾鐃，引《方言》以欋爲橃，《法言》以橃爲燿，《莊子》以橃爲趆，《説文》以燿爲嬈，皆確不可拔。第五卷考沙南侯獲刻石及劉平國刻石二則，亦不愧爲篳路藍縷之功也。

《金石古文考》一卷
石印本

長沙鄭業敦撰。業敦字幼惺，有《獨笑齋金石文考》二集，已著録。是書爲文凡四篇，末附黄膺、蔡啓盛、王樹枬三跋。釋𤣥，改正宋人析子孫之説，謂𤣥即古文非字。𤣥子孫者，即分器是守之義。此文較《獨笑齋金石文考》所録者多光緒戊子一跋。釋父，訂正許慎"從又，舉杖"之説。以爲丨乃主字。今按：丨誠主字，然字所從者乃石刀、石斧之象，非主字也。薫京即鎬京，已有定論。業敦引《大戴禮·盛德篇》有薫宫之名爲證，至確。《石鼓文書後》駁俞正燮以石鼓爲北魏世祖時物，誠爲不刊之論。然業敦以爲周成王時物，亦少堅確之證也。

《潔庵金石言》一卷
《信古閣小叢書》本

番禺范公詒撰。公詒字伯言，所著書有《兩漢會要補正》《漢石例補正》《粵東金石略補正》《南北朝會要》《六朝石例》《潔庵漫錄》《澄志堂叢稿》等十餘種。《石言》一卷，爲文凡十八篇，蓋其弟子南海黃任恒傳鈔之本也。書仿趙翼《陔餘叢考》之法以研治金石文字。各條中若"漢碑出土紀年""罕見之姓""兩漢北魏官名""五經諸儒""石例補"皆歸納事實，足爲治史者之助。惟論《水經注》三十一引《州苞碑》當從《後漢書》及《隸釋》改作州輔，未免失考。苞蓋輔之字也。

《遼代金石目》四卷
《遼痕》本

南海黃任恒撰。任恒字秩南，有《遼痕五種》，已著錄。《遼代金石目》四卷，第一卷總論及金編，第二卷以下爲石編。金編以器物分類；石編以年代爲次，起太祖初年，迄保大之末。其所收材料，正史以外則有孫星衍《京畿金石考》、王昶《金石萃編》、陸耀遹《金石續編》、繆荃孫《藝風堂金石目》《遼文存》、葉昌熾《語石》，及諸家泉譜、諸地方志乘、《高麗圖經》《東國史略》，而參以筆記逸聞之屬，不下二百餘種。所得金石之目凡七百二十餘條，每條皆明注出處，頗足以爲考遼史者之助。唯遼代石刻在熱河林東、林西者時代皆較早，任恒未得訪古塞外，故其書缺漏尚多。近年所出遼陵石刻不下數十種，皆可以補是書之不足也。

《怡松軒金石偶記》一卷
民國甲戌崑山趙氏刊本

江浦陳洙撰。洙字珠泉，所刻書曰《房山山房叢書》，已著録。《怡松軒金石偶記》凡五十八條，所記金石學上掌故雖多鈔襲，亦間有可取者。至如論漢《三公山碑》是隸非篆，從翁覃溪之説，而不知《三公山碑》有篆、隸二體。又言奉天懷仁縣深峽中有高麗王古碑，不知即好大王①。可見其書大都耳食之言。其他諸條，亦僅備參考而已。

《兩周金石文韵讀》一卷
《王忠慤公遺書初集》本

海寧王國維撰。國維字靜安，有《觀堂集林》二十四卷，已著録。國維于古韵之學向主高郵王氏、歙縣江氏之言，古音以二十二部爲準。更蒐取周世韵語之見於金石文字者，上起宗周鐘，下迄獵碣，得三十又八種。中有杞、鄎、許、邾、徐、楚諸國之文字，出《商》《魯》二頌與十五《國風》之外。然其用韵與三百篇無乎不合，故即王、江二家之部目譜而讀之，雖所取之文尚未完備，韵讀偶亦未精，要足以與近世古韵學者之説相印證也。

---

① 劉節撰有《好大王碑考釋》，載《國學論叢》1929年第2卷第1期。

《金石訂例》二卷
光緒戊子行素草堂刻本

吳江郭麐撰。麐字祥伯，有《靈芬館集》，已著錄。《訂例》之作，亦爲補潘、王、黃三家之書所未備。爲例凡六十四條，雖以講求文例爲主，而偶亦考及古刻體製。其一例曰："漢碑有書作銘頌之人者，即其立石之人自表慕仰之意也。"而《水經·睢水注》："漢廣野君廟碑：'延熹六年十二月，雍邱令董生命縣人莨照爲文，用章不休之德。'"則立石者非撰文之人矣。又墓碑有"亂曰"一例，僅舉《漢巴郡太守樊敏碑》，而不舉《北海相景君銘》，二碑同見於《隸釋》，可見其書本甚簡略也。

《南漢金石志》二卷
《翠琅玕館叢書》本①

嘉應吳蘭修撰。蘭修字石華，嘉慶舉人，官信宜訓導，有《南漢紀》五卷，已著錄。是書二卷，採南漢金石刻文，自唐龍紀元年石版文，至韜真觀碑，凡二十八種。其中存佚並錄，惟雲門山《匡聖宏明大師碑》所記禪宗派別甚詳，尤爲佛教史上重要資料。其失而未收者，尚有乾和三年《陁羅尼石幢》，見《南海縣誌·金石略》；《劉鋹小硯》，見《池北偶談》；又《懿陵碑》，考朱彝尊《曝書亭集》及王士禎《皇華紀聞》均有記載，亦未裒錄。又考《恭巖札記》，謂元妙觀西院功德林有僞南漢主劉鋹及二子銅像，並藩庫

---
① 原稿無"本"字。

二鐵柱，俱見《南海百咏》，皆南漢時故物，均當入錄也。

《金石綜例》四卷
光緒戊子行素草堂刊本

　　嘉興馮登府撰。登府字柳東，有《石經補考》十一卷，已著錄。《綜例》之作，上採商周，下及唐宋，旁羅海東諸國。其例差備，而缺略仍多。且漢碑本有之例而引六朝唐碑者，如稱父爲君，已見《樊安碑》，而引唐《顏氏家廟碑》；銘詞分章，已見《張公神碑》《劉熊碑》，而引唐《木澗魏夫人祠碑銘》；有銘不加銘曰，已見《太尉楊公碑》《陳留太守胡公碑》，而引北魏《司馬元興墓誌》；三代書爵不書名，亦見楊公、胡公二碑，而引東魏《司馬昇誌銘》；買地契有漢代者，而舉金《真清觀牒》，諸如此類，殊失檢校。自劉寶楠《漢石例》繼作，是書可存之價值，僅在第三卷以下泛舉石刻諸品，詳其體制，治考古學者偶有所取資焉。

《癖好堂收藏金石書目》一卷
《湫漻齋叢書》本

　　歸安凌霞撰。霞字子與，有《天隱堂文錄》，已著錄。收藏金石書凡四百餘種，撰爲目錄一卷。其中未刻稿本若嚴可均之《平津館金石萃編》、劉青藜之《金石續錄》、褚峻之《金石經眼錄》、陸紹曾之《續古刻叢鈔》，皆名著也。各地金石志之稿本未見著錄者，如劉喜海之《三巴叜古志》《陝西得碑記》，武億之《寶豐金石志》，李文藻、周永年合撰之《歷城金石考》《諸城金石考》，胡珵之《海東擷古志》《昭陵復古錄》，于光襃之《滄州金石志》，沈復粲之《越中金石錄》，馮雲鵬之《崇川金石志》，鄧夢琴之《寶鷄金石志》，陳鍾祥之《趙州石刻全錄》，吳慶錫之《三韓金石錄》；他如江恂之《凌寒竹軒錢布錄》，金家禾之《顧氏藏弄古泉略釋》，王厳之《寶鼎精舍古塼錄》，皆藝林佳作也。

《張叔未藏金石文字》二卷
四會嚴氏鶴緣堂石印本

嘉興張廷濟字叔未，嘉慶三年解元，有《清儀閣古器物銘》十卷，已著錄。此二卷乃廷濟所藏拓本，後歸四會嚴氏者，至光緒甲申始付石印。嚴氏名荄，字根復，諸生。因得廷濟所藏精拓水前《瘞鶴銘》，故顏其居曰鶴緣堂。此二卷中計周代吉金八，漢銅器八，晉至隋銅器三，周漢兩代泉幣五，西洋貨幣三，泉範十一，瓦當七，漢畫二，漢殘石三，魏齊造像各一，唐殘碑一，宋硯四，吳及東晉塼三，古璽一（即海上嘉月鈢），漢印五（內有劉熊印），又唐顔魯公印一，其他後世仿刻古印八。以上諸品後人視之雖不甚精，而有翁方綱、姜怡亭、文鼎、瞿中溶諸家跋尾，以廷濟爲最多。其所論議，亦瑕瑜互見，其中可訂正阮氏《積古齋鐘鼎彝器款識》吳彝釋文者，若𦙃誤作𦙃，令誤作𦙃，遂誤釋作紊。𦙃誤作𦙃，𦙃缺左中一小横，𦙃誤作𦙃，𦙃誤作𦙃。𦙃是世字，從卅。猶㠱鼎𦙃秭、𦙃秭、𦙃秭，今誤𦙃，遂誤釋作"之"。皆可以正阮氏之說。惟海上嘉月鈢本先秦之物，而引用《史記‧陳涉世家》之"陵人秦嘉"，以爲泗水國凌縣，其地瀕海，故曰海上嘉月，實張廷濟附會不經之譚。其他跋語多通達，亦可以傳世行遠也。

《金石稱例》四卷　附《續編》一卷
光緒戊子行素草堂刊本

順德梁廷枏撰。廷枏字章冉，附貢生，官澄海縣訓導。生平著述甚富，有《藤花亭》十種，已著錄。是書分國制、官屬、姻族、喪葬、文義、時日、二氏爲七類。正編始三代迄五季，續編則補以宋、元、遼、金。其中穿鑿附會者不一而足，如國制類引庚申父丁角"十六月唯王乙祀（應作廿祀）"，爲即位未改年者，以月稱例。又如文義類引宋《拜文宣王廟記》，題"給事中撰"，不稱姓名，本非常例，而舉爲撰碑人止具官銜不稱名姓例。其他七類之中，即洪适《隸釋》所載尚多可採者。至於明清人著錄金石之書，更無論矣。

《甘泉鄉人金石跋》二卷
書鈔閣寫本

嘉興錢泰吉撰。泰吉字輔宜，號警石，廩膳生，官海寧州訓導。所著書有《曝書雜記》《海昌備志》《海昌學職禾人考》《甘泉鄉人稿》，均已著錄。長洲蔣鳳藻錄其《金石跋》二卷，手自題識，爲文凡五十一篇，分上、下二卷。其上卷自唐迄元之碑版文字，蓋泰吉作《海昌學職禾人考》《海昌備志》時所輯碑志跋語也。所論唐人碑志，每取史文互證，如《韋契義志》，稱"大父斌臨汝太守"，可證《舊唐書·宰相世系表》作"臨安太守"之誤；韋端之名見《世系表》，而不著歷官，其子僅縝、紓二人。而志載端官階甚詳，又知尚有練、絢二子。其他宋元諸碑所跋咸類此。下卷爲古塼及法帖、書跋，於《秀餐軒》《英光堂》二帖流傳始末尤詳盡，足備考證也。

《金石學錄》四卷
道光四年芝省齋自刻本

嘉興李遇孫撰。遇孫，富孫從弟，字金瀾，嘉慶六年優貢生，處州府學訓導。所著書甚多，有《尚書隸古定釋文》八卷，已著錄。自來言金石者，以其可證經典之同異，正諸史之繆訛，而法物文章皆可爲多識之助。故好古嗜奇之彥，歷代有之。《金石學錄》者，遇孫從閻若璩、王鳴盛之說，取錄周秦以來，歷漢、魏、六朝、唐、宋、元、明，至於近代同時諸家，凡爲金石之學者，得四百餘人。各詳其所著之書，因書以見人。凡專錄一地，僅釋一碑，或文集散見，劄記偶及，無不同登是册。即著述未傳，而其人素稱好古，爲諸家所引重者，亦錄其姓氏。兼有藏弆諸物，銘心絶品，間以其所知附錄一二。而金石諸物僅以詩歌傳者不錄，評論法帖之人不錄，專以錢譜、印譜傳者不錄。然諸家爵里不待是書而見，故從省略。雖其書搜輯甚勤，而缺陋仍多。其最大者，即所引據諸書不明注出處。其後吳興陸心源、仁和魏錫曾，爲之補訂者不下三百餘條。然遇孫草創之功仍不可没，凡治金石學者，當以此爲入室之階也。

《金石學録補》一卷
道光四年芝省齋刊本

嘉興李遇孫撰。遇孫所撰《金石學録》，已著録。此册與陸心源所補者[1]重出十餘人，是陸氏作補時亦未之見也。遇孫所補漢以前者三條，東漢則得許慎、鄭衆，皆陸書所無。而晋之陳勰、車灌，宋之謝莊，隋之僧祐，皆遇孫《録補》所有。遇孫復據《唐闕史》得劉蛻，於《邵氏聞見録》、《隸釋》、熊朋來《鐘鼎篆韵序》得常安民、晏慧開、蔡天啓、榮咨道、員興宗。又清代二十九人中，若彭元瑞、段嘉謨、車持謙、陳宗彝、徐楙、吴榮光、洪頤煊、黄本驥，皆並見陸書。又心源《自序》云："李書自漢至今凡得六百七十人。"若合《録補》，則得七百餘人矣。

《金石起原説考補》一卷
道光四年芝省齋刊本

嘉興李遇孫撰。遇孫字金灡，有《尚書隸古定釋文》十卷，已著録。是書取閻若璩《潜邱札記》所舉七事，王鳴盛《跋潜研堂金石跋尾》所舉十一事，各附論證，並增入九事以補之。夫論金石學之起原，而題曰《金石起原説》，可謂不嫻辭令。且所舉諸條於經、史之外，兼及《水經注》《洛陽伽藍記》《顔氏家訓》，足資談助而

---

[1] 指陸心源所撰之《金石學録補》，參見本書卷二："光緒五年，心源輯録是書，蓋補李遇孫《金石學録》之缺也。"

已。況遇孫所舉者，除《史記·高祖本紀》司①馬貞《索隱》引班固《泗水亭長古碑文》"劉媪"作"劉溫"一條外，餘皆諸家所已言。且六朝以後古器之出土者史不絕書，即阮元《商周銅器說》②所徵引者，遇孫亦未得列入也。

《鼎堂金石錄》二卷
《雲南叢書》本

保山吳樹聲撰。樹聲字篠亭，號鼎堂，道光二十四年舉人，官山東知縣，有政聲。精小學，著《合音略》一卷，《六書微》一百十卷，《詩經小學》三十卷，《孟子小學》一卷，《兩漢書小學》五卷，《經傳釋詞續》五卷。是書於泉幣之學論之尤詳。書分二卷，除少數瓦當及玉剛卯外，皆屬銅器。第一卷計彝器九、兵器一、漢器四、唐造象一、玉剛卯一、漢印七、瓦當三、漢唐以來銅鏡十八。其第二卷則專論先秦以來古泉幣。樹聲於古器物之學雖鑒別未精，而卓識弘通，每有並時諸家所不能及者。其論古幣尚爰一節，綜合《尚書》《周禮》《爾雅》《說文》《史記》諸或體，斷以鍰、鋝為一字，知坈、選、饌、環皆鍰之假借，雖乾嘉諸老無以難之也。樹聲與初尚齡、劉師陸相前後，初、劉兩家考古幣每多揣測之辭，樹聲皆列入存疑之類。唯書中若周尚中鼎、宰辟父段，皆翻刻贋製，學者當慎擇之也。

---

① 原稿無"司"字。
② 原稿作《商周古銅器說》，衍一"古"字。

《二銘草堂金石聚》十六卷
同治壬申刻本

衢州張德容撰。德容字松坪，咸豐壬子進士，官至湖南岳州府知府。劉喜海所藏金石，散歸德容者最多。是書之作，蓋仿牛運震《金石圖》之體例。自周秦至南朝爲一編，皆一一鈎摹之，文字之大小多寡悉據所見爲準，不使稍有增損。北魏至隋爲一編，唐至五代爲一編，南詔、大理、西夏、朝鮮別爲一編，則僅錄全文，記其行款，而加以考證。較之《金石圖》及馮氏《金石索》尤精當也。此十六卷蓋其第一編也，自《張仲簠》《石鼓文》以至《瘞鶴銘》，凡得金石文字一百四十一種。每篇皆有按語，亦偶有可取者。如漢《三公山神碑》，沈濤《常山貞石志》以爲本初元年二月作，德容據拓本考定爲建初三年。按："漢章帝以永平十八年八月即位，次年改元建初。是時連年旱災，屢詔禱請名山。碑陰所云元年書笈者，尚是奉行永平詔語。"且此碑有渤石通道事，本與祀神請雨相通也。又謂《裴岑紀功碑》作於永和四年，亦可訂翁氏《兩漢金石記》之失。惟其中强作解人者，亦不一而足。《張遷碑》"爰暨於君"，而暨字碑文誤書爲"既且"。德容以爰訓於，既訓終，解曰"於終且在君爾"，其牽强類如此。

《二百蘭亭齋收藏金石記》四卷
咸豐六年歸安吳氏刻本

歸安吳雲字平齋，有《兩罍軒彝器圖釋》十二卷，已著錄。此書撰錄在《兩罍軒彝器圖釋》之前，故兩書互有異同。是書所收殷器十四件、周器十五件、漢器十件、石刻五種，皆雲家藏精品。咸豐同治間，粵寇爲亂，禍連江南各省，故雲家所藏幾度散失。二百蘭亭齋者，雲家所藏稧帖有二百餘本，故以爲名也。其書並著圖錄及銘文，諸器皆以工部所頒營造尺及庫秤度其大小重量，雲審訂諸器，至爲詳慎，並無贋品叢雜其中。至其考據，亦有可稱者，《庚羆卣銘文》有"穧厤"二字，自來金石家但就字形釋作"蔑歷"。雲本許氏《説文》釋爲"穧厤"，其説則是。又謂二字分用，有食膳之義，則未是。錞之爲器，《宣和博古圖》所載有二十品，皆繫諸周代，謂後世去古既遠，知之蓋寡，一若周以後此器不傳，因無銘文可資考證也。今雲據有貨泉文者定爲漢器，亦非鑿空者可比，《博古圖錄》所載二十器不得盡屬之周代明矣。又書中所著錄之《蘭亭叙》凡二本：開皇十三年高熲監刻本，舊藏毛氏汲古閣；又開皇十八年本，清内府有之，見《石渠隨筆》，而與此本相同。此本舊秀水李光暎家，皆人間希見之物。雲以雙鈎本摹刻入錄，略存典型，亦足稱也。

《函青閣金石記》四卷
瑞安陳氏《湫漻齋叢書》本

商城楊鐸撰。鐸字石卿，道光壬午舉人。《函青閣金石記》四卷，所收以漢石刻爲多，其第一卷雖論殷周彝器，而大體採取張石舟、許印林、羅茗香諸人之説，他無所發明。惟所收漢碑，若《巴州民楊量買山記》《永元殘石》《延光殘石》《吹角壩摩崖》《文淑陽食堂畫像》《漢伏生授經畫像》《沈君神道石闕》《潘乾校官碑》《甘泉山刻石》《劉曜殘碑》《石牆村殘石》《尹敏石闕》《陳德殘碑》《琴亭侯李純夫人墓門畫像》《高頤石闕》，皆康乾以後新出土之物，作者記其出土經過最詳。他如記《婁壽》《戚伯著》《郭有道》《司徒殘碑》等宋拓本留傳始末，及翻刻本淵源所自，亦治石刻之學者所當留意也。唯漢刻石之中若《群臣上壽》《元狩嘉禾紀瑞》《麃①孝禹》《會仙友》等刻石皆贗品，而作者奉爲至寶，亦可謂信道不篤矣。漢銅器之中有孔文父鐘、許氏四神鏡可稱奇品。末附封泥六枚，作者以爲印範，知其未聞陳介祺、吴式芬之説矣。

《台州金石録》十三卷　《塼録》五卷　《闕訪目》四卷

吴興劉氏嘉業堂刻本

　　臨海黄瑞輯，黄巖王棻校正。瑞字子珍，諸生。棻字子莊，同治丁卯舉人。此録仿《金石萃編》之例，而較其他地方金石志有三善。他志於塼甓，例雜厠于金石刻中。台州古塼甓尤富，今别爲《塼録》，其善一也。前籍所載，今雖缺佚，仿《粤西金石志》之例别志闕訪，其善二也。未見墨本者，雖傳録其文，輒爲注明，其善三也。惟其書多採前人成説，考辨之力未到。若昌平府虎符乃隋府兵符，而誤列之唐。建炎後苑造作所印，誤釋爲造作丞。至目與録偶有歧異者，若《陳良弼墓誌》有目無文，皆其疏失也。然書中所録亦有贗品。建元卅年塼本屬偽刻，《荆南萃古編》謂出長陽縣，

---

①　麃，原稿作"鷹"。

而此云出臨海章安鎮，可證兩者並出於傳聞。至若宋《甯海縣尹題名記》，元《光遠庵贍塋田畝步圖形條目》，可以考一郡興革之跡。若宋《仙居登科題名》三碑，自北宋政和五年迄咸淳十年，仙居一邑登第者百餘人，其中狀元一人。今仙居爲浙東巖邑，群盜出没之處，亦可以考見古今文風之盛衰矣。

《東甌金石志》十二卷
光緒癸未刻本

嘉善戴咸弼輯，瑞安孫詒讓校補。咸弼字鰲峰，溫州府學教授。是書蓋仿李遇孫《括蒼金石志》之例而作，爲目二百七十有九，無年代古刻三十一，附存目二十一，收藏古物十一，補遺三，都凡三百四十又五。自來撰述東甌志乘，收錄金石刻文未有若是之多者也。是書六朝以前皆採自孫詒讓《溫州古甓記》，唐、五代、宋、元則由邑人採訪而得，其中文字往往可補史乘。若宋嘉祐壬寅《吳積中妻許氏壙志》，可以考知許景衡父名球，爲史傳及郡志所不詳。元豐五年趙景仁題名，可以考知景仁即趙清獻之子，名岏，《宋史》作屼者誤。元至正二十五年，林彬祖《重修譙樓碑記》，方明善及其弟文舉歷官極詳，可以補《明史·方國珍傳》之缺。書中於金石諸刻備錄全文，并加考證，而出於孫詒讓之手爲多也。

《安徽金石略》十卷
《聚學軒叢書》本

涇縣趙紹祖撰。紹祖有《新舊唐書互證》二十卷，已著錄。《安徽金石略》所收元代以前金石刻文約千種，府自爲卷，凡得十卷，蓋仿宋王象之《輿地碑記》之例也。其所採輯之書，自《水經注》以下至省、州、縣志乘，及唐宋以來文集凡百餘種。詳列存佚未見之目，各碑略爲提要，皆紹祖躬自搜輯，不類其他金石志每有叢脞之病。凡所考證，亦至謹嚴。如論唐《舒州新堂銘》，初主碑在廬州，後見《李習之集》，乃得改定前說，仍入舒州。可見其矜慎不苟，非尋常之作也。惟是書成於嘉道之間，其時王昶《金石萃編》刻行已久，而未見採擇，古人得書之難概可知已。

《涇川金石記》一卷
《聚學軒叢書》本

涇縣趙紹祖輯。紹祖字琴士，有《古墨齋金石題跋》十二卷，已著錄。涇川爲宣州之屬縣，自漢以來即入郡邑版圖，然金石刻辭素稱難得。紹祖此作並取存、佚、未見諸類，爲目僅四十又六，略加跋語，並附考證，而不錄原文。若《田竕文彝》全取《許子鐘銘》，其爲贗造無疑。唐孔穎達《猷州城記》，仿韓昌黎《平淮西碑》之體。《李白倫題名》，俚書惡劣。紹祖亦知其僞，而入於佚石之列。宋《程炎子摩崖》亦好事者所爲，並雜廁其間。惟《施照墓志》爲涇縣唐石之僅存者，當時尚可見，而不錄全文，今亦不知流落何許矣。

《益都金石記》四卷
光緒九年益都丁氏刻本

益都段松苓撰。松苓字赤亭，與仁和朱文藻同以諸生嵩治金石之學，見知於士林。阮元搜輯《山左金石志》，松苓即任編輯之事。益都爲山東青州府治，自漢以來世爲北方重鎮，故其地魏齊造像、金元石刻最多。松苓考訂古刻，每取史傳爲證，或補其缺謬。如《崔仁叔題名》足補《北史·崔儦傳》，《北齊臨淮王像碑》足補《婁定遠傳》，《郭將軍神道碑》足補《金史》列傳，《兀林答碑》足補《元史》列傳，凡此皆歷史上重要人物，一石之傳，所關史事至鉅。又《元龍山寺碑》乃金季道士劉德仁所立，爲真大道教之第十二祖。道家以清净爲主，而此派乃主苦身戮力，不下墨氏之精神，爲道教史上一重要材料。松苓所輯，凡石刻百十七種。其考先秦古器頗多附會，不足論矣。

《中州金石目》八卷
《鄦齋叢書》本

商城楊鐸撰。鐸字石卿，有《函青閣金石文字記》四卷，已著錄。《中州金石目》八卷，蓋補畢沅《中州金石記》而作，較姚晏《中州金石目》增加不啻倍蓰。原楊鐸此作仿孫星衍《寰宇訪碑錄》之體例而成，於現存石刻之外，并考之於古今載籍著錄中已佚之品，以備訪求。今按：是書上起夏商，下迨金元，爲目二千五百餘條。除已佚各品外，即現存者亦非盡出目寓。如永平五年法行造像，原石作三年。正光四年于氏造像，即法阶。武平六年䂖舍合邑廿二人造像，即僧慶。顯慶四年豫州參軍造像，即漁陽郡李氏造像。總章元年朱景徽造像，即信女王元□造像。大中六年吏部尚書高元裕碑，誤大中爲宋大中祥符，稱高□裕神道碑。凡此皆沿趙之謙《補寰宇訪碑錄》之誤。鐸自稱所藏碑刻逮二千①種，皆因兵亂散佚。而中州金石近世出土者，尚十倍於斯也。

《荆南萃古編》一卷　附《續編》一卷
光緒二十年鴻寳署齋刻本

錢塘周懋琦、山陰劉瀚同編。懋琦字韓侯，荆南兵備道。瀚字北溟，其幕②賓也。《萃古編》之作，蓋取湖北荆南道所得古物彙爲一編，其間收藏者宜都楊守敬、朱德潛、黃廷貞、李之觀、余和熙、枝江曹廷杰，暨懋琦與瀚七家。所錄古物殷周彝器十二、漢鏡三、漢洗二、漢以後迄六朝古甎百五十餘種，又《續編》得漢以後古甎十一種。彝器中惟王孫遺諸鐘可信，他或器真字偽，或爲贗作。漢塼之中建元一刻，亦見於《台州金石錄》，謂出於臨海章安鎮。兩者互證，知出傳聞，必爲偽物。晋泰始三年楊興祚、楊參軍二塼亦可疑。銘有"太中諫議二大夫楊參軍"之文，《後書·百官志》"太中大夫千石""諫議大夫六百石"，《晋書·職官志》未載，且銘曰"二大夫"，尤不辭。青羊鏡即青陽鏡，與其他古洗、古塼

---

① 千，原稿誤作"年"。
② 幕，原稿誤作"摹"。

"大吉羊"作"大吉陽"者同，而考證曰："青乃東方之色，黃乃中央之色，青羊者乙未也，黃羊者己未也。"其附會不經，不足以入史林。末附大行、大夫、大舍上令、大者、二千石諸塼，至足寶玩也。

《三巴金石苑目》一卷
《六譯館叢書》本

井研廖平撰錄。平字季平，同光間以今文學見稱於世。所著書數十種，曰《六譯館叢書》，已著錄。《三巴金石苑目》蓋錄自劉喜海之《三巴㫚古志》。喜海之書刊刻時題《金石苑》，與平所錄之目頗有不同，計少於原書者：《漢高頤闕》《唐北山院圓照造象》《寶禪院造象》《宋南龕造觀音像贊》《雪峰寺勸農記》《郭氏夫人家傳》《御筆耤田手詔》《侯賓書法輪寶藏題字》《吕元錫詩》《張宗彥詩》《何格非詩》《鄧早跋》《趙善涃詩殘題名》《王子誼等題名》《王沆題名》《王壽民題名》《陳揖等題名》《萬公九日南山詩》《多功城刻石》《元孤峰禪師宗派錄》等二十餘種。其與原本不同者，如《嚴孝周題名》之作"閻孝周"，《何仲明題名》之作"何□明"，《熊倩題名》之作"瑜瓌琦"，《宋彬題南龕詩》之作"家彬"，皆當以原本爲是。其中自相重複者，《紹興二十九年何倪題名》凡兩見。此外有今本《金石苑》目中失載者，若華陽之益州學館廟堂記碑陰、中和三年千佛崖造像、大中祥符四年八月敕賜寧國寺牒、開禧元年楊蕃卿題名、紹熙二年米時等題名、慶元□年閻至等題名。其他與原書更無異同也。

《雍州金石記》十卷　附《記餘①》一卷
《惜陰軒叢書》本

錢塘朱楓撰。楓字近漪，有《秦漢瓦當圖記》《吉金待問錄》，已著錄。關中金石之富甲於天下，著錄者代不乏人。求其備一方之文獻而勒爲專書者，始于宋元豐間田槪之《京兆金石錄》六卷，見《直齋書錄解題》，今已不傳。至清乾隆間，朱楓客遊關中，積十年，遂成《雍州金石記》十卷、《記②餘》一卷。雖所收僅二百種，不足盡海內之藏，要之創始難工，亦足以爲承學之助。間引趙崡《石墨鐫華》之説，亦多所糾正。此外則盡取顧炎武《金石文字記》，而無所補訂。每碑特詳其所在地及碑式、字數，亦足爲考古者所取資。唯其書於都穆之《金薤琳琅》、陶宗儀之《古刻叢鈔》皆未見徵引，何其所見之不廣也？

《朝鮮金石目考覽》二卷
燕京大學藏舊鈔本

朝鮮金秉善撰。秉善生當有清道咸之間，與吾國學士大夫交遊最密，故是書採錄劉喜海《海東金石苑》各碑跋尾凡百餘首。此外則取自《東國輿地勝覽》，及《蘇齋題跋》諸書。而每篇之下皆有秉善自爲跋語，最詳於年代及地理之考辨，而少所論斷，得補《海東金石苑》所未備。其自叙言："上起箕子，至於本朝，共三百種，分爲二卷，並於所存各拓本較其異同。"則原書應多於《海東金石

---

① 記餘，原稿誤作"餘記"。
② 記，原稿誤作"紀"。

苑》，而此册僅一百九十一種，則是書殆非全之本，抑爲後之鈔錄者節取而成者耶？

《俑廬日札》一卷
東莞容氏校印本

　　光緒丙午戊申之間，上虞羅振玉時官學部參事。曹務餘閒，間與二三同好討論金石書畫以自遣。廠肆知其所好，每以吉金、古刻、名跡、善本求售，故齋頭壁上，往往留玩浹旬。又每就觀友人藏弄，因而見聞益廣。暇輒隨筆記之，乃成《俑廬日札》一卷。蓋當時芒洛之間明器出土日多，羅氏所得陶俑盈屋，故顔其居曰俑廬云。其書體例，蓋陳介祺《簠齋隨筆》、王懿榮《天壤閣雜記》之流亞。所記金石學之見聞，兼及議論。自彝器、錢幣、鈢印、石刻、專瓦、明器、古陶，乃至金石學著作，皆涉獵所及。顧獨不記甲骨，豈殷虛方發，藏家未衆，尚無故實可言耶？其書每多創見，如言古化幣應分配列國；定東、西周圓錢爲晚周之制；又謂貨幣始於周，盛於列國；皆爲前此古泉家所未言者。其他諸條，以後起之説校之，容或未安。要之博物淹雅，固治斯學者所不得廢也。

《雲窗漫稿》一卷
庚申六月貽安堂刻本①

上虞羅振玉撰。此雜文三十首，成於海外者十八九，舊作十一二。於考訂金石之外，間以史傳文字。《釋叔》《釋爰》《釋龠》三篇，以實物爲證，解釋三字之本義，足補許書所未備。《明職方郎中吳公傳》《萬年少先生傳》《韓通墓表陰側記》等九篇，足補國史家乘之缺。此外序跋十五篇，書札三篇，以《澄清堂帖》《甲秀堂帖》二跋爲最精。二帖希世之珍，翁方綱訛《澄清堂帖》爲南宋坊肆所橅。今以唐拓太宗《溫泉銘》爲證，知淳化以下官帖所摹右軍書出於王知微之手者，全是改易古人以就己意。晋唐遺楘，蕩焉無存。今此帖拓法精妙，遠駕宋官帖初本之上。而黝黑濃厚，與唐拓相仿。振玉謂方綱見真龍而驚，洵確論也。末殿《與友人論古器物學書》，分古器爲十五目，篳路藍縷，厥功至鉅也。

《金石名著彙目》一卷 《續目》一卷
民國乙丑排印本

高唐田士懿撰。士懿字德丞，光緒舉人，潭州府知府，有《山左漢魏六朝貞石目》，已著錄。其所著《金石名著目》，爲近時所著金石書目中之嚆矢。所收南梁以來金石學名著凡六百六十餘種。其中所收之書，士懿亦未親見者，若楊賓之《金石源流》、嚴可均之

---

① 原稿無"本"字。

《訪碑續錄》、李遇孫之《芝省齋碑跋》、瞿中溶之《古鏡錄》《古泉山館彝器圖釋》、陳璜之《古塼錄》是也。至於宋明以前人之著述，若梁元帝《碑英》、顧烜《錢譜》《錢圖》，封演《錢譜》，趙九成《續考古圖》之類，皆久已亡佚之書。然書中頗有希見之籍，而士懿明著刊本卷數者，若傅洪之《益都金石略》，瞿中溶之《湖南金石志》，許瀚之《攀古小廬古器物銘釋文》，陳受笙之《關中金石志》，董桂科之《石經考》，呂佺孫之《運甓軒錢譜》，皆得士懿此書而傳其名。至若翁廣平之《吾妻鏡補》，乃志書之類，而錄入金石，其疏陋自不待言也。

《金石訂例》四卷
《後知不足齋叢書》本

常熟鮑振方撰。振方字芳谷，有《古今碑帖考》四卷，已著錄。《訂例》一書，蓋鈔撮潘昂霄、王行、黃宗羲三人之書而成。共分四卷：其第一卷曰《碑誌訂始》，詳考碑碣墓銘之制度，而疏陋殊甚。墓碑之稱神道，在前漢時已有之，見《高惠文功臣表》及《霍光傳》。而振方以爲後漢時始有此稱，引《後漢書·光武十三王傳》詔爲中山簡王修冢墓開神道爲證。二、三兩卷曰《金石訂例》，凡五十餘條，實爲三家書之提要。第四卷曰《金石推例》，凡八十條，上起韓愈，下迄呂祖謙，舉十四家之墓誌銘，皆撮要示例，而無所發明。末附潘昂霄《學文凡例》《文法度》二篇，及黃宗羲《論文管見》八條，叠床架屋，無補實學。

《京畿金石考》二卷
《行素草堂金石叢書》本

陽湖孫星衍撰。星衍字淵如，有《寰宇訪碑錄》，已著錄。是書體例仿陳思《寶刻叢編》、于奕正《天下金石志》之式。其所取材，則考之宋人金石諸書，及星衍家藏直隸諸府、州、縣所出吉金貞石之文，分隸郡、縣，撰爲二卷。凡未見之碑文及傳聞之誤者，則記其書之文以辨正之，尤以補正《天下金石志》之誤爲多。然較之黃彭年《畿輔金石略》，則其缺漏尚多也。即就所錄之數而論，以豐潤牛鼎爲北魏時器，以《祀三公山碑》爲永初四年物，已失考訂。又據《太平寰宇記》所引《邢侯夫人姜氏鼎》爲先秦之器，謂大名縣有《魏公彈棋局石刻》，猶文帝時故款，則失之迂矣。惟考《吉日癸巳刻石》，謂唐人不通篆法者所爲，則又識者之言也。

《和林金石錄》一卷
《遼居雜著》本

順德李文田撰。文田字仲約，咸豐進士，官至禮部侍郎。深通金元故實、西北水地，有《元秘史注》十五卷，已著錄。和林金石，以《闕特勤碑》《九姓回鶻可汗碑》《苾伽可汗碑》著稱于世。三碑之外皆元刻。當發現之時，文田適服官京朝，即有詩題咏，並爲跋尾。而黃楙裁因作《和林考》，時錢塘汪康年、會稽章壽康各有傳錄之本。其後元和江標刻之於《靈鶼閣叢書》，江陰繆荃孫刻之于《煙畫東堂小品》，而二本豕亥魚魯①，不一而足。昔傳海寧王國維舊有校注，而無傳本。民國己巳九月，上虞羅振玉刻其校定本於《遼居雜著》，爲諸本中之最善者。計石刻銘文凡十六首，每首各有振玉跋語及校文，而刪去題咏諸詩及楙裁《和林考》。今案：和林三碑，皆回鶻書與漢文並行，而漢文特簡。欲考史事，此其輔助之物也。

《兩浙金石別録》二卷
民國戊辰二月排印本

會稽顧燮光撰。燮光字鼎癯，有《石言》六卷，已著録。《別録》二卷，乃《兩浙金石志》之餘稿，其書大都採自《積古齋鐘鼎彝器款識》《筠清館金石録》《攈古録》《寰宇訪碑録》《續寰宇訪碑録》《竹厓盦金石文字目》諸書。蓋海內金石刻辭賴浙人以傳者，均在採録之例也。然浙人之收藏金石者頗多，而是書之採録者有限。若嘉興張廷濟、海鹽張燕昌、歸安吳雲、陸心源、海寧蔣光熙、烏程陳經、海寧吳騫、秀水金傳聲、歸安姚覲元、臨海洪瞻墉、瑞安孫詒讓、上虞羅振玉，所藏古器及墨本至富，皆未入録。是書所收者上起殷周彝器，下迄遼金刻石，爲目凡千數百種。在今日雖爲過眼雲煙，然亦足供採輯鄉邦文獻者之助也。

---

① 豕亥魚魯，原稿作"亥魚魯豕"。

《括蒼金石志》十二卷 《續志》四卷
同治十二年處州府學重刻本

嘉興李遇孫輯，海寧鄒柏森校補。遇孫字金瀾，處州府學教授。柏森字殷甫，青田縣學訓導。遇孫有《尚書隸古定釋文》，已著錄。《括蒼金石志》所收處州十縣金石刻文，自晉迄明，得百三十六首；《續志》三十二首。其書雖稱遇孫纂輯，而麗水王尚忠、王尚賡二人之力爲多。雖附考證，大都採自《兩浙金石志》《金石萃編》及顧炎武《金石文字記》、錢大昕《潛研堂金石文[①]跋尾》諸書。括蒼金石刻文，唐宋以下者爲可信，葛稚川、謝康樂二題名皆唐宋人補勒，自非原物。至梁武帝祝延聖壽塔塼，乃明人之物，尤不可信。遇孫錄之，深爲識者所不取也。至如《范石湖書通濟堰碑》《葉武子奏免浮財物力碑》《景甯清修院耆舊僧捨田碑》《重修通濟堰碑》《麗水縣學歸田殘碑》《龍淵義塾碑》《靈鷲山崇禪師捨田碑》《縉雲縣學復田碑》《龍泉湯氏義田碑》，皆有關一郡興革之跡也。

---

① 原稿"文"後衍一"字"字。

卷三

史部　金石類·金

《三器圖義》一卷
《説郛》本

宋程迥撰。迥，寧陵人，字可久，隆興進士，避亂徙居餘姚。歷宰泰興、德興、進賢、上饒諸縣事，具《宋史》本傳。所著書有《南齋小集》等十餘種，惟《周易古占法》一種，《四庫》已著録。《三器圖義》一卷，據《漢書·律曆志》"黄鐘律管以度定量，以量定權"之法，以釋司馬備所製周尺、漢劉歆尺、晋前尺之合於古，並列《隋書·律曆志》李淳風等所製周至隋十五種尺以資比證。又據《周禮·考工記》"㮚氏爲量"、《玉人》"駔琮五寸，宗后以爲權"二說，以定權量之制。知皇祐中阮逸、胡瑗所定龠合升皆大，而嘉祐中鄧保信、林億等所定者皆小。推而於權，知大兩爲七十二銖，三兩爲一大兩者，可以無疑。其說於學理上實相符合，與《宋史·律曆志》高若訥以莽布所造之尺亦相符合。則南宋以來所傳之晋前尺，實王復齋之自誤，益徵王國維之言非鑿空也[1]。

---

[1] 可參見王國維《王復齋鐘鼎款識中晋尺跋》。

《西清續鑑甲編》二十卷
宣統庚戌商務印書館影印本

乾隆五十七年，王杰、董誥、彭元瑞、金士松、那彥成等奉敕撰。原稿舊藏養性殿，所著錄之器九百七十又五。其書踵《西清古鑑》而作，故編訂則例悉依成法。其撰成之後，館臣輯其要曰："如元水、黑水，可以核地理；司成、司土，可以察官制；兕觥、和鐘，可以證經說。釋曾鼎、毛叔，而氏族可辨；釋師𣪘、伯戣、杜嬬、龔姞，而遺佚可補。因周錢範，以知圜府之法；因漢方鈁，以追儀衛之式；因漢素鼎、大官鋗，以品古今權衡之輕重。"皆有關學問典制，或引前書之緒餘，或增前書之未備。章程具在，其義一也。然以今日觀之，無非鑿空之談。而是書之可供參考者，圖象以外，若卷六之錫駒彝，可與近年出土之啓尊、啓彝相證。卷十六周伯盂，其形制與《支那古銅精華》①——七所著錄之夔鳳文彝相同，可訂近人定名之誤。自近年故宮博物院銅器照相陸續影行，則此書幾可束之高閣。惟書中尚有《附錄》一卷，所收四裔古銅自唐以下日用器及錢幣、官印之屬凡三十一種，則可供治邊疆史者之助也。

《西清續鑑乙編》二十卷
辛未九月古物陳列所石印本

乾隆五十七年，王杰等奉敕撰，所收盛京行宮古器物凡七百九十又八。其書真贗雜陳，而贗品實居十之六七。有文字者考釋之穿鑿

---
① 即梅原末治輯錄之《歐美蒐儲支那古銅精華》。

附會，與《西清》《寧壽》諸書同。即所記尺度、重量，亦偶有舛訛。自東莞容庚之《寶蘊樓彝器圖錄》出，揀選書中九十二器以玻璃版影印行世，其中精品網羅幾盡。然書中無文字者若卷十四之四神水鑑、卷十五之雷紋洗、卷十七之漢素缶、卷十八之唐薰鑪，其形制別緻，足供治古器物學者之研討，而容氏書皆未收入也。

附 《西清續鑑乙編》[①]
民國二十年九月北平古物陳列所出版　定價二十四圓

有清一代所出古器物，藏於內府及熱河、盛京二行宮者，不下數千。乾隆十四年，廷臣梁詩正等奉敕仿《宣和博古圖》之制，撰《西清古鑑》。書成凡四十卷，都計一千五百餘器，附《錢錄》十六卷。越三十年，諭纂內府續得諸器，為《西清續鑑》，未成。載越十三年，成甲乙二編。甲編二十卷，都計九百七十餘器，附古印及雜器一卷。原稿舊藏養性殿，宣統二年，上海涵芬樓依原寫本石印行世。乙編即是書也。其中古器皆盛京行宮舊物，今存北平古物陳列所。考是書成於當時廷臣王杰、董誥、彭元瑞、金士松諸人之手。原稿今藏古物陳列所，凡二十卷：計鼎一百七十四、尊六十六、罍六、彝七十一、卣二十、壺一百三十六、敦二十九、甌二十一、觶十、觚三十六、鬲十四、盤十五、洗二十八、瓿二十八、雜器一百三十五，附古鑑一百；都計著錄之器凡七百九十又八，其中真偽雜陳。民國十八年間，經東莞容希伯氏選其精粹者九十二器，以

[①] 載《國立北平圖書館館刊》第5卷第5號"新書介紹"，1931年10月，第120頁。

玻璃版影印行世，曰《寶蘊樓彝器圖錄》。《續鑑》所圖，於名稱、形狀、花紋、銘識、尺度、考釋，每有訛舛。容氏之作，每器記其形制、大小、輕重、色澤，其考證所得，頗有與斯編不同者。今天府秘籍，幸得宣之人間，則容氏之書當與是編相得益彰矣。（松）

《焦山鼎銘考》一卷
乾隆三十八年翁氏刻本

大興翁方綱撰。焦山寺所藏周鼎曰無惠鼎，乃有明中葉京口某家故物，後捨之寺中。方綱之書，蓋集清初以來諸大家題咏考釋而爲之補正。若顧炎武、朱彝尊、汪琬、王士禎、張潮、厲鶚之所研討，皆聚集於玆。編末附錢大昕、謝啓昆二跋，亦各有心得。唯方綱所釋以周廟爲周丙子，㡿屯爲束帶，魯休爲敷休，用匄爲周簋，是猶未得其讀也。故是書僅爲研究此鼎者之一段小史耳。

《清儀閣所藏古器物文》十卷
商務印書館影印本

嘉興張廷濟撰。廷濟字叔未，有《清儀閣題跋》四卷，已著錄。廷濟家有清儀閣，所藏古物自殷周彝器至近世文玩，靡不收藏。是書十卷，鐘鼎、璽印、鏡鑑、符牌、權量、碑刻、專瓦、泉幣，乃至文房用具凡數百種，皆以拓本入錄。手自題識，並有翁方綱、阮元、趙魏、吳東發、宋葆醇、翁樹培、吳雲、徐同柏等數十家之題跋。其中偶有考釋，以後出之說較之，要無精語。惟廷濟精鑑別，册中應無贗品。然卷一帶篆水鐘、卷四禹王古篆圭，皆僞物也。卷五永嘉二塼，當爲晉懷帝時物，而廷濟列入漢塼，以爲漢冲帝年號，亦未得當。卷八所錄銅權，自元至明凡十九品，皆未記其大小、輕重之數，足見廷濟是書爲鑑賞之意義居多，非供學者考古之資。然十册中所錄古器方面之廣，自歐、趙以來未嘗有也。

《長安獲古編》二卷
諸城劉氏家刻本

劉喜海撰。喜海字燕亭，山東諸城人。劉鐶之長子，官至浙江布政使。其所撰述有《海東金石苑》《嘉蔭簃論泉絕句》《清愛堂家藏鐘鼎彝器款識法帖》及《金石苑》等。《長安獲古編》者，喜海居京師時所得之古器，集爲圖錄之書也。計鐘一、鼎十一、彝四、卣五、敦一、簠一、鬲二、甗一、盉二、匜一、斝一、觚一、爵八、觶三、矛一、秦詔版四、漢鼎五、鐙三、鍪一、銅二、盆一、弩二、環一、帶鉤三、千金器二、鏡六、虎符二、龜符一、魚符三、瓦當二、封泥三十、金元官印七、交鈔庫司鈐印一、檢封三。各器皆繪其圖形，並錄文字，錢坫《十六長樂堂古器款識》後第一名作也。古器物學上知有封泥一物，實是書最初著錄，前此諸家著錄古器之書中未之見也。其他各器皆常見之品，亦無考訂文字附入其中。丹徒劉鶚跋是書曰：“《長安獲古編》乃劉燕庭方伯所撰，一金一石皆有識跋，金甫刻圖。而方伯物故，僅存此稿。其原本四册，潘伯寅侍郎借來，失於澄懷園。侍郎云：‘石亦無甚奇品，書板爲徐姓所得，遂印行。’此趙益甫《致魏稼生書》中語也。徐姓印行後，板遂歸福山王文敏公懿榮，自同治初年至今未印。此京都松筠閣劉盛虞告予也。庚子變後，板歸於予。其標題原缺，乞銅梁王孝禹觀察書補。刊印百部，分贈同好也。"劉鶚此跋記是書板刻始末最詳，故附錄之。

《周無專鼎考》一卷
文選樓本

甘泉羅士琳撰。士琳字茗香，精天算之學，所著書有《四元釋例》《比例匯通》《增廣新術》等，已著錄。焦山古鼎，自王士祿以下考者不下十餘家，獨於"九月既望甲戌"六字明明有隙可尋者，而人莫能知之。士琳以四分周術證以漢三統術，參覈異同，進退推勘，得文王自受命元年丙寅迄九年甲戌，皆無甲戌既望之九月，獨宣王十六年己丑，既望得甲戌爲九月之十七日。以之與《詩經·常武》《出車》二詩相較，則命於太祖之南仲，即是鼎之南仲，實宣王之臣，非文王之臣也。至是時，此鼎之年代始得確定，後世學者更無異説矣。

《懷米山房吉金圖》二卷
道光己亥曹氏石刻本

吳縣曹奎著。奎原名載奎，字秋舫，吳門富家。幼嗜金石文字，所藏殷周彝器逾百。道光十九年，倩王石香摹其文字，孔蓮薌圖其形象，吳松泉壽之貞石。每器皆以乾隆營造尺度其大小，遵庫秤權其輕重,計得器六十有二。其中惟周嘉禮壺乃政和禮器,宋内府所作,定爲周制,有失考訂。他若繪圖釋文,皆甚矜慎,於稽古殊有助也。其書久佚,日本明治十五年,京都府文石堂書林倩老工大西櫻雲上木,於是始得傳本。今并此且不可得也,故坊間又有石印之本焉。

《齊侯罍銘通釋》二卷
道光丙午一鐙精舍刊本

晋江陳慶鏞撰。慶鏞字頌南,一字乾翔。道光十二年進士,官至陝西道監察御史,有《籀經堂類稿》二十四卷,已著録。齊侯罍凡二器,甲器藏揚州阮氏,乙器藏蘇州曹氏。二器文字太半相同,惟乙器"用御天子之事"後多"洹子孟姜"以下二十九字;而甲器於"玉備"下多"一嗣"二字,"鼓鐘"下多"一鏵"二字;乙器"齊侯"下奪"女"字。此外兩器文字當對勘①,然後能得其真,而慶鏞不能爲之。如同爲"都邑",乙器則釋爲"郜邑"。同爲"用鑄爾差銅",而甲器釋"差鈢",乙器釋"差鍙"。他若殘缺不明者,本可以兩器互證,而慶鏞妄自臆改。如甲器釋齊侯"命大子立樂",乙器則釋爲"乃樂",實則兩器文字皆剥蝕,不能定爲何字也。文中雖繁徵博引,詳論先秦禮樂之制,而于銘文無關。海寧王國維譏爲魯鹵莽滅裂,殆非虛語也。

---

① 勘,原稿作"戡"。

《東武劉氏款識册目》一卷
商務印書館影印陳介祺手寫本

濰縣陳介祺撰。介祺號簠齋，有《簠齋尺牘》十二卷，已著錄。此册東武劉喜海所藏彝器款識，爲目二百七十二器，皆並時諸家所藏，介祺爲之手寫其目，間錄全文。中有帥佳懋鼎，上虞羅氏《金文著錄表》所未見。介祺手摹其文，足與陸增祥《金石札記》、方濬益《綴遺齋彝器考釋》之説相證。又其書雖爲目錄，而間附考證，往往發金文之凡例。子荷戈戌毁條云："毁制兩耳三足，足之長者以季保毁爲異。無足者名之以彝。"然有無足而文曰毁者，彝，常也，器也。凡器皆可曰彝，未必有專名彝之器，如尊也。是以尊與彝皆公名詞，説在王國維之前。又仲虡父毁條云："金文某甲爲某乙作，似宜以用者爲主。云某乙器，其出土也必在用是器者之方。然以其或爲婦人所作，故概書某甲以歸畫一。"此又爲治金文、氏族學者之先導矣。他若揚鼎、敔鼎、邿子鼎，並諸家之目所未見，不知與揚毁、邿伯鼎、敔毁銘文之異同爲何如也。

《漢建昭雁足鐙考》二卷
道光丁酉刊本

上海徐渭仁撰集。渭仁字隨軒，有《鉤刻隨軒金石文字》九種，已著錄。建昭雁足鐙舊藏青浦王氏蒲褐山房，後歸陽湖孫氏冶城山館。道光丙申冬，渭仁得之於吳門，繫以五言古詩一首，並摹刻形制文字，逐錄張燕昌、趙魏、武億、翁方綱、王昶、吳騫、朱文藻、阮元、徐同柏、張廷濟等十餘人之考釋題咏爲二卷。建昭雁足鐙製於漢元帝建昭三年，至成帝陽朔元年，賜陽平侯王鳳。其銘凡六十一字，曰"建昭三年考工工輔爲内者造"，又曰"陽朔元年賜今陽平家畫一至三"云云。其文字經諸家考定，無大異議。惟槃側篆書所謂"畫一至三"者，乃言器之數目，而徐同柏謂係記正文而外邊款之數，恐非定詁矣。

《銅器聞見錄》一卷
北京大學藏鈔本

吳縣潘祖蔭輯。祖蔭字伯寅，有《攀古樓金石錄》，已著錄。是册蓋其購置彝器時見聞所及偶爾之得也，雖僅十餘條，而所關於殷周銅器之學者至鉅。篇首爲《清愛堂款識帖目》及《長安獲古編目》，無關宏旨。其下言於登州得夅鼎、蔡姑㲃，於萊州東門外得似量似斛之器二。文曰"節墨東門"，而墨字土在旁，作墪。《節墨志》言古稱黔州者，即因墪字之誤。又于沂州得杞伯每匕㲃，於兗州得魯士浮簠，於京師長辛店外十里得龏亞父乙爵、敔作父庚彝，於山西吉州安平村得叔姞簠、叔碩簠，皆至可寶貴之史料也。

《商周彝器釋銘》六卷
《觀象廬叢書》本

成都呂調陽撰。調陽所著書凡十餘種，曰《觀象廬叢書》，已著錄。《商周彝器釋銘》六卷，乃輯錄阮元《積古齋鐘鼎彝器款識》、吳榮光《筠清館金文》二書中吉金文字四百五十餘首而成。每首各附案語，其中考釋，每多創解。較之龔自珍、陳慶鏞輩之支離穿鑿者，不可同日而語。其書尤長疏證古代地理，如說鄭井叔鐘，引《說文》"鄭地有井亭"，《國語》"鄢蔽補井"，以井爲鄭邑。又如說王子申盞蓋，引《廣韵》"楚人呼母曰嬭"及楚邛仲南和鐘，以證此盞爲楚器，皆遠勝舊説。雖然，亦不免臆測之説，如釋⿱父丁尊及⿱父癸爵即《周禮》司尊彝之縮酌與涚酌，皆近於附會。至若徐王子鐘、正考父鼎、草篆晉姜鼎，皆僞器不足觀，而調陽錄之於書，足證其無鑒別之力也。

《權度量衡實驗錄》不分卷

上虞羅氏覆刻本

吳縣吳大澂撰。大澂初爲《古玉圖考》，釐定古玉之名稱及其制度，因以發現周代鎮圭、搢圭兩尺。由是博徵古器，考訂周秦以來權衡度量之制，爲吾國古物學上闢一新境界，厥功至鉅。蓋自天水之世以迄於今，治彝器款識之學者尚力于三古文字，不復措意於古物制度。逮有清乾嘉之後，其學始入正軌。歙縣程瑤田作《考工創物小記》，始據實物以考古制，其學識乃駕諸儒而上之，百餘年來寂無嗣音。大澂此作，又繼長而增高之，蓋嘉道以後古器物之發現十百倍於往昔。大澂所目驗者，多而且精，又復貫通經傳，以相印證，是以其所論述條理整然。其言曰："不知古尺，不可與言律。不知古律，不可與言數。"數起於黃鐘之律，黃鐘之律失其制，則權衡度量皆不得其正，而古樂由此亡矣。律呂之誤，誤于漢劉歆之私説，以黃鐘律琯爲九寸，而不言其口徑容黍之數。班固《漢志》襲其説，鄭康成注《禮》亦沿其誤。後之考律吕者以班、鄭爲師法，以黃鐘九寸爲定論，而莫能正其非。故《隋志》歷驗各律容黍之數，無一合秬黍千二百者，後人遂疑黃鐘律琯不能容千二百黍。誤矣！宋蔡季通《律吕新書》、本朝錢溉亭先生《律吕古誼》，於算法言之甚詳。而不知黃鐘之誤，仍以九寸律求之，是邃於數學，而昧於律度，古樂之亡，卒莫能起而正之也。大澂素不知算，亦不知律，始讀《漢書·律曆志》，茫然莫明其理。及得古宏璧、鎮圭、鎮琮，尺寸皆同，始知周尺之準。後得古玉律琯，又與宏璧、鎮圭、鎮琮尺寸絲毫不爽。度之，則十二寸。以黑秬黍實之，適容千二百顆，始知是琯爲周之黃鐘律琯無疑。律琯之尺寸既確，則大澂所定之周尺益可自信，而黃鐘之琯實容秬黍千二百顆亦可深信而不疑。由此積算而類推之，古尺、古權、古量皆可得其實數而一以貫之矣。其言論深切著明，不失爲有本之學。書分三編，合成一册。第一編，尺之類十，以黃鐘律尺較周漢以迄近代各尺之長短。第二編，權之類十，以當時所用庫秤較各權之輕重。以上二編屬草已成，時大澂方巡撫湘南，殺青未竟。而日韓之役起，大澂整師鞫旅，枕戈疆場。及師衂於外，賫志没世，而名山之業亦與俱泯。故其第三編量之類九，有目無書。其法蓋以黑秬黍之多寡較各量之所容，一較黃鐘律琯所容秬黍，以定周制升合；二較古豆之所容；三較齊陳氏銅鎟之所容；四較齊陳氏銅釜之所容；五較秦量之所容；六較漢銅鼎之所容；七較漢銅桮之所容；八較漢銅鐙之所容；九較漢銅斛之所容。凡所論述，可稱美備。若謂考定古制，別擇時代先後、地域異同，則尚有未盡者。蓋自春秋以迄戰國，民異俗、國殊制，周之度量權衡亦未能一致，是以嬴秦統一六國，同律度量衡，則秦以前異制之多可知。降至近代，亦復如是。即就大澂所考言之，揩圭尺與黃鐘律琯尺，長短已相逕庭，他可知矣。且十二律之說至晚周始明，圭、璋、環、璧之制，則遠溯殷周，以之互校，容有未安。釐而訂之，則有俟乎後之學者矣。是書初成，校刻于湘南，王闓運、王先謙皆曾序其書。其後稿本流入於日人河井荃氏之手，較之初刻多一總論。宣統乙卯，上虞羅振玉得之，校刻成編，其中尺度悉照原圖大小，亦考古者之一助也。

《宋政和禮器考》一卷
瑞安孫氏家刻本

瑞安孫詒讓既撰《古籀拾遺》，於宋薛尚功，清阮元、吳榮光三家所著錄之先秦古器多所訂正。又取王昶《金石萃編》中所著錄之《牛鼎》，阮氏《積古齋鐘鼎款識》中所著錄之《甲午簋》《天錫簋》《嘉禮尊》，吳氏《筠清館金文》中所著錄之《欽崇豆》，及孫氏自藏之《釗鼎》拓片，撰爲《政和禮器考》一卷。案：《政和禮器款識》二帙，晁公武《郡齋讀書志》、趙希弁《讀書附志》、陳振孫《書錄解題》及《宋史‧藝文志》均不著錄，蓋南宋時已無傳本。而當時翟汝文親在禮局監領編纂，故《永樂大典》本《忠惠集》所載《政和禮器銘》十七章，皆翟氏監製禮器時所作。今諸器雖亡佚殆盡，而牛鼎及簋、簠諸識又不在《忠惠集》之内，足證本集所載尚未盡備也。《牛鼎》作于宋徽宗政和四年甲午，而潛說友《咸淳臨安志》已以爲劉宋孝武帝孝建元年之器，其後陳世崇①《隨隱漫錄》、田汝成《西湖遊

---
① 陳世崇，原稿誤作"陳世榮"。

覽志》並因之。紹興距政和不及二紀,於先朝祭器已懵然不復辨識,南宋時朝臣之疏陋如是！陳、田二人之重惟貤繆,復無足怪。清汪師韓《韓門綴學》考定爲宋徽宗禮祀明堂之器,已確切不移。而程瑤田《通藝錄》復博徵經籍,證太室爲廟室,以駁汪考；孫星衍《京畿金石考》又疑爲北魏時所造。自是阮元以甲午簠爲秦昭襄王時器,龔自珍亦以欽崇豆爲秦器,繆説流傳,致師韓所考定者爲之湮没不彰,重可嘆也。詒讓歷引翟汝文《忠惠集·政和禮器銘》及薛季宣《艮齋浪語集·欽崇豆記》爲證,於是南宋以來重惟不解之瞽説,得以摧殘而廓清之,亦藝林之一快事也。

《詁籀餘彝器款識》① 一卷
上海會文堂石印本

定遠方濬益編。濬益字謙受,一字子聽,有《綴遺齋彝器考釋》,已著録。是册乃濬益拓贈章壽康之物。壽康物故,其姪琢其付之影印,計鼎六、尊二、敦三、彝三、觶四、卣二、鬲二、爵四、觚一、戈一、瞿一、戟一、刀圭一、劍一、鍪二、鐎斗一、舟一、銷一、匜一、洗三、帶鈎四、鏡三、盂一,凡四十九器,大都濬益家藏之器。與《綴遺齋彝器款識》所摹録者不同,諸器之中如鼎作父壬尊、魯太宰原父毁、徐王季'糧'之孫審膚匜,皆僞器。他亦尋常之物也。

---

① 書名或應爲《詁籀餘吉金彝器款識》。

《綴遺齋彝器考釋》三十卷
商務印書館影印本

方濬益，字子聽，又號伯裕，安徽定遠人。咸豐辛酉進士，翰林院庶吉士，江蘇知縣，以擘治殷周彝器之學見知于士林。其所撰《綴遺齋彝器考釋》，鈎摹之精，蓋欲繼阮氏《積古齋鐘鼎彝器款識》而作。然當時先乎濬益而作者，有南海吴榮光之《筠清館金文》。至海豐吴式芬之搜輯《攗古録金文》，則與濬益此作同時。惟其書刊成在前，故此書偶亦據《攗古録金文》摹入者。同光以後，海内以收藏殷周彝器著者，若潍縣陳介祺、海豐吴式芬、吴縣潘祖蔭、涇陽端方，皆有專書行世。而吴大澂之《愙齋集古録》尤爲鉅觀。濬益之裒集是書，自同治己巳以迄光緒己亥，凡三十一年之久，共録古器凡千三百八十有一事，凡吉金、彝器及先秦古陶皆在焉。間有滄海遺珠，爲諸家之書所未著録而見於濬益此書者，若十卷十六頁之立刀丁人卣，十三卷二十二頁之邾眉父壺，十四卷十頁之孋女匜、又二十二頁之龍盉，十七卷三頁之元武尊、又二十六頁之父丁馬形尊，二十六卷二十八頁之陝角，皆未見著録之品。編中考釋以後出之説校之，亦頗有穿鑿難通者，然在當時已爲最新之見解。至今仍不可廢者，如以彝字爲殷周禮樂器之總名，以齊侯罍之罍字爲人名，而名其器曰壺，此皆吴大澂以前諸名家所不知之事也。又如以齊子仲姜鎛爲綸鎛，以盂鼎中人禹即《尚書·大誥》中之民獻，以胖侯盤爲薛侯盤，諸如此類，皆濬益心得與後出之説相合者。其他如十七卷二十頁父丁尊，《攗古録》誤爲鼎；十七卷二十五頁叔尊，《攗古録》誤爲彝；二十六卷七頁亞形父癸罍，《攗古録》誤爲卣,其足以補正他書所不及者類如此。稿本今存燕京大學圖書館。其從孫燕年①取其副本付之影印,缺其第十五卷,即今通行之本也。

附 《綴遺齋彝器考釋》②

定遠方濬益原稿　商務印書館影印　定價三十五元　特價二十四元

定遠方濬益氏生於有清咸同間,以覃治殷周彝器之學見知於士林。其所撰《綴遺齋彝器考釋》,鉤摹之精,蓋欲繼阮氏《積古齋鐘鼎彝器款識》而作。然當時先乎方氏者,有南海吳氏之《筠清館金③文》。至海豐吳氏之搜輯《攗④古録金文》,則與方氏之作同時。惟其書刊成在前,故方氏稿本中偶亦有據《攗古録》摹入者。同光之後,海内以收藏殷周彝器著者,若濰⑤縣陳氏、海豐吳氏、吳縣潘氏、溰陽端氏,皆有專書行世。而吳大澂之《愙齋集古録》尤爲鉅觀。近年以來出土彝器十倍於往昔,新得材料見於《周金文存》《貞松堂集古遺文》《善齋吉金録》者,尤多不可勝計。而滄海遺珠,間存於方氏此書者,若卷十頁十六之立刀丁人卣,卷十三頁二十二郲眉父壺,卷十四頁十之嬿女匜、又頁二十二之龍盉,卷十七頁三之元武尊、又頁二十六之父丁馬形尊,卷二十六頁二十八之陝角,

---

① 方燕年,字祈叔,方濬益姪孫,光緒十六年庚寅進士。
② 本篇載《大公報·圖書副刊》,1935年4月4日;商務印書館《同行月刊》第3卷第4期"新書簡評"轉載,1935年4月25日,第24—25頁。
③ 金,原文誤作"全"。
④ 攗,《同行月刊》訛作"據",《大公報》不誤。
⑤ 濰,原文誤作"維"。

皆未見著錄之品。編中考釋以今人視之，亦頗有穿鑿難通者。然在當時已爲最進步之見解。例如以彝字爲殷周禮樂器之總名；以齊侯𦉢之𦉢字爲人名，而名其器曰壺，此皆吳大澂以前諸名家所不知之事。又如以齊子[①]仲姜鎛爲緐鎛，以孟鼎中人鬲即《尚書·大誥》之民獻，以脒侯盤爲薛侯盤，諸如此類，皆方氏心得與後出之説相合者。其他如卷十七頁二十父丁尊，《攈古錄》誤爲鼎；卷十七頁二十五叔尊，《攈古錄》誤爲彝；卷二十六頁七亞形父癸罍，《攈古錄》誤爲卣[②]。其足以補正他書所不及者類如此。方氏之裒集是書，自同治己巳以迄光緒己亥，凡三十一年之久，共錄古器凡千三百八十一器，凡吉金彝器及先秦古陶器皆在焉。（滋圃）

《夢坡室獲古叢編》十二卷
丁卯十月上海景印本

海寧鄒壽祺編次。壽祺字適廬，有《周金文存》十二卷，已著錄。夢坡室者，烏程周慶雲藏古器物之所也。慶雲不精鑒古，壽祺亦寡學，無別擇之力，故是書贗器約十之七八。惟編次分類以禮器、樂器、寶用器、制定器、明器、兵器、佛象、雜器爲部目，則稍合研究古器物之旨。書中惟王陵抑柱、吕塑幕尚二物最怪誕不經。世之學者有視爲秘寶者，今當辭而闢之也。其他各類以兵器、泉範二種可信者較多，禮樂器中惟鄭伯筝父旅甗、白霝作鄭姬毁、釗叔作旅彝、迪仲作孟姜簠可信，此外學者當慎擇之矣。

[①] 子，《同行月刊》作"于"。
[②] 卣，《大公報》訛作"鹵"，《同行月刊》訛作"卤"。

《周代吉金年月考》一卷
《國粹學報》本

儀徵劉師培撰。師培字申叔，有《左盦集》八卷。昔平定張穆以四分曆推算虢盤年月，學者嘆爲精審。嗣惟甘泉羅士琳考釋《焦山無專鼎》，略踵厥法，其後寂然無聞。今師培此作，取吉金款識備書年月日者三十一器，以三統曆、周曆爲主，以殷曆、魯曆爲輔，纂爲一編，以爲治吉金款識之學者之助。然考其所作，大抵以三統術爲主，偶取周曆相證。如散季敦以三統術推之，爲康王四年八月初吉丁亥。閏餘五，大餘三四，小餘二六；正月小，戊午朔；八月小，乙酉朔；初吉三日適得丁亥。而師培以爲武王四年，距入甲申統五百二十一年，而此器以文字、紋飾相證，不當在武王之時也。又小盂鼎亦康王時器，曰："八月既望辰在□□。"又曰："雩若翌乙亥，佳王二十有五祀。"此亦康王二十五年物也，銘有周王、□王、成王之文可證。而師培以三統術推之，乃宣王二十五年，距入甲申統八百四十年。閏餘九，小餘一十二，大餘一十六，得庚子爲正月朔，丙寅爲八月朔，二十日爲乙酉。可知彝器年月不能專據曆法，又當以他事互相比證，始能得其實也。

《觀堂古金文考釋五種》一卷
《王忠慤公遺書》本

海寧王國維撰。國維考釋甲骨金文之作，具見於《觀堂集林》。此卷舊以單篇刊於《廣倉學宭叢書》，其後人編訂遺書，集爲此冊，計《毛公鼎考釋》《散氏盤考釋》《不嬰敦考釋》《盂鼎考釋》《克鼎考釋》各一篇。諸篇大都採輯舊說而成，然王氏心得亦散見其中。最可稱舉者，如釋毛公鼎"勿作先王羞"之羞字爲羞，以《書·康王之誥》"毋作鞠子羞"，及《左傳·襄公十八年》傳"毋作神羞"爲證。如釋散盤作于厲王之世，古散國即《水經·渭水注》之大散關，《沔水注》之大散嶺。散氏與矢國相接壤，故銘曰："用矢撲散邑。"如釋不嬰敦之"廣伐西俞"，即指宗周以西山地。又釋"女休勿以我車函於艱"，謂"函"即"陷"之借字。如釋盂鼎之"在雩御事"，即"粵在御事"，《說文》分粵與雩爲二字，實誤。"粵在御事"，猶《書·酒誥》"越在內服""越在外服"之意。凡此皆王氏創見，後之考訂金文者當引爲楷式也。

《中國歷代之尺度》
民國十五年十月油印本

海寧王國維撰。爲文凡五篇：一、《記現存歷代尺度》；二、《王復齋〈鐘鼎款識〉中晉前尺跋》；三、《日本奈良正倉院藏六唐尺摹本跋》；四、《宋鉅鹿故城所出三木尺拓本跋》；五、《宋三司布帛尺摹本跋》，國維在清華學校時之教本也。按：吾國歷代尺度孳治者少，自程瑤田《通藝錄》以至吳大澂之《權度量衡實驗考》，於唐以後之制頗略。國維是書所據者，若劉歆銅斛尺、唐牙尺、宋木尺、明嘉靖尺，皆前人未見者。又綜合前人所見者凡十七種，上起西漢，下迄有清，吾國尺度變遷由短而長之原則從而確定。惟近年來古尺出土者日增，美國福開森之《得周尺記》，日本嘉納治兵衛之《白鶴帖》，有漢彩繪牙尺二、漢銅尺一、六朝鎏金雕禽文銅尺一，又足補國維此作也。

《澂秋館吉金圖》二卷
庚午冬商務印書館石印本①

閩縣陳寶琛編。寶琛字弢庵，同治戊辰翰林。其先世所藏殷周古銅器甚夥。丁卯之秋，鳩工傳拓，編訂爲《澂秋館吉金圖》，凡二卷。至庚午冬，始影印成書，主其事者大興孫壯也。計所收器鼎七、鬲二、甗一、𣪕七、簠一、簋一、尊五、櫑一、壺二、卣六、觚四、觶一、斝二、爵四、盉一、盦一、古兵四、漢器七、鏡二十四、雜器三，凡八十四件。閩縣陳氏藏器宿以鑒別精審著稱於世，所錄者既無贗品，而鬲从簋、召盦二器尤精美。諸器間有附錄王國維、羅振玉、丁佛言三家考釋或跋語。國維所考皆有新解，謂鬲从簋作於厲王二十五年，而鬲攸从鼎則作于王之三十一年。鬲與攸皆地名，鬲从於是年得攸衛牧地，故稱鬲攸从，尤爲一重要史實也。

《小檀欒室鏡影》六卷
南陵徐氏影印本

南陵徐乃昌撰。乃昌字積餘，有《小檀欒室彙刻閨秀詞》十集，已著錄。清人專以鏡錄著稱者，自錢坫《浣花拜石軒》始，所錄不過二十有五。此外若瞿中溶《百鏡軒》、梁廷柟《藤花亭》，所錄亦

---

① 原稿無"本"字。

不過百四十餘；陳介祺《簠齋藏鏡》得百零四；羅振玉《古鏡圖錄》凡百五十有八。其在外國者，若《泉屋清賞》所錄僅百四十。清代內府所藏見於《西清古鑑》等四書者，僅三百餘而已。南陵徐乃昌宿以收藏漢唐以來古鏡著名，所錄《小檀欒室鏡影》，得三百八十有三器，於徐氏家藏尚不及三之一，而已超出《西清古鑑》等四書所著錄之數，亦足稱鉅觀矣。其書不列同範，其中有年號者，自漢建安以迄吳三桂昭武，凡叁拾陸件。此外有主名者，若劉秉忠、茅鹿門等，皆可確知。即如薛家、茅家、石十三郎諸題字，亦傳巧工者所取資也。所錄漢鏡中邊緣刻有韓州、臨洮、任城、汶陽、高平、魚臺、兗州、鎮北州、陝西東路等官鑒之款，亦可考見金源一代銅禁之制。蓋古鏡有花紋、文字皆古，而雕鏤不精者，類皆後世以古鏡爲範翻沙，亦治古器物學者所當留意焉。鏡雖小品，然文字體式琱繪技術、營造法式等，皆可考見歷代風俗時尚、文物制度。其間變遷之跡，燦然具陳。是書卷一第六天寶鏡，鏤刻唐代樂器十餘種，若笙、若簫、若琵琶、若鐃、若磬、若檀板，皆與今制小異。而其中尚有數種不能確定其名，亦足以供治文化史者之覃討也。

附 《小檀欒室鏡影》①

六卷　南陵徐乃昌影印　定價貳拾伍圓　二十二年六月

南陵徐氏宿以收藏漢唐古鏡著名，其影印《小檀欒室鏡影》之

---

① 本篇載《國立北平圖書館館刊》第7卷第6號"新書介紹"，1933年12月，第111頁；《大公報·圖書副刊》，1933年10月26日；《圖書季刊》1934年第1卷第1期，第37頁。

議，亦在數年以前，吾人今日始得觀厥成，實慰渴望。書共六卷，分類編集，其中有鏡三百八十三面，不列同範。其中有年號者，自漢建安以迄吳三桂昭武，凡三十六面。此外有主名者，若劉秉忠、茅鹿門等，皆可確知。即如薛家、茅家、石十三郎諸題字，亦傳巧工者所取資也。所錄漢鏡中邊緣刻有韓州、臨洮、任城、汶陽、高平、魚臺、兗州、鎮北州、陝西東路等官鑿之類，亦可考見金源一代銅禁之制。其搜集之富，尤有稗于史學。又古鏡有花紋、文字皆古，而雕鏤①不精者，類皆後世以古鏡爲範翻沙。若本書袁氏鏡上鑄"呂造"二字，善鏡第五面上鑄"柏崖成中"四字，新王氏鏡上鑄"曹鋪"二字，佳竟鏡第四面上鑄"青銅五錢"四字，凡此皆金源以後人所翻製，亦治古器物學者所當留意焉。鏡雖小品，然文字體製、琱繪技術、營造法式等，皆可考見歷代風俗時尚、文物制度，其間變遷之跡，燦然具陳。本書卷一第六頁著錄之天寶鏡，所刻鏤②唐代樂器十餘種，若笙、若簫、若琵琶、若鐃、若磬、若檀板，皆與今時之制大同小異。而其中尚有數種不能確定爲何名，亦足以供治文化史者一孳討也。清人專以鏡錄著稱者，自錢氏《浣花拜石軒》始，所錄不過二十有五面。此外若瞿氏百鏡軒、梁氏藤花亭，所錄亦不過百四十餘面。陳氏《簠齋藏鏡錄》百零四面，羅氏《古鏡圖錄》凡百五十八面。在外國者，若《泉屋清賞》，所錄亦僅百四十面。他如《清儀閣古器物文》《澂秋館吉金圖錄》，皆附錄數十面以至十數面而已。惟是書所錄得三百八十有三，於徐氏家藏尚不及三

---

① 鏤，原文訛作"縷"。
② 鏤，原文訛作"縷"。

之一，而已超出西清四書①所著錄以上，亦足稱鉅觀矣。（青松）

《貞松堂集古遺文》十六卷
民國辛未石印本

　　上虞羅振玉輯。吉金文字之學肇於兩漢，李少君釋柏寢之器，張敞釋美陽之鼎，具載馬、班二書。下迨趙宋之世，作者林立，若王俅、薛尚功之書，至今傳于藝林。有清一代，作者朋興。《積古齋》②所錄僅數百器，《攈古》③《集古》④二錄雖各逾千器，然皆承前人所有而增益之。且阮、吳兩家鑒別未精，真僞間出，學者引以爲憾。頻歲以來，關洛榛蕪，椎埋滿地，古器精品，盡涉重瀛。而羅氏三十餘年所搜集之金文拓本，都凡一千五百二十有五器，摹錄成書，大半爲阮、吳諸家所未見之物。其體例與《積古》《攈古》二錄相同，而所附考證文字僅數十首。若克鼎、同毀、秦公毀、王子嬰次盧、魚鼎匕、鄎王歔戟、漢敬武主家銅銚、永元十六年金馬書刀、晋壽升、唐端午進奉銀鼎，皆謹慎考辨，不作穿鑿附會之談，決非吳侃叔、徐同柏諸人之説所可比擬。蓋近年古器大出，聞見益廣，故所造乃邃於往哲也。

---

① 西清四書，指《甯壽鑑古》《西清古鑑》及《西清續鑑》甲、乙兩編。《圖書季刊》訛爲"西清四氏"。
② 指阮元《積古齋鐘鼎彝器款識》。
③ 指吳式芬《攈古錄》。
④ 指吳大澂《愙齋集古錄》。

附 《貞松堂集古遺文》[①]

上虞羅振玉輯　民國二十年大連貽安堂出版　定價三十元

上虞羅叔言先生爲當代治古金文學之鉅擘，丙辰丁巳間即有編輯《集古遺文》之志。時《窭齋集古錄》初行於世，先生爲之序曰："往見吳子苾閣學《攈古錄》所收墨本，多至千三百有奇，考釋矜慎，撫寫不苟，幾乎美備矣。而仍不免點畫之小訛，後世僞器偶有删存之未盡者。蓋甚矣，兹事之難也。予鋭意收集古器墨本，汰僞存真，得二千餘通，欲編輯爲《集古遺文》。荏苒垂二十年，尚未克就，嘗以爲憾事。"今窭齋之書，行世將及十稔，羅氏所收集之墨本亦復浸多。吾人今日得讀此鉅著，快何如也！考殷周古銅器發現於有清一代者不下四千餘器，近年所出者尚不計焉。其間著錄諸家，不下數十，而《攈古》《集古》二錄爲最完備。羅氏此書，蓋繼吳氏之書而起，其編次則仿王氏《金文著錄表》。惟居今日印刷術昌明之世，尚摹刻成書，恐不免點畫之小訛耳！然羅氏搜集之富，别擇之精，實非諸家所可及。書凡十六卷，所著錄之先秦古器計千一百九十餘事，其中重器如秦公敦、矢方彝、矢方尊、矢作丁公敦、周公彝、臣辰壺，屬䍙鼎、屬䍙彝等，未見著錄者凡數百。其他曾見《周金文存》《西清古鑑》《寶藴樓彝器圖錄》者，亦不下數百器。十三卷以下盡爲漢器，凡千一百七十有奇。合兩吳之書觀之，有清一代所著錄之古銅器，大體在是矣。（松）

[①] 本篇載《國立北平圖書館館刊》第5卷第5號"新書介紹"，1931年10月，第119頁。

《貞松堂集古遺文補遺》三卷
蟫隱廬石印本

上虞羅振玉輯。庚午之歲，振玉既編集三代、秦漢以來古器爲《集古遺文》十六卷，計三代古器千二百七十又三，秦漢以降器二百五十又二，都凡一千五百二十又五器。既越歲，復裒集續得墨本，凡前編所未及者，計三代器二百有五，秦漢以降器百三十有三，總得三百三十有八，爲《補遺》三卷。其中考釋較前編尤少，而摹寫之訛誤者亦較多。若《内史鼎》"内史舉朕"，此失摹"朕"字。《白懋父毀》"達征自五齵貝"，此"自"訛"貝"，"齵"訛"䱇"。《它毀》"宗陟二公"，此以"二"爲"陟"之重文。《周宇壺》"永寶用䵼"，而此書訛"永寶用之"。然其中考釋偶有新意者，若釋《乙戈盾鼎》，以"中"爲盾。《禦父巳鼎》𢼸字，釋爲殷代祭名，即《說文》之"敳"字。而編中所收武周雲麾將軍鶴符，實希見之品也。

附 《貞松堂集古遺文補遺》①
三卷　上虞羅振玉撰集　出版期民國二十一年
代售處上海蟫隱廬　定價陸元

上虞羅氏所編《貞松堂集古遺文》出版既越歲，復裒集續得墨本三百三十又八，爲《補遺》三卷。其中彝銘撫錄之疏，較前尤甚。器之別擇，亦不如往日之精。書中有所謂徐水鼎者，必贋器無疑。

---

① 本篇載《國立北平圖書館館刊》第6卷第6號"新書介紹"，1932年12月，第126—127頁。

住友氏所藏者污鐘，甚可疑，或因摹録不精，則吾人不敢遽定矣。書中釋文舛誤更多，例如上卷第九頁，穆文鼎，羅氏於穆字疑不敢釋。文曰："作姜郵母䭇鼎。"歑母即懿母。又三十八頁，𦥑[①]仲作朋生壺，文曰："𣢙德萬年。"其字爲"懿德"無疑，羅氏皆疑不敢定。上卷一頁，屬氏鐘，學者已公認即《説文》之䕻字，而羅氏臆定爲麻字。又十一頁，内史鼎，現藏本館，文曰"内史龏囗"，即"内史龏朕"。朕字拓片甚明顯，而摹本失之，且此鼎應名《非余鼎》。又十頁，鄿季子鼎，羅釋季爲孝，誤。又十四頁，康鼎，文曰"王命列嗣"，而羅氏釋曰"𥛜嗣"，實大誤。又二十六頁，壹伯封殷，"伐𤯚𤯚"，當釋爲洿黑。而羅氏釋曰淖黑。又二十七頁，䰙殷，字當釋爲䰙。文曰"諸侯大𠅃"，即諸侯大亞，見于《尚書》。而羅氏于𠅃字疑不敢釋。二十八頁，白懋父殷，"逹征貝五齵貝"，上貝字即得之省，羅亦無説。二十九頁，它殷，文曰"宗陟二公"，二字在公上，作二，甚顯著；而羅釋爲"宗陟二公"。又"克淵克夷"，諸家無異詞，而羅疑不敢釋。三十九頁，《舀壺》，"作冢嗣土于成周八𠂤"，羅氏於冢字亦疑不敢釋。足證其成書倉卒，遺漏實多也。然其書所著録諸器，若毓祖丁尊、𦥑仲作朋生壺、舀壺、遣簋、沈子它殷、白懋父殷、壹伯封殷、䰙殷、賢殷、檜姒鬲、内史鼎、禦父己鼎𦥑鼎，皆未見著録，至可寶貴之材料也。雖然，新出土諸器中，若屬羌鐘、作册大鼎、師旅鼎、競殷諸重器皆未見著録，則是尚有待於他日之拾遺補缺者，甚多矣。（松）

---

① 𦥑，原文爲"作"字。

《貞松堂集古遺文續編》三卷
蟫隱廬石印本

上虞羅振玉輯。癸酉之春,振玉既爲《集古遺文補遺》三卷,再閱月,續得周秦至漢器物墨本凡三百五十器,因命其子福頤撫寫爲《續編》三卷。其中諸器大都爲故宮博物院、古物陳列館,及日本住友氏、嘉納氏、廬江劉氏、東莞容氏,及北平廠肆新得之物。其書考辨之説甚少,撫寫間有訛誤。若曶休毀"錫厥瀕福",與周公毀同,此書失摹水旁,作"頻"。丞相觸戟,文曰"丞相觸造咸"云云,而此編訛爲"造成"。皆與原拓不同,學者當慎察之也。

《漢兩京以來鏡銘集錄》一卷
《遼居雜著》本

上虞羅振玉輯。自來著録古鏡者,始于宋《宣和博古圖》,迄有清末葉諸家鏡録,不下十餘種。然于銘文率鮮考證。至集録銘文,寫以今隸,則自振玉此書始。計自漢兩京以來迄於金源,得鏡銘百九十餘首。雖海内外所藏,若日本守屋孝藏、南陵徐乃昌輩,以録其有文字者計,尚可補是書百餘條。即就有年號者而言,振玉僅收二十二品,梅原末治《漢三國六朝鏡銘集録》得七十五種,增加三倍有餘,他可知矣。然鏡之可貴,於年代外頗有可以補助文學史之研究者,如東漢詩歌多五言,而鏡銘多七言四句、七言八句之什,其一例也。至唐人之詩、金人之詞,賴鏡銘以傳者,振玉是書所收各得十餘首矣。

《吉金文録》四卷
南宮邢氏刻本

桐城吳闓生集釋。闓生字北江，汝綸子，善古文辭。《吉金文録》者，輯集殷周彝器銘文凡四百十四編，附録漢唐以來鏡銘四十四首，都爲考釋，藉便初學。闓生雖非專精於此，其中改訂前人謬誤，亦往往有可取者。如釋毛公鼎"冊頣于政"之頣字，即"狂趡獷獒"之趡，有擾亂之意。又遂啓諆鼎原衹九字，說者皆不得其解，闓生謂"啓"乃"肇"之省，啓諆即肇其，引《衛鼎》爲證，亦確切不移。唯改讀金文成語"王呼作册"爲"王伻作册"，以《洛誥》"伻來"一語爲解，則失之鑿矣。

《簠齋吉金録》八卷
戊午十二月風雨樓影印本

順德鄧實編次。實字秋枚，曾與黃節同編《國粹學報》。風雨樓所藏古今名人書畫尤精，《簠齋吉金録》者，乃鄧氏家藏墨本，合褚德彝、鄒壽祺兩家之物，影印而成。自殷周彝器乃至古兵、秦權量、漢器、弩機、泉範、六朝銅造像之屬，凡得三百八十九器。較之江標所編《簠齋藏器目》已多百二十有六件。編中間有簠齋題字或跋語，蓋褚氏所藏者，乃簠齋拓贈吳退樓之物也，其後亦展轉入風雨樓。簠齋博物精鑒，玆編之中未有贋品。但其考釋金文之作世不多見，而載於此册者，若《趙尊》"王在斥"，斥字當爲地名。而簠齋云斥即橐，橐泉也。又以《大保段》及《父丁觚》之爲班字，即頒爵之頒，皆不免穿鑿矣。

《周銅鼓考》一卷
民國二十年石印本

鄞縣馬衡撰。衡字叔平，有《石鼓爲秦刻石考》一卷，已著錄。近年來發現銅器之多爲前古所未有，而種類之繁，尤嘆爲觀止。如廬江劉體智所藏屬羌鐘，美人福開森所藏二銅鼓，實屬罕覯。《周官》《儀禮》諸書所著錄之鼓，不下十餘種。而吾人今日所知者，除日本住友氏二器確爲三代法物外，他皆苗族銅鼓。扁圓而細腰，雕鏤甚精者，即《後漢書·馬援傳》所謂駱越銅鼓之類也。今福開森所藏鳳翔新出二鼓，狀如桶形而無底，其去鼓形遠矣。馬衡考謂《周官·小師》之應鼓，證據有二：其一，鼓可以銅製；其二，有磨透之陷，兩兩相對，所以應律者。其爲鼓之證僅此。後之作者，能有證明其非鼓者，旦暮俟之也。

《國朝金文①著錄表補遺》二卷
上海蟫隱廬石印本

丹徒鮑鼎撰。鼎字扶九，有《鐵雲藏龜釋文》，已著錄。海寧王國維《宋代金文著錄表》及《國朝金文著錄表》成於民國甲寅。比年以來，古器新出於土者不窮，著錄金文之書亦日增。鮑鼎所據者，若《西清古鑑》《西清續鑑甲編》《甯壽鑑古》《簠齋吉金錄》

---

① 原稿奪一"文"字。

《清儀閣①所藏古器物文》《張叔未所藏金石文字》《詁籀餘②吉金彝器款識》《澂秋館吉金圖》《金泥石屑》《周金文存》《寶蘊樓彝器圖錄》等。其書所補雖多，而錯誤亦甚。如屬羌鐘六十一字，而表稱六十四字。其與王表重出者，計邢人鐘、邠伯鬲、鄭義姜父簠蓋、無□作父丁卣、立戈爵、亞形父丁爵、般父己爵、亞形父辛爵。其他漏奪之器，如邵鐘，《周金文存》著錄十三器，而表中僅記三器。至於別疑偽，訂名器，則遠不及王表矣。

附 《國朝金文著錄表補遺》③

鮑鼎著　二冊附《王表較勘記》一冊　上海蟬隱廬出版　定價五元

海寧王氏《宋代金文著錄表》及《國朝金文著錄表》成於民國甲寅，首刻於《雪堂叢刊》。迨王先生自沈，上虞羅氏印行王先生全集，於此表續加補正，今亦越數年。比來古物新出於土者不窮，又濰縣陳氏、東武劉氏所藏，除載入《攈古錄》《窓齋集古錄》諸書外，亦尚有遺佚。後出之器，以《周金文存》著錄最多，羅氏亦未補入。庚午冬，上虞羅氏《貞松堂集古遺文》告成，所收諸器，表中未列者幾太半，間亦有表中已列，《集古遺文》未著錄而見於他書者。今鮑氏此表，即為補正王表而作。其所補之器，幾較原書增四之三。其所據之書，已印行者，若《西清古鑑》《西清續鑑甲

---

① 原稿脫"閣"字。
② 餘，原稿爲"桫"。
③ 本篇載《國立北平圖書館館刊》第6卷第1號"新書介紹"，1932年2月，第136—137頁。

編》《甯壽鑑古》《簠齋吉金錄》《清儀閣所藏古器物文》《張叔未所藏金石文字》《詁籀諈①吉金彝器款識》《澂秋館吉金圖》《集古遺文》《金泥石屑》《周金文存》《雙王鈢齋金石圖錄②》《寶蘊樓彝器圖錄》；未印行者，若黃易《小蓬萊閣金文》、王瓘《兩漢吉金遺文》、徐乃昌《隨盦吉金圖》《積學齋集古器物文》、陳承脩《猗文閣金文》，凡十八種。然已出版之書，表中未收者甚多，如《二百蘭亭齋金石記》《清愛堂家藏鐘鼎彝器款識法帖》《西清續鑑乙編》《柪林館吉金圖志》《殷文存》《夢坡室獲古叢編》《新鄭古器圖錄》《傳古別錄》《武英殿彝器圖》。未出版者，如盛昱《鬱華閣金文》四十八冊、丁麟年《柪林館金文》二十四冊，皆爲鉅觀。他如北平孫壯之《雪園金文》，秋浦周進之《居貞草堂金文》，膠西柯昌泗之《謚齋金文》，番禺商承祚之《契齋金文》，東莞容庚之《頌齋金文》，廬江劉體智之《善齋金文》，及本館所藏之《文津閣金文》，每有前人未著錄之器當補入者。又該書附《王表較勘記》，所舉王、羅二家之錯誤，大體尚是。至於該表自身之錯誤亦甚多，略如《鳳羌鐘》六十一字，而表稱六十四字；其與王表重出之器，如上卷三葉之邢人鐘、二十三葉之北伯鬲、四十四葉之鄭義姜父簋蓋、五十八葉之無□作父丁卣；下卷一葉立戈爵，第七葉亞形父丁爵、殷父己爵，第九葉亞形父辛爵之類是也。其他奪漏之器如邵鐘，《周金文存》著錄十三器，表中衹記三器，而《王表較勘記》中亦未補入。諸如此類，未能悉舉，當別爲補表以正之。（松）

---

① 諈，原刊爲"柪"字。
② 雙王鈢齋金石圖錄，原刊爲"雙王銌齋金石圖"。

《寶蘊樓彝器圖録》一卷
民國十八年影印本

東莞容庚輯。庚字希白，有《金文編》十四卷，已著録。寶蘊樓者，北平古物陳列所儲藏庫之名，所儲古物皆得之于盛京、熱河兩行宫。盛京藏器，舊編爲《西清續鑑乙編》，凡七百九十有八器。容氏選輯其中九十二器爲圖録一卷，以攝影術精製圖版。各器文字，亦以拓本影印入録，其精審遠邁前代。其所考釋雖不多，亦博採近時諸家之説，較《西清古鑑》諸書尚憑私臆塗附者，不可同日而語。所著録諸器中，若獻侯鼎、周氏樊尹鼎、陳侯午簠、獵壺，皆人間未見之品也。

《秦漢金文録》八卷
民國二十年中央研究院出版

東莞容庚撰。庚字希白，有《金文編》十四卷，已著録。自來著録銅器諸書，大都重殷周而輕秦漢。宋代著録吉金之書，所録秦漢器總計未能逾百。有清一代官書，如《西清古鑑》以下四種所收秦漢器，合計亦不逾百。其後唯沔陽端方之《陶齋吉金録》著録最多，合秦、漢、晋之器一百五十又六，而符、鏡猶不在焉。簠齋、愙齋二家別擇較嚴，合計之亦不過二百餘器。上虞羅振玉博古能文，所輯《貞松堂集古遺文》中，得秦漢器二百餘事。既非影印，未足比擬。庚之作是書，實爲創舉。其間著録秦[①]器八十六、漢器七百四十九，

---

① 原稿衍一"漢"字。

較前人之作已增數倍矣。夫古器物學足以稗補史事者，端在于新材料之發現，殷周兩代文化固當求之古器物中。然兩漢史料存於史册者亦寥寥十數種而已，其有待於古器物發現，正與殷周之史同。况兩漢器物種類之繁雜，猶在殷周諸器之上。即就銅器而論，鉨印及古鑑二項皆可獨樹一幟，故庚書亦屏除二項於外。又其書蓋爲著作《秦漢金文編》之嚆矢，故體例未能一貫。如第六十三"廿六年詔版"乃石權，第八十六"廿六年詔量"乃陶器，不當厠入金文之例。又如大良造鞅戟，相邦吕不韋戟載入附錄，而元康元年河東鼎、太康元年右尚方尉升、太康三年右尚方釜、太康十年區，又皆晋器也。

附 《秦漢金文錄》①

容庚撰集　定價十二圓　民國二十年十二月　中央研究院出版

宋代吉金諸書所著錄秦、漢器，總計未能逾百。有清一代官書如《西清古鑑》四種所收秦、漢器，合計亦不逾百。其後唯湨陽端氏書著錄最多，合秦、漢、晋之器一百五十又六，而符、鏡猶不在焉。簠齋、愙齋二家别擇較嚴，合計之亦不過二百餘器。新出上虞羅氏所輯《貞松堂集古遺文》，其中漢器逮二百餘事，惜非影印，未足相比。且諸書皆附周金之後，未有集爲專書者。容氏此作，實爲創舉。其間著錄秦器八十六、漢器七百四十又九，較前人之書，已增加數倍矣。夫古器物之學足以稗補史事者，惟在於新材料之發現。殷、周兩代文化，固太半當求之古器物中，然兩漢史料存於史

---

① 本篇載《國立北平圖書館館刊》第5卷第6號"新書介紹"，1931年12月，第103—104頁；《大公報·文學副刊》，1932年7月11日。

册者亦寥寥十數種已耳。其有待于古器物發現，正與殷周之史同。況兩漢器物方面之廣，猶在殷周之上。即就銅器而論，鈢印及古鑑二項，皆可獨樹一幟。故容氏此書，雖稱秦漢金文，而屏除二項於書外。他如漢碑及陶器之類，自宋以來，即有專著。最近日人所著《樂浪》一書，其於漢代史，亦大有貢獻，容氏之作足以媲美矣。容氏之作此書也，蓋爲其所著《漢金文編》之嚆矢。凡無文字之器，書中著錄甚少；反之，凡文字體製相同而非銅器，偶亦收入。如第六十三，廿六年詔版乃石權；第八十六，廿六年詔量乃陶器，是其例外也。此書本以秦漢之器爲限，其有體製文字相同，而時代在其前後者，間亦收入，如大良造鞅戟、相邦吕不韋戟入附錄。元康元年河東鼎、太康元年右尚方尉升、太康三年右尚方釜、太康十年區，皆晉器，此又一例外也。至於名稱之異同及器物之真偽，考訂本甚不易，具詳容氏自序及著錄表中，茲不備述。（松）

《頌齋吉金圖錄》一卷
東莞容氏影印本

　　東莞容庚撰。庚集其家藏殷周銅器三十九件，印《頌齋吉金圖錄》一卷，其間諸器大都未經前人著錄之品，實治古器物學者之新材料也。有清末葉以來，殷周古器出土者不下數千，而大部皆流入異域。好古敏求之士既困於財力之不足；力足以聚之者，又皆非斯學有心得之人。而海內藏家之繼起者，若北之大興馮恕，南之廬江劉體智，又寥寥可數。庚家非素豐，而此三四十餘器者，皆出於節衣縮食之所資，亦足見其好之者篤矣。庚之所編若《寶蘊樓彝器圖錄》《武英殿彝器圖錄》皆別出心裁，與前人之體製迥殊。而斯編之重要，則在於每器先錄圖形照片，後附以文字及花紋之拓片，頗便研習。最新進之彝器圖錄，當推是編爲始矣。編中所錄諸器，若絢貝紋鼎、若嗣料盆蓋、若銀錯車馬紋壺，皆希見之品也。

附 《頌齋吉金圖錄》[①]

容庚著　實價拾圓　二十二年十月　北平文奎堂、富晉書社代售

東莞容希伯先生以其家藏殷周以來銅器三十九件，集爲《頌齋吉金圖錄》一卷，其間大都未經前人著錄之器，實治古器物學者之新材料也。最近十年以來，殷周古器出土者不下數千，而大部皆流之異域。好古敏求之士，既困於財力之不足；而力足以聚之者，又皆非斯學有心得之人。而海内藏家之繼起者，若北之大興馮氏，南之廬江劉氏，又寥寥可數。容氏於金文甲骨之學已有聲於時，何待吾人之介紹？惟容氏家非素豐，而此三四十餘器者，皆出於節衣縮食之所資，亦足見[②]其好之者篤矣。容氏所編彝器圖錄，若《寶蘊樓》、若《武英殿》，皆自出心裁，與前人之書體製迥殊。而斯編之重要，尤在每器先錄全形照片，而後附以文字拓片及花紋拓片，頗便研究。最新式之彝器圖錄，當以此爲嚆矢矣。該書所錄之器不見《金文著錄表》者：若絢貝紋鼎、作旅簋、嗣料盆蓋、漢銀錯車馬

[①] 本篇載《國立北平圖書館館刊》第7卷第6號"新書介紹"，1933年12月，第111—112頁；《大公報·圖書副刊》，1933年11月9日。《大公報》出版信息稍異：無出版時間；發行信息則爲北平隆福寺文奎堂、青雲閣富晉書社代售。

[②] 見，原刊誤作"衣"字，《大公報》不誤。

紋漏壺，形製別緻，實希見之品。其中文字最多者：若叕鼎①，已歸北平圖書館。他如伯陕鼎、王蔑鼎、事父簋、中竸父簋，皆爲治金文學者必讀之品。漢銀錯車馬紋②漏壺刻鏤③之細，所前未見。凡治漢畫象者，不可不一讀是書也。卷首有唐蘭先生長序一篇，所論與今世考古學者之說迥殊，亦頗可一讀。（青松）

《雙劍誃吉金文選》二卷
癸酉三月海城于氏石印本

　　海城于省吾著。省吾字思泊，有《尚書新證》四卷，已著錄。《吉金文選》者，蓋選録殷周彝器銘文中之修辭高古者凡一百三十一首，詞調較遜者三百三十八首，第録釋文，不摹原篆。評點眉批，一從姚氏《古文辭類纂》之意，亦不失爲有益之事。原夫選録吉金古文之事，起於明成都楊愼。其所爲《金石古文》，選録兩周彝銘凡七篇，若《齊侯鎛鐘》《晉姜鼎》，皆煌煌鉅著。至於清代嚴可均輯集《全上古三代秦漢三國六朝文》，凡積古齋以前所著録之金文，皆擇要類入缺名之部，考釋矜愼，學者屢有稱道之者。道咸以降，龔自珍亦好治金文，所集《殷周彝文録》，僅見敍言，恐未成編。其他不以辭章爲主者，若順德梁廷枏録金文之過百字者十九種，集爲《書餘》一卷，以爲《尚書》之餘。晚世嘉定郭沫若亦撰集《兩

---

① 1932年1月29日劉節代表北平圖書館上門與容庚商談收購叕鼎事。容庚以原價四百元將此鼎轉售北圖收藏，並於31日携往圖書館，與劉節交收。見《容庚北平日記》，中華書局，2019年。
② 原刊脱"紋"字。
③ 鏤，原刊訛作"縷"。

周金文辭大系》，其意與《書餘》相仿。大抵上述諸家之書皆以今隸籀解篆文，與于氏之作大旨相同。而其篇章之數，則前人所不及也。有清末葉以還，治金文之學者吳大澂、孫詒讓、王國維諸家，於創通文字、辨章制度二端，雖戞乎稱盛，然彝銘之疑文闕義，尚未能十解八九。至於諷籀全篇，辨其抑揚頓挫之節，設辭鍊句之美，學者頗以爲難也。故是書不僅以評論文章爲事，亦間附考釋。如釋《師旅鼎》"𢾅"即《散盤》之"斁"，字同播。釋《毛公鼎》"䎽王位"即輔王位，䎽即《説文》之甹，有夾輔之義。皆度越前人處。又其書以楷書寫定，雖不習金文者，亦便循覽也。

附 《雙劍誃吉金文選》[①]

海城于省吾撰集　琉璃廠來薰閣書店、直隸書店代售　定價六元

海城于思泊氏專治桐城古文有年，於文章義法素有研究。最近數年來，頗耽習吉金文字，於殷周彝器之銘文中，選其修辭高古者凡一百三十一首，詞調較遜者都三百三十八首，第錄釋文，不摹原篆，集爲《雙劍誃吉金文選》凡二卷。評點眉批，一從姚氏《古文辭類纂》之意，亦不失爲近今出版界中一新奇之作。原夫選錄吉金古文之事，起于明成都楊慎。其所爲《金石古文》一書，選錄兩周彝銘凡七篇，若《齊侯鎛鐘》《晉姜鼎》皆煌煌鉅著。至於清代，嚴可均輯集《全上古三代秦漢三國六朝文》，凡積古齋以前所著錄之金文，皆擇要類入缺名之部。考釋矜慎，學者屢有稱道之者。道咸以降，龔自珍亦好治金文，所集《殷周彝器文錄》，第見叙言，

---

① 本篇載《大公報·圖書副刊》，1933年12月7日。

恐未成編。其他不以辭章爲主者，若順德梁廷柟錄金文之過百字者十九種，集爲《書餘》一卷，以爲《尚書》之餘。最近西川郭沫若氏，亦撰集《兩周金文辭大系》一書，其意與《書餘》相仿。大抵上述諸家之書皆以今字籀解篆文，與于氏之作大旨相同。而其篇章之數，則前人所不及也。自晚清末葉以迄今茲，治金文之學者吳大澂、孫詒讓、王國維諸家，於創通文字、辨章制度二端，雖蔑乎稱盛，然彝銘之疑文缺義，尚未能十解八九。至於諷誦全篇，辨其抑揚頓挫之節，設辭鍊句之美，學者頗以爲難。今于氏之書則優爲之，此前人所不能及也。且是書不僅以評論文章爲事，每篇皆有考釋。多取成說，間附新意。例如，釋《師旅鼎》"殺"字即《散盤》之"歔"，字同播。釋《毛公鼎》"嚳王位"即輔王位，嚳即《說文》之粤，有夾輔之義。釋《散盤》之"陟剛"即"陟岡"，皆度越前人處。編中類是者，尚多有之。又編中所選金文未經著錄者：若史喜鼎、🮲鼎、帥佳鼎、師旅鼎、🮲殷、寧殷、不🮲鼎、蔡太師鼎、守宮尊、國臣🮲殷、敔殷二、狀殷、伯榽殷、考殷、岡卣、員卣，及玉佩銘，凡十七器，治金文學者當先睹爲快。又此書既以楷書寫定，雖不習金文者，亦便循覽也。（滋圃①）

《䣙氏編鐘圖釋》一卷
民國二十二年中央研究院影印本

懷寧徐中舒撰。中舒字仲舒，中央研究院研究員。《䣙氏編鐘圖釋》爲圖凡二十四，附考釋一篇。其說之可商榷者，有三事：其

---

① 劉節以"滋圃"爲筆名，此爲編者初次發現，前之研究者皆未見提及。

一，以編鐘爲十二所以應律，於《周禮》鄭注十六枚在一簴説不能置信。然今日所知邵鐘十三，鬳氏鐘十四。新鄭鐘二十二，內分二組，有紐者四，有甬者十八。況律呂之名起自戰國，春秋以前無有也，則編鐘應律呂之説更無根據。其二，釋戎爲戍，釋氏爲氒，引《郘公鈺鐘》爲據。不知郘氏三鐘，惟牼鐘可信。其他二鐘，字體滅裂，盡失古意。其三，金文中有圖形如󰀀者，即師旅字之原始語義，象旗蓋下有人之形，故《説文》旅字從㫃從二人，會意。以此爲榦字，其去古義遠矣。唯其書釋󰀁爲再，釋󰀂爲韓，則可憑信也。

附 《鬳氏編鐘圖釋》①

徐中舒著　出版期民國二十一年

出版處北平中央研究院歷史語言研究所　定價三元

鬳氏編鐘爲近來出土之銅器中最可研究者。自劉節、吳其昌、唐蘭諸人先後考釋以來②，而中央研究院歷史語言研究所之《鬳氏編鐘圖釋》亦繼而出版，爲圖凡廿四頁，下附徐中舒君考釋一篇。徐君之説與諸家不同，而能自成系統。雖然，吾人對於徐君之説有所商榷者三事：第一，徐君以爲編鐘十二，所以應律，於《周禮》鄭注十六枚在一簴説十分懷疑。然今日所知邵鐘十三、鬳氏鐘十四，新鄭銅鐘二十二者，減鐘十一。惟新鄭之鐘，內分二組，有紐者四，有甬者十八。可見編鐘十二枚之説不確。律呂之名，起自

---

① 本篇載《國立北平圖書館館刊》第6卷第4號"新書介紹"，1932年8月，第90—91頁。

② 原注：編者按諸君之文見本刊五卷六號及六卷一號。

戰國，春秋以前，無此方法。今所傳鐘中有綏、賓、夷、則等名稱者，大抵不可信；則編鐘應律呂之説，更無根據。第二，徐君釋文以▣爲再，以▣爲韓，其證據較可憑信。他如釋▣爲戕，釋▣爲厥，引郟公鈺鐘爲據。不知郟氏三鐘，惟䥨鐘可信，他如鈺、華二鐘，皆僞作。故字體滅裂，盡失古意。金文中有圖形如▣者，即師旅字之原始義，象旗蓋下有人之形。故《説文》旅字從𠂆從二人會意，以此爲榦字，其去古義遠矣。▣爲𠂆字之初文，其演變之跡，於古金文中一一可尋也。其三，徐君以鐘作于周靈王二十二年，即魯襄公二十三年，頗可憑信。至於論晉器花紋一節，因其列舉未多，吾人亦無從置論矣。（松）

《泉山古物編》三卷
民國甲子五月排印本

長樂施景琛撰。景琛字涵宇。是編所録皆其家藏古物，計上卷金屬器，自殷周尊彝迄遼金元泉幣，凡六十二件。若周召公編鐘、王伯鼎、漢三皇鼎、曲巵、葛天氏幣、五帝幣，品之最下者也。甲午簠、嘉禮壺、宋政和禮器，孫詒讓考之已詳，而景琛猶沿阮元諸人之誤。中卷石屬器，若明葉臺山相國龍田硯、徐興公蟾華硯、藍鹿洲唐澄泥硯、郭蘭石白端硯、瑪瑙鼻煙壺等，凡九件，皆可信。下卷匋屬器，自漢唐古匋迄宋、元、明、清名瓷，并附漢晉塼瓦，凡三十三件。其中若漢蟲書瓶、紫窑杯、越窑圓壺、壽窑侈口碗，皆虎賁中郎。他若宋戊戌青花罐、仁和館碗，皆奇品。故論瓷諸作偶有可資考訂者也。

《新鄭出土古器圖志初編》一卷
《續編》一卷 《附編》一卷
民國十二年石印本

吳縣蔣鴻元編。鴻元字壽芝，陸軍第十四師正軍法官。時師長靳雲鶚適駐軍洛鄭之交，是書乃奉命所編也。新鄭古器爲近世公家發掘古物之嚆矢，其事始發現於新鄭縣南門外邑紳李銳家，時在民國十二年八月廿五日，後爲駐軍師長靳雲鶚所聞，乃令李氏將所得古物繳歸公家，然其時精美之品早已逸去。雲鶚復鳩工挖掘，計先後所出歸於公家者，凡古銅器等九十一件，碎片六百三十五，即是書《初編》所錄之物也。《續編》中自銅器外，尚有陶、磁、貝、玉諸物，乃民元以來先後出土於新鄭縣者。編末附錄新鄭發現古物隧中位置略圖一頁，狀至凌亂，顯係事後揣構，非當時實情。《附編》爲國內公私各機關與陸軍第十四師爲發掘事來往文電，可爲治中國考古學史者之參考焉。

《殷周青銅器銘文研究》二卷
民國二十年上海大東書局石印本

嘉定郭沫若撰。書分二卷，上卷爲文凡六篇。第一篇曰《殷彝中圖形文字之一解》，以前人所釋"析子孫"及亞形中諸圖象等爲古代民族之圖騰，說至新穎可喜。其次若《戊辰彝考釋》《公代鄦鐘之鑑別與其時代》二篇，亦有發明。下卷凡十篇，《新鄭古器之一二考核》一篇，以殘豐爲楚王子嬰次盧之座，實屬臆測，不可置信。《説戟》篇訂正程瑤田《冶氏爲戈戟考》之失，亦甚允當。蓋沫若之治古學能度越前人者，以其能根據近世考古學、語言學、民俗學之原理自闢一新境界。而沫若於音韵、訓詁之學，實未深究。雖每有懸解，終不能自圓其説者，職是故也。

附 《殷周青銅器銘文研究》①

郭沫若著　民國二十年上海大東書局出版　定價七元

近世治古金文之學者，自吴愙齋以還始入正軌。其後瑞安孫氏、海寧王氏，爲斯學大宗。蓋二君皆博通經傳，精於詁訓，故有如是驚人之成績也。上虞羅氏以收集材料著稱，而創見每不及二君。後於二君者，東莞容庚著《金文編》《寶蕴樓彝器圖錄》，斐然有所述作矣，而每苦所獲不多。余友海寧吴君其昌，兩年來粹其精力於斯，成《金文曆朔疏證》《矢彝考釋》《金文氏族疏證》，凡若干卷，駸駸乎欲繼孫、王二氏之垂緒矣！及今讀郭氏此書，然後知後起之可畏也。郭氏最近於《燕京學報》發表一文，曰《湯盤孔鼎之揚榷》，謂《大學》湯盤"苟日新，日日新，又日新"之銘，乃"兄日辛、祖日辛、父日辛"殘脱致誤。《孔悝鼎》"對揚以辟"，乃"對揚台辟"之訛，其説精當。生平惟於王念孫《讀書雜誌》中得此諦解。原郭氏所以能度越前人者，以其能廓清舊時考據家之障蔽也。其障蔽爲何？曰：傳統思想一也，不通民俗學二也。郭氏能讀西洋考古

---

① 本篇載《國立北平圖書館館刊》第5卷第4號"新書介紹"，1931年8月，第117頁。

學、語言學、民俗學之書，稍識初民社會之真相，故能自張旗鼓，闢一新境界。然氏於音韵訓詁之學實未深究，雖每有懸解，而婉轉游移於某部某聲之際，不得其說，讀者引爲大憾。

書分兩卷，上卷爲文凡六篇。其第一篇曰《殷彝中圖形文字之一解》，雖未足爲定論，較前人之說已大有進步矣。其次爲《戊辰彝考釋》《大豐敦韵讀》二篇，亦有創獲。第四篇《令彝令敢與其他諸器之綜合研究》一文，與吾友吳君其昌之《矢彝考釋①》所用之方法大同，而所得結論亦可互相發明。第五篇《公伐郤鐘之鑑別與其時代》一文，乃該書最精到之作。最後以《魯公角釋文》一篇附焉。下卷凡十篇，其中以《新鄭古器之一二考核》及《晉邦盦韵讀》二文最佳。其他諸篇亦間有警策。《說戟篇》訂正程瑤田《冶氏爲戈戟考》之失，亦甚允當。綜觀全書，其用力之勤，創獲之豐，實足爲治金文學者闢一新境界。吾人頗願其繼續精進，爲吾國史學界放一異采也。（松）

《金文叢考》四卷
民國二十一年日本文求堂石印本

嘉定郭沫若撰。書凡四卷，其第一卷爲文三篇，其第一篇《周代彝銘中傳統思想考》，乃類集周金中關於宗教、政治、道德之思想，與《詩》《書》中傳統思想互相印證，足覘孔門論學自有淵源。孔子自任上繼周公之緒，實西周以來統治階級之中心思想，論孔以

---

① 釋，原刊訛作"醳"。

前之人生哲學者不可不於是篇求之，然後周秦間之思想史始可批導焉。第二篇《金文所無考》，凡古文獻中所習見之事物，而爲金文中所絕無者，若"四時"之觀念，"朔晦"之觀念，"九州"之劃分，"地及后土"之觀念，"畿服"之制度，"五等爵禄"之分，"三皇五帝"之名，"八卦五行"之說，徵之古金，渺無消息，可爲疑古者得有力之證據。第二卷之可稱者，推《〈湯盤〉〈孔鼎〉之揚榷》一文，説明湯之盤銘"苟日新，日日新，又日新"，乃"兄日辛，祖日辛，父日辛"殘脱致誤。《孔悝鼎》"對揚以辟"乃"對揚台辟"之訛，最爲穎悟可喜。他篇若《謚法之①起源》《諱不始于周人辨②》《彝銘名字解詁》三篇，則推廣前人之説。惟考毛公鼎之年代，謂當在宣、平之世，尚無確切之證據。第三卷《金文餘釋》各篇，以《釋干卤》及《釋黃》二篇最有精采。第四卷《沈子它毁考釋》，既出草創，缺漏自多。《鬳羌鐘考釋》謂鐘之敽字即韓列侯之名，《史記》謂列侯名取，而沫若謂取即敽之壞字，可謂武斷。周安王二十二年當文侯之世，是時列侯已死，何來征秦迮齊之事？沫若乃據《紀年》有列侯無文侯，將《史記》中文侯之年代盡歸諸列侯，如是展轉假設，自稱定論，實難置信也。

---

① 原稿脱一"之"字。
② 原稿脱一"辨"字。

附一 《金文叢考》[1]

郭沫若著　出版處日本文求堂
出版期民國二十一年　定價日金七圓五十錢

今歲出版界上可稱述之作品不多，郭沫若氏之《金文叢考》其一也。該書凡四卷，其第一卷爲文凡三篇，一、《周彝銘中之傳統思想考》。是篇類集周金中關於宗教、政治、道德之思想，以之與《詩》《書》中之傳統思想互相印證，足見孔門論學自有淵源。孔氏自謂上繼周公，及後來學者所傳道統，其實乃西周以來統治階級之中心思想。論孔子以前之人生哲學者，不可不於是篇求之，然後周秦間之思想史始可批導焉。第二篇《金文所無考》。凡古文獻中所習見之事物，而爲金文中所絕無者，若"四時"之觀念、"朔晦"之觀念、"九州"之劃分、"地及后土"之觀念、"畿服"之制度、"五等爵禄"之制度、"三皇五帝"之名稱、"八卦五行"之觀念，徵之古金，渺無消息，更可以爲疑古者得有力之證據。第二卷《〈湯盤〉〈孔鼎〉之揚榷》一文已有定評，其推論自可寶貴。《諡法之起源》及《諱不始于周人辨》二篇，皆推廣前人之説。《彝銘名字解詁》亦可信。至於《毛公鼎之年代》，郭君謂當在宣、平之世，則距離事實太遠。第三卷《金文餘釋》，各篇以《釋干卤》及《釋黃》二文最有精采。然"卤"之原始語義當爲龜鱉之背，觀《凼卣》及《犧形父乙爵》之圖形可知也。第四卷《沈子它毀》，郭君謂當在周初，可信。然釋"乃鵰沈子"爲"乃倩沈子"，則不敢信。《小臣謎毀》"達

---

[1] 本篇載《國立北平圖書館館刊》第6卷第6號"新書介紹"，1932年12月，第125—126頁。

征自五鹵貝"，當爲"達征得五鹵貝"，自乃貝字，"得"之省也。《鷹氏鐘之年代》，吾人雖不敢定，但郭君之説亦不可信從。據郭君之言謂鐘之"敢"字，即韓列侯之名。《史記》謂列侯名"取"者，乃"敢"之壞字。然周安王二十二年當文侯之世，是時列侯已死，何來征齊之事？於是根據《紀年》有列侯無文侯，將《史記》文侯之年代，盡歸之列侯，以此數重假設推求而得之結論，吾人甚難信從也。（松）

附二 《金文叢考》[1]

郭沫若著

昭和七年日本文求堂出版　定價日金柒元伍拾錢

《金文叢考》凡四卷。第一卷爲文凡三篇，第一篇《周彝銘中之傳統思想考》，類集周金中關於宗教、政治、道德之思想，與《詩》《書》中之傳統思想相互印證，足見孔門論學自有淵源。孔氏自承上繼周公，及後來學者所謂道統，其實即西周以來統治階級之中心思想。論孔子以前之人生哲學，不可不於是篇中求之，然後周秦間之思想史始可批導焉。第二篇《金文所無考》，古代文獻中所習見之事物，而爲金文中所絕無者。若"四時"之觀念、"朔晦"之觀念、"九州"之劃分、"地及后土"之觀念、"畿服"之制度、"五等爵祿[2]"之制度、"三皇五帝"之名稱、"八卦五行"之觀念，徵之古金，渺無消息，由此吾人更可坐實前日所懷疑之事。無四時觀念，則可證《豳風·七月》非周初之作，而《春秋》亦難信

---

[1] 本篇載《燕京學報》第12期，1932年12月，"出版界消息"欄目，第2723—2725頁。
[2] 祿，原文作"錄"。

爲魯史舊文；無八卦五行，則《洪範》《周易》必不出於西周；無"九州""畿服""五等爵祿"諸事，則《堯典》《禹貢》必非戰國以前書；無"后土"及"三皇五帝"之說，則陰陽五行之説東周以前所無也。第三篇《〈周官〉質疑》，亦足以論定《周官》非春秋以前之書，所謂周代建國之大典，更不足信矣。

第二卷《〈湯盤〉〈孔鼎〉之揚榷》一文，已發表於本報第九期，其所推論，自可寶貴。《謚法之[①]起源》及《諱不始于周人辨》二篇，皆推廣前人成説而已。《彝銘名字解詁》大體可信。《毛公鼎之年代》一文，吳其昌、劉節兩君各有評論。郭氏謂當在宣、平之世，距離事實太遠矣。

第三卷《金文餘釋》，各篇以《釋干鹵》《釋黃》二文爲最精當。惟釋鹵字，郭君又云"緣古又用爲鹹地之剛鹵"，則大誤。鹵者，大龜之甲，古代民族必以此爲禦身之物者。《伯戀父毁》"五鹵"字從鹵，後來小篆之龜字亦從󰀁，且金文中舊釋《邕卣》之圖形󰀁，確象龜鱉之背殼。又《犧形父乙爵》亦有此形。今郭君知鹵即櫓盾字，而未究原始爲何物，特申明之。《釋黃》篇所擬之《玉佩圖》，已較陳、俞二氏之説大進步，存其説以待實物之印證可也。他皆稱是，惟釋《鬲從盨》之󰀁爲鉤，又曰"讀爲購"，復云"叉當讀爲賄"，"佘當讀爲賖"，雖然文從字順，但吾人尚不敢深信者，因其濫用假借之例過多也。

第四卷有《新出四器銘文考釋》，以沈子它毁爲魯國器，曰："'乃鵷沈子'，即乃倩沈子。鵷即鯖，而鯖讀爲倩。"又引《方言》齊東之間"堉謂倩"爲解。案：《方言》之作，距周初幾及千年，引

[①] 原文脱"之"字。

以爲證，無乃太遠乎？况鵲是否讀爲倩，尚未敢定也。《伯懋父毀》"達征自五齵貝"不可通，"自"當是"貝"字，乃"得"之省也。《説文》云"自，鼻也"，實未得其解。金文中，"自"與"貝"相差極微。該毀之 𦣹 字，即所謂自字；𧴪，即貝字。蓋自字從貝字引申而出，微異于貝者，即所以示彼此之别也。故以"自"爲"自我"之字。"得"字從手持貝，故亦可從"自"作。此毀之 𦣹，又"得"之省。今郭君以"五齵貝"爲地名，以"達"爲率領字，則大誤。"達征自五齵貝"即達征得五齵貝，達乃語辭。屬羌鐘，郭君定爲周安王二十二年所作，又云敔乃韓列侯之名，皆大舛事實。案：郭君得此結論，經二重之假設，先假定《史記·韓世家》列侯名取，乃敔之壞字。然據《史記·年表》，安王二十二年，適當韓文侯之時。其時列侯已死，何來征秦遊齊之事？乃復據《紀年》有列侯無文侯，將《史記》中文侯之年代，盡歸之列侯，其斷案即由是而定。吾人於此得一有力之反證，《韓世家》曰："列侯卒，子文侯立。"假使誠如郭君之言，史上無文侯其人，太史公決不至昏瞀若是。且《世本》有武侯、文侯，《史記》有列侯、文侯，足證知武侯即列[①]侯，此亦可於謚法之意義上定爲相合。《紀年》雖爲晋史，而束晳得之，乃斷簡殘篇，何足以論世系之先後？且《世本》作于秦漢之際，上距韓文侯不及二百年，如此犖犖大事，尚有錯誤，安足以論著作？郭君必曲意求之，此真所謂一手掩盡天下目矣。又"戎"本作戎狄字，又因不合郭君之説，則曰"假爲鏞"。古鐘之大者曰鏞，未有稱編鐘爲鏞者。若以爲鐘之通名，則該銘文自有鐘字，何用假戎爲之？郭君之濫用假借例，類如此。

---

① 列，原刊作"烈"。

總之，郭君之長處在富於想象，勇於假設，故其所得每有爲人所不能及者。而其失，亦往往有顛倒黑白之事。我輩考古，在降心以求真，非好勝以立異，竊願與郭君共勉之矣。（松）

《三代秦漢^①金文著錄表》八卷
上虞羅氏石印本

上虞羅福頤著。福頤字子期，有《璽印文字徵》，已著錄。是書舊名《國朝金文著錄表》，海寧王國維所著，專據有清一代著錄金文之書而成，凡得四千二百九十五器。其書成於民國三年甲寅，至民國十六年丁卯，國維自沉後，福頤又就其表添入《愙齋集古錄》《殷文存》《夢郼草堂吉金圖錄》三書中所著錄之器改訂而成，編入《王忠愨公遺書》。今之《三代秦漢金文著錄表》，又據近來所出著錄金文之書，若《貞松堂集古遺文》《澂秋館吉金圖錄》《秦漢金文錄》增訂而成，凡五千七百八十器。汰除疑僞，尚得五千四百二十三。其中魏晉以後之器百又十五，爲新出《金文著錄表》中之最佳者。其特色在詳校諸家著錄，補記卷葉之數，每器之下復增注行款，與該器之出土地及歷經藏收之家。蓋古器墨本比勘至難，誠有如國維舊序所言者。斯編詳記行款，則同名之器又其字數相同者較易識別，其長一也。三古地理渺遠難求，往往因古器出土之地踪跡而知其大凡。然清代著錄之器，確知其出土地者，十不及一二焉。若即今不求，後更難曉，則是表有功後學者至鉅，其長二也。前人撰著諸家藏器之目，大都缺略不備。茲編歷記藏家，並

---

① 原題無"秦漢"二字。

附藏諸家姓氏錄，尤爲精密，其長三也。惟福頤每有成見，致使近年出版著錄金文墨本最多者，若鄒安之《周金文存》，編訂最精者，若容庚之《寶蘊樓彝器圖錄》，皆不入選。他若《簠齋吉金錄》《綴遺齋彝器款識》《清儀閣所藏古器物文》，更無論矣。

附 《三代秦漢金文著錄表》[①]

海寧王國維原著　上虞羅福頤校補

定價七元　琉璃廠來薰閣書店代售　二十二年十一月

　　是書舊名《國朝金文著錄表》，海寧王國維先生原著，專據有清一代著錄金文之書類次而成，凡得四千二百九十五器。其書成於民國三年甲寅，至民國十六年丁卯，先生自沉以後，上虞羅福頤又就該表添入《愙齋集古錄》《殷文存》《夢郼草堂吉金圖錄》三書中所著錄之器，改訂而成，刻入王氏遺書。今之《三代秦漢金文著錄表》，又據近來所出著錄金文之書，若《貞松堂集古遺文》及《續補》三種，《澂秋館吉金圖錄》《秦漢金文錄》，與夫《西清古鑑》《甯壽鑑古》《續鑑》甲、乙編中之有墨本可見者，增訂成八卷，凡五千七百八十器。汰除疑僞，尚得五千四百二十三，其中魏晉以後之器百又十五，爲新出《金文著錄表》中之最佳者。蓋是表之特點，在詳校諸家著錄，補記卷葉之數，每器之下復增以行款，與該器之出土地，及歷經藏收之家。蓋古器墨本，比勘至難，誠有如王氏序中所言者。該編詳

---

① 本篇載《國立北平圖書館館刊》第7卷第6號"新書介紹"，1933年12月，第113—114頁；《大公報·圖書副刊》，1933年12月21日；《圖書季刊》第1卷第1期"新書介紹"，1934年3月，第39—40頁。

記行款，則同名之器又其字數相同者，較易識別矣。三古地理，渺遠難求，往往因古器出土之地，踪跡而知其大凡。然清代記錄之器，確知其出土地者，十不得一二焉。若即今不求，後更難曉，則是表有功於後學者鉅矣。前人撰著諸家藏器之目，大都缺略不備。兹編歷記藏家，並附藏家姓氏錄，較之王氏之書，精密數倍。然羅氏每有成見在胸，致使近年出版著錄金文墨本最多者，若鄒安之《周金文存》，編訂最精者，若容庚之《寶蘊樓彝器圖錄》，皆不入選。鄒氏《周金文存》雖僞器太多，然汰僞存真，大部分皆同《貞松堂集古遺文》。而《文存》影印，《遺文》摹刻，自是《文存》近真，何能忽視？圖錄之書，有清一代僅能摹寫，《夢郼草堂吉金圖錄》雖以照片影印，而不著每器之高寬度數，及重量之數，雖云近真，尚不便學者研討也。若容氏《寶蘊樓彝器圖錄》，則能注意上述數點，爲吉金圖錄中之最進步者。羅氏竟捨棄不用，何成見之深耶？他如《新鄭出土古器圖志》《簠齋吉金錄》《清儀閣所藏古器物文》、方濬益之《綴遺齋彝器款識》、鄒安之《雙王鈢[①]齋金石圖錄》，及周慶雲之《夢坡室獲古叢編》，諸書中雖或體裂不雅馴，或著錄僞器過多，學者等諸自鄶可也。然著錄表之目的取便實用，並非專家之作，既稱著錄，則凡著錄之書皆當收入。又原表本名《國朝金文著錄表》，專取清人著錄之書，與《宋代金文著錄表》並行。兹改稱今名，則當統古今海內外著錄金文之書而言。顧名思義，亦覺未安。（滋圃[②]）

[①] 鈢，原刊誤作"鋼"。
[②] 本篇文字與《續修四庫全書總目》之同題提要幾無二致，且發表于其供職之北平圖書館的館刊，故"滋圃"爲劉節筆名可確認無疑。

附錄

《兩周金文辭大系》[①]

郭沫若著　一九三二年　日本文求堂[②]出版

定價精裝日金四元五十錢　平裝日金三元五十錢

郭氏近年來于殷周古器物文字頗致力研究。前所著《甲骨文字研究》及《殷周青銅器銘文研究》，曾於本刊五卷四號爲文介紹。最近兩月間，其所著《兩周金文辭大系》繼續出版。該書以年代及國別爲之條貫，凡西周文字，大抵王臣之物，求其年代可徵者，仿《尚書》體例，以列王爲次，自武、成以至厲、幽，得一百三十又七器。國別之器三十：曰吳、曰越、曰徐、曰盧、曰楚、曰郜、曰黃、曰江、曰蔡、曰鄧、曰許、曰蘇、曰鄭、曰陳、曰宋、曰曾、曰滕、曰薛、曰邾、曰鄀[③]、曰魯、曰杞、曰祝、曰衛、曰齊、曰燕、曰晉、曰虞、曰虢、曰秦，得器凡一百一十又四。分爲上下二卷，附圖版十四種。若令彝、令尊、小臣䜌毁、御毁、小臣宅毁、𠭰鼎、小盂鼎、競卣、舀壺、周公毁、鬲從盨、召伯虎敦、沈子也敢、㝬壺，太半皆前人未著錄之器，或外間希見之拓本。今郭君是編，每文皆以楷書寫之，而加以句讀，並附簡要之考釋；雖其中所論可

[①] 本篇載《國立北平圖書館館刊》第6卷第1號"新書介紹"，1932年2月，第135—136頁。

[②] 文求堂，原刊作"求文堂"。

[③] 原文闕"曰鄀"，據劉節《兩周金文辭大系商兌》(《國立北平圖書館館刊》第6卷第3號)補入。

商榷者尚多，要不失爲創始之作。其所定年代，大體與吳其昌《金文曆朔疏證》相差不遠。其中重器如毛公鼎、散氏盤、舀壺、沈子也敢之年代，雖有創說，亦未可據爲定論。總之，以曆法推算彝器年代，較之單憑史事及銘文神理、韵味爲推斷者，自爲可信。但古曆迄今未得有系統之發現，而周代曆法，又未能劃一。《兩周金文辭大系》之作，其有待于後人之拾遺補缺者尚甚多。茲就管見所及別爲文以批評之，先記其涯略於此。（松）

《雙劍誃吉金圖録》[①]

海城于省吾編　定價國幣貳拾元　北平琉璃廠來薰閣、
上海中國書店、天津直隸書局、南京保文堂代售

海城于省吾氏前所著《雙劍誃吉金文選》，傳録金文，便於初學，本刊早有介紹。今茲《圖録》一書，乃于氏家藏精品。大都兩三年來新出土之物，未經諸家著録者。近年來吾國古物發現至多，其重要者若洛陽古墓，及壽縣古墓所出之銅器爲最著。本書卷上伫勺，即壽縣之物，可謂壽縣所出銅器見於著録之始。洛陽古墓所出之物，已有懷主教[②]作全部報告。其中重要物件甚多，鐘類不下數十種。本書卷上之天尹鐘、鸎紋鐘、蟠虺鐘，與之酷相類。他如盂卣、王戊劍、大良造鞅鐓，皆新奇可喜之品。其書分上下二卷，爲器凡六十有三，末附于氏考釋。若系勾兵考定，"𤣥"爲系字，與

---

① 本篇載《大公報·圖書副刊》，1934年8月25日。
② 懷主教，即1873年出生於英格蘭的Willam Charles White，中文名懷履光，曾爲河南教區主教。

甲骨文♦字相印證。又羊角戈，引《方言》訓"散戈"之散爲殺。又康侯斧考定康爲國名，與馬融之説合，糾正鄭康成以康爲謚號之誤。又大良造鞅鏃，考定大良造即太上造，與左庶長皆秦之爵名。諸説大都可信。其他發揮前人之説者不及備述。此書實治金文之學者一新材料也。（滋圃）

卷四

史部　金石類·石

《古今碑帖箋》一卷
《一瓻筆存》本

明東海屠隆撰。隆字赤水，有《考槃餘事》四卷，已著錄。《一瓻筆存》者，海寧管廷芬所鈔之叢書也。其題此卷曰："曾載入《考槃餘事》，序目小異。"今按：此書於考論古今碑帖至有心得，雖所錄碑帖僅四百餘種，其中套帖存者已不概見，而屠隆皆記其始末於每種之下，頗足以爲治帖學者之助。唯其書與《考槃餘事》所錄者相較，少《天柱山銘》《薦季直表》二刻，而《考槃餘事》諸刻本亦各不相同，要當以寶顏堂本爲準也。

《石鼓文考證》一卷
《湫漻齋叢書》本

涇縣吳廣霈撰。廣霈字瀚濤，號劍華道人，有《劍華堂詩集》，已著錄。光緒乙巳，廣霈得沈樹鏞家藏舊拓石鼓文，尋又得見明拓，錄爲底本。復取薛尚功、鄭樵、楊慎、潘迪、郭宗昌、朱彝尊、張燕昌、褚峻、吳玉搢諸家之訓釋或跋尾，略附別擇之意，每石各加釋文。而於年代及訓詁二途，皆無所發明，僅足以知沈本與諸家之異同何如耳。

《漢魏碑考》一卷
陳氏《房山山房叢書》本

鄞萬經撰。經字授一，號九沙，斯大子，康熙進士，有《分隸偶存》二卷，已著錄。此考凡二十一通，起《北海相景君碑》，迄《魏封孔羡碑》。於碑式外兼及書法，無與於考訂史事。其言書法頗有啓迪後學處，足與陳奕禧、蔣衡之書相伯仲，超出楊慎、趙崡二家之上。其推崇《孔宙碑》爲書法第一，辨《張遷碑》非出僞刻，尤爲卓識，世之善書者知所取舍矣。

《杭郡庠得表忠觀碑記事》一卷
《武林掌故叢編》本

諸暨余懋棟撰。懋棟字蘿村，乾隆進士，官杭郡教諭。按：蘇軾《表忠觀碑》今所存者，嘉靖間杭郡守陳柯重爲模刻。其在郡學者，則正德十二年御史宋廷佐所遷入也。時同遷入者尚有宋高宗書石經。今石經諸刻備存，而表忠觀碑佚，不可得。乾隆己未，懋棟與趙石函同訪是碑，得於學舍之齋旁隙地。諸碑共十四石，今所得者僅二石耳。末附鄭羽逵、厲鶚、丁敬諸人詩，凡三十三家，懋棟並爲之記其始末焉。

《碑版文廣例》十卷
光緒戊子行素草堂刊本

長洲王芑孫撰。芑孫字念豐，乾隆舉人，官華亭教諭，有《淵雅堂集》，已著錄。《廣例》者，蓋廣潘昂霄、王行二書之例也。潘、王專舉韓、歐，芑孫一不舉韓、歐碑版之文。韓、歐以前非無作者，凡其可法，韓、歐則既取而法之矣；其不可法，韓、歐亦既削而去之矣。以文章而言，則當取法韓、歐；若考其原始，則當上溯漢魏。是書之意，以韓、歐之例例秦漢，例元明，無往不得矣。故其書取秦漢以迄于晚唐，凡已見著錄之碑版，皆輯而爲例。計秦一、漢七十八、三國三、晉四、梁二、北魏八、東魏一、北齊三、北周一、隋七、唐九十。其例不限於冢墓之文，論宮館碑文例，則取《九成宮醴泉銘》《萬年宮銘》；封禪碑文例，則取秦刻石及唐元宗《封泰山玉牒文》；頌德銘功碑文例，則取《大唐中興頌》、段文昌《平淮西碑》；游覽題名例，則取華嶽頌碑題名、邱據題名、焦鐵題名等。其範圍則非潘、王二氏之書所能限也。後之學者凡言碑版文例者，當於是書取法焉。

《漢劉熊碑考釋》一卷
漢陽葉氏刻本

大興翁方綱撰。方綱字叔平，有《兩漢金石記》，已著錄。劉熊碑始見於酈道元《水經注》，宋以後其石久軼，晚世所出拓本有疑其翻刻者。方綱取汪中、江德量、巴慰祖三本對勘，共得二百四十三字。同校者有吳榮光、孔昭虔、梁章鉅、李彥章、戈寶樹諸人。其後汪喜孫復取此本重校一次，漢陽葉志詵復錄碑陰於後，摹刻成册。按：劉熊碑尚有天一閣藏本、川沙沈樹鏞藏本。而劉鶚所藏者較翁氏雙鈎本尚多一百六十四字，此本後歸長白端方。民國乙卯，會稽顧燮光於延津學舍得殘碑陰一石，八行，計四十餘字。以之對勘，翁氏此本已成陳跡矣。

《孔子廟堂碑唐本存字》一卷
《百一廬金石叢書》本

大興翁方綱撰。虞[①]書《夫子廟堂碑》，翻刻盡失真面，宋拓已非原物。唐本所存者尚有千四百餘字，元康里氏舊藏。至有清乾嘉之際，歸臨川李宗瀚所有。方綱取其要者摹錄百廿字，以訂正陝本[②]、武城本[③]筆意之失。李本今歸海東，有影印本行世，方綱是作已成陳跡矣。

《誌銘廣例》二卷
光緒戊子行素草堂刊本

錢塘梁玉繩撰。玉繩字曜北，有《史記志疑》三十六卷，已著

---
① 虞，指唐代書法家虞世南。
② 陝本，指宋代王彥超摹刻本，因石在陝西西安，故稱。
③ 武城本，指元代摹刻本，因石在山東武城，故名。

錄。《誌銘廣例》二卷，蓋欲補正王行、黄宗羲二人之書而作，凡得體式六十五例，書法二十三例。其言曰："凡刻石顯立墓前，曰碑、曰碣、曰表，惟納於壙中謂之誌銘，而例因之以起。"今其書專以誌銘爲目，而所舉之例又佚出誌銘之外。如論銘詞異格例，引顏魯公《郭忠武王家廟碑》；夫人書後例，引金鄉長侯成碑；碑後附他氏例，引綏民校尉熊君碑，凡此皆自相抵牾，以亂其例。雖然，玉繩通識博辨，往往有他家所不可及者，如論題書妻合葬例，引唐《滎陽鄭府君夫人博陵崔氏合祔墓誌銘》《故幽州良鄉折衝都尉上柱國宏農楊府君夫人潁川陳氏誌銘》《貝州永濟縣故馬公郝氏二夫人誌銘》爲證，足以駁正黄宗羲、汪琬輩之陋説矣。

《百漢碑硯齋縮摹本》
光緒十八年石印本[①]

南昌萬承紀輯。承紀字廉山，乾隆副貢，嘉慶初由軍功起爲知縣，後署淮陽道。工書善畫，癖好金石，嘗以所藏秦、漢、魏碑刻百種刻於端硯之背，曰百漢碑硯。甲申兵燹後，石毁無存，拓本亦不易得。光緒十八年，武進唐錕華以西法石印，自後頗有流行。按：承紀摹本乃太倉王應綬刻石，其所依據並非宋明佳拓。間有以重模本入録者，若漢熹平石經、西嶽華山碑、夏承碑是也。又若延陵十字碑、大風歌刻石，既爲贋刻，又復入録。書以漢碑爲名，而闌入秦刻石三種、魏《受禪表》以下六種，斷制不嚴，亦一病也。

---

① 原稿無"本"字。

《九曜石刻録》一卷
《翠琅玕館叢書》本

烏程周中孚撰。中孚字鄭堂，有《鄭堂讀書記》七十一卷，已著録。九曜石產於浙之湖州，入粤以來已近千年矣，今在粤東學使署中。大興翁方綱著《九曜石考》，已有所論述。中孚於道光戊子從徐惺庵學使入粤，得觀九曜石刻，一一録之，較阮元新修《通志》①所録尚多數事，方綱所考瞠乎其後矣。計宋刻二十二種，元刻二種，明刻五種，凡二十有九石。雖爲留題鴻爪，惟有關粤東掌故，足補正《通志》之闕誤者，皆在其中也。

《漢武梁祠畫像考》六卷 《附圖》一卷
吳興劉氏希古樓刻本

嘉定瞿中溶撰。中溶字木夫，有《古泉山館金石文編》，已著録。漢武梁祠畫像自宋洪适、史繩祖二家著録以來，元、明兩代金石之書鮮有齒及。至乾隆中葉，錢塘黃易始搜訪而出。較之洪适所見雖又殘缺，而別得一石有《顏淑獨處》等畫像及十榜所題百餘字，則又洪适所未見。翁方綱、畢沅二家刻載《兩漢金石記》及《山左金石志》，皆僅録文字，於畫像多未深考。王昶雖以圖縮刻《金石萃編》，亦不加辨證，蓋其中所繪故實，大都可考見於秦漢以前之傳記。中溶是書六卷，專考其中故實，並及衣冠容飾、宮室器具之屬，大抵不外漢代遺制。故摘擇四十圖別爲一卷附後，以爲考古者之助。其所考覈，於聶政刺韓傀圖辨其題榜與圖象不合，當是高漸

---

① 即《廣東通志》。

離擊筑事。發千餘年前人之覆，尤爲精確。他如《山左金石志》誤釋孝子李善爲李固，亦得中溶此作而改正之。惟其書説圖中物象不免疏舛，如三十圖、三十一圖乃發弩之勢，中溶以爲桎梏。第一圖伏羲手持矩厥狀至明，而中溶以爲持斗機。凡此皆未能深考，有待於後人之補苴也。

《漢魏六朝墓銘纂例》四卷
光緒戊子行素草堂刊本

嘉興李富孫撰。富孫字薌沚，有《校經廎全書》，已著錄。是書體例一仍王行《墓銘舉例》之舊，而欲溯墓銘之原，因而上及東漢，下迄於隋，凡見洪适《隸釋》、都穆《金薤琳琅》、翁方綱《兩漢金石志》之碑刻，益以六朝人碑製及墓石之出於近世者，計得碑誌凡三百二十六種。紛然雜陳，莫衷一是。蓋古刻體例，墓碑、墓表、墓誌、神道、石闕各自有別。今其書既以墓銘爲主，應當分別言之。而所舉正例、變例，仍不外王行所舉之十三事。綜觀其書，於考古、辭章兩無所取。唯所錄漢元初五年《李昭碑》篆書七十三字，爲諸家所不載，此富孫自矜爲獨得者也。

《北宋石經補考》一卷
道光庚子芝省齋刊本

嘉興李遇孫撰。遇孫字金瀾，有《金石學錄》四卷，已著錄。此書歷引朱彝尊《經義考》、杭世駿《石經考》、全祖望《鮚埼亭集》、吳玉搢《金石存》、畢沅《中州金石記》、翁方綱《經義考補正》、孫星衍《寰宇訪碑錄》、彭元瑞《北宋石經跋》之説，各加以評隲，於嘉祐石經之顯晦流傳述之纂詳。然自來記載北宋石經者，若葉適《水心集》、曾宏父《石刻鋪叙》、李燾《通鑑長編》，爲桂馥《歷代石經略》所引者，遇孫均未之見。嘉祐石經在清初佚而未顯，故朱彝尊、杭世駿皆未見拓本。自畢沅、吴玉搢以後，始知在陳留者有《周禮》殘石，在開封者有《尚書》《詩經》殘石。至彭元瑞、孫衍慶，始得拓本於陳留，尚止《周禮》一經。近世宋拓重現，又得《禮記·檀弓》殘石，而丁晏、羅振玉之書皆遠勝遇孫所見者矣。

《隋唐石刻拾遺》二卷

道光壬午關中刻本

長沙黄本驥撰。本驥字仲良，號虎癡，有《古志石華》三十卷，已著録。是編尚補《關中金石記》隋唐之部而作，起開皇十五年《周聾賓墓誌》，迄乾符三年《尊勝陀羅尼經幢》，凡六十八種。並摘畢《記》①中隋唐二朝原目附於卷末，以備稽考。畢《記》成於乾隆辛丑，其後王昶爲《金石萃編》，而畢《記》所有《萃編》所無者，已二十一種。本驥是編詳加搜訪，僅得《豆盧寬碑》《敬節法師塔銘》二種。而《萃編》所有爲本驥所未得者，又十四種。則是編六十餘種中大都嘉道以後續出之品，足補畢、王二氏之書者也。雖然，隋唐石刻近世出土者更不勝縷記，後之學者躪本驥此書而作，其所得之數奚啻十倍已哉。

---

① 即畢沅《關中金石記》。

《宋韓蘄王碑釋文》二卷
《湫漻齋叢書》本

長洲顧沅輯。沅字湘舟，有《吳中金石志》，已著錄。沅藏書畫碑帖至多，宋拓《夏承碑》尤爲世重。蘄忠武王韓世忠碑在吳縣靈巖山之麓，碑立於宋孝宗淳熙[①]四年丁酉，文約一萬三千九百字，禮部尚書趙雄撰文，尚書侍郎周必大書丹。碑文與史傳頗多出入，錢大昕《潛研堂金石文字跋尾》、王昶《金石萃編》考之詳矣。沅復於黃賦孫處假得舊鈔傳文，訂誤補缺，於全文所差者數字而已，後之治史者當以是書爲定本矣。

《翠微亭題名考》一卷
《武林掌故叢編》本

紹興蔡名衡輯。名衡字詩船，所輯《翠微亭題名考》一卷，計杜春生等所爲集字詩數十首，及汪繼壕考證一篇。按：《韓蘄王翠微亭題名》刻於紹興十二年三月五日，時世忠進封潭國公，杜門謝客，時跨驢攜酒遊西湖。建亭時，距岳忠武成仁之日僅六旬有六日也。題名之文曰："紹興十二年，清涼居士韓世忠因過靈隱，登覽形勝，得舊基，建新亭，榜名翠微，以爲游息之所，待好事者。三月五日男彥直書。"其石久佚，道光戊子三月朔日，方外達受因訪求唐盧刺史元輔天竺寺詩摩崖書，並訪得之，故汪考之，外諸家詩篇並在焉。

[①] 宋孝宗淳熙，原稿作"宋孝忠惇熙"。

《漢石例》六卷
光緒戊子行素草堂刊本

寶應劉寶楠撰。寶楠字楚楨，有《論語正義》二十四卷，已著錄。世之講求金石例者，自元潘昂霄，明王行、黃宗羲，以至有清中葉，遞有所述。然取法不越昌黎，間或采輯漢魏石刻，大都折衷未當，舉例尚疏。至長洲王芑孫《碑版文①廣例》，雖取材秦漢，下訖中唐，其悁乃主於摧毀漢人，專以文章正統與韓、歐，以謂漢碑乖離析亂。人率其臆，未嘗有例。而寶楠深明漢學，本朱彝尊跋《墓銘舉例》之意，壹以東京爲主，傅以經術，加之博證。故其書頗能得大義，義舉而例亦因之。至於斷制深嚴，條理明暢，尤非諸家所能及，蓋不僅文章家之事也。計其所得，凡墓碑例百五十、廟碑例二十九、德政碑例十三、墓闕例十一、雜例三十二、總例四十，漢碑之體略備於此矣。唯其書成于道光季年，迄今漢石之出土者日增，袁安、袁敞之碑，馬姜、左元異之誌，又非寶楠此書之例所能限矣。

《永州金石略》一卷
越岷山館刊《躬耻齋全集》本

永州宗稷辰撰。稷辰字滌子，自號越岷山人，有《躬耻齋詩文鈔》，已著錄。永州山水自唐以來即已見稱於世，元次山之《峿臺銘》，柳子厚之《永州八記》，尤爲學士大夫所推重。唐以前者，若《洞天清錄》所引之舂陵侯家漢鏡，及《水經注》《隸釋》中所見之

---

① 原稿無"文"字。

漢代古碑，大都亡佚殆盡。今人可得而見者，亦唯唐宋諸名賢題名而已。稷辰此作原爲《永州志》稿之一部，分存、佚、未見之例，輯集永州古金佚石，爲目二百有奇。大都採錄前人之考論文字附於目下，自《水經注》下迄宋、元、明、清諸名作搜輯幾遍。其中若瞿木夫之《古泉山館金石文編》、劉雲庵之《金石審》，徵引尤多。而二書今所傳者，皆非全本也。

《漢魏六朝誌墓金石例》三卷
《後知不足齋叢書》本

鎮洋吳鎬撰。鎬字荆石，其行事無考。因《曝書亭集》跋王行《墓銘舉例》之言，輒爲之補，以廣其例所未及。計得漢、魏碑七十八首，爲例一百三十六條，自晉至隋碑誌七十八首，爲例一百四十八條。其文大都取自六朝人別集，及《隸釋》《隸續》《金石萃編》諸書。其第三卷又專輯蔡邕文十五首，庾信文十四首，以爲碑誌之楷式。而支離瑣碎，掛漏尤多，學者無所取焉。

《唐人志墓諸例》一卷
《後知不足齋叢書》本

鎮洋吳鎬撰。鎬字荆石，有《漢魏六朝誌墓金石例》，已著錄。此書取唐人文集中所見碑誌，及陶宗儀《古刻叢鈔》、王昶《金石萃編》中所著錄之唐人墓誌，撰爲志例凡九條，每條皆以各碑誌之例實之。其間亦有漢、魏、六朝所未有，而潘昂霄、王行、黃宗羲三家所未舉之例。編末附考唐徐氏《山口碣石題刻》，證明徐浩於肅宗時兼加尚書。《舊唐書》之說本不誤，而稱其父嶠之官至洛州太守則誤，以刻石言其父嶠之官洺州太守也。編末有誌墓例附論八條，泛論墓誌文體，無關宏恉。

《惠山聽松石床題字》一卷
同治五年二百蘭亭齋刻本

歸安吳雲撰。雲字平齋，有《二百蘭亭齋金石記》，已著錄。《無錫惠山聽松石床題字》，昔人未見著錄。王澍《竹雲題跋》定爲李少溫書，翁方綱《復初齋集》亦有跋語。孫星衍《寰宇訪碑錄》卷四載"聽松"二字，卷八載"惠山寺張回仲題名"，卷九載"惠山趙希袞題名"，並不指爲一石。翁方綱云："今驗拓本，'聽松'二篆之右尚微辨行楷十行，其文内有'政和甲午'，則文尾丙午爲靖康元年也。"今據吳雲摹本，知翁氏所考但憑拓墨，頗有謬誤。按：甲午爲政和四年，丙午乃日，其上磨滅者月也。石床之頂尚有南宋趙希袞題名，時在嘉熙己亥，孫氏失考，分而爲三。雲所摹刻，僅"聽松"二篆及張回仲題名十行。至趙希袞題名，因求拓本不得，尚未入錄也。

《漢沙南侯獲刻石①雙鉤本》一卷
同治癸酉滂喜齋刻本

吳縣潘祖蔭輯。祖蔭字伯寅，有《攀古樓彝器款識》二卷，

---

① 刻石，原稿作"石刻"。

已著録。此刻《雙鉤本》出吳大澂之手，考釋者有張之洞、吳大澂、王懿榮三家，祖蔭附以跋語。按：沙南侯刻石始見於徐松《西域水道記》，及翟云升《隸篇》，道光間劉喜海、吳式芬各有拓本。而祖蔭所得者存字最多，故此《雙鉤本》實沙南侯刻石之最佳本也。惟張、吳諸人考釋未詳，剩義尚多，有待於後學之補正也。

《闕特勤碑考釋》一卷
日照丁氏柁林館刻本

長白盛昱撰。昱字伯羲，官至國子監祭酒，有《意園文略》四卷，已著録。闕特勤建碑事載新、舊《唐書·突厥傳》，元耶律楚材《雙溪醉隱集》於此碑有所論述。光緒中，志鋭方爲烏里雅蘇台將軍，拓贈盛昱，故爲考釋，時西人爲之考釋者已有數家。光緒十九年，俄使喀西尼以拉特祿夫所著書送總理各國事務衙門，屬爲考釋。時嘉興沈增植方在譯署，作《闕特勤碑》《苾伽可汗碑》《九姓回紇可汗碑》三跋，以覆俄使。國人之研究是碑者，合盛昱之作有二矣。按：此碑以突厥文字爲主，故其文翔實，可以考知一民族興衰之跡。漢文所述，略舉大凡而已。今盛昱所考僅以碑之闕特勤改正新、舊《唐書》作闕特勒者之誤，於碑文"西鄰處月之郊"一句尚不知處月究爲何地。末附沈增植、黃紹箕、柯劭忞、王懿榮諸跋，於碑文亦無所發明。西人之爲考釋者，丹麥湯姆生其最著者也。

《舊館壇碑考》一卷
《湫漻齋叢書》本

吳江翁大年撰。大年字叔均，有《陶齋金石文字跋尾》，已著錄。舊館壇碑者，梁上清真人許穆之碑也，文爲陶弘景所撰，見本集。碑在茅山玉晨觀，故又見劉大彬《茅山志》。嘉靖間玉晨觀毀於火，拓本亦少流傳。大年所得者，乃潘耒舊藏，而顧炎武、朱彝尊、楊霖、林侗、葉奕苞、何焯、徐用錫諸人所共見之物也。大年錄碑文爲底本，乃取本集及《藝文類聚》《茅山志》所引者，勘其異同，已無一字缺失。是碑在宋時已見於著錄，大年復取宋明以來諸家跋尾附錄於後，以資考訂，實道教史上之重要史料也。

《佛金山館秦漢碑跋》一卷
《山左先喆遺書甲編》本

牟房撰。房字農星，一字醒農，棲霞牟廷相子。歷任長清縣教諭，浙江安吉、會稽二縣知縣。有集曰《第七十三福地詩文稿》，無刻本。是書計秦漢碑跋二十四則，爲其遺著叢殘之一。凡所考論，每多心解。其論《鄭季宣碑》謂："季宣名延，乃郎中鄭固之季子。"論《孔宙碑》，以《孔融傳》"十歲隨父詣京師見河南尹李膺"爲證，知其時宙爲都昌尉，考績至京師，足證宙爲元城令時間不久。是皆能深得以金石證史之意。唯其書殘缺太多，未得牟氏家藏元稿細爲訂正。末附《夏小正補證序》《論語撰異序》各一篇，以《夏小正傳》爲北海徐良所作，治經者儻亦樂聞之歟。

《昭陵碑考》十二卷
咸豐戊午關中刻本

平湖孫三錫撰。三錫字桂珊，是編其客關中時所作也。所錄昭陵碑計《汝南公主》《温彥博》《段志元》《褚亮》《文安縣主》《孔穎達》《房元齡》《豆盧寬》《薛收》《高士廉》《張允》《李靖》《尉遲恭》《蘭陵公主》《許洛仁》《杜君綽》《紀國陸先妃》《張阿難》《順義公》《馬周》《阿史難忠》《李勣》《牛秀》《清河公主》《乙速孤神慶》《姜遐》《乙速孤神儼》《唐儉》《裴藝》。末附石鼓經文及《隋柱國德陽公碑》，凡三十一種。每碑皆錄全文，並附考證，於各人先世及其生平事業考之甚詳。末附《昭陵陪葬考》一篇，凡言昭陵石刻之説，具載於此。除《王君》及《崔敦禮》二碑未得載入外，尚有《房仁裕》一碑亦未入錄，爲是書之一缺點也。

《漢射陽石門畫象彙①考》一卷
《金陵叢書》本

上元張寶德撰。寶德字容園，咸豐舉人。生平酷好金石，有鐵硯齋三刻行於世。射陽石門畫像出江蘇寶應縣，爲江都汪中所

---
① 彙，原稿脱。

得，傳其子喜孫，始送入寶應縣學，後移置畫川書院講堂中，圖爲孔子見老子畫象。此考錄翁方綱《兩漢金石記》以至劉寶楠《寶應圖經》、朱士端《宜禄堂收藏金石記》等跋文凡十餘家，並附按語，以備金石學家之考覈。寶德與商城楊鐸同時，鐸著《函青閣金石記》，亦有此刻之考訂，寶德未及採錄也。

《讀漢碑》一卷
《俞樓雜纂》本

德清俞樾撰。樾字蔭甫，有《春在堂全書》，已著錄。此卷編入《俞樓雜纂》中，凡二十二條，間有訂正翁方綱《兩漢金石記》、錢大昕《潛研堂金石跋尾》、王念孫《漢隸拾遺》之説。如《開母廟石闕銘》"靈支挺生"，方綱謂借支爲枝，又借枝爲芝，而不知古音支、脂、之實分三部。樾引下文"木連理于芉條"爲證，知改讀爲芝之非。又《司隸校尉楊孟文頌》"惡蟲蔽狩，蚖蛭毒蟃"，王念孫謂蟃與曼通，曼長也。樾引《荀子·正論篇》"曼而饋"，楊注以曼爲萬，可知毒曼即毒蠤，古蠤蠤之蠤，本作萬也。區區二十餘條中，其可以補正前人之説者不一而足也。

《思古齋雙鉤漢碑篆額》一卷
光緒癸未刻本

山陰何澂輯。澂字竟山，號獁伯，工篆隸。所輯漢碑篆額凡三十六種，鉤勒精工，遠勝摹寫。自來漢篆本不多見，嵩山石闕、孔林墳壇、孫吳紀功、國山刻石，其最著者也。故尋求漢篆，厥維碑額。許慎謂："秦書八體，……六曰署書。"漢制凡一切封檢題字皆曰署，題榜亦曰署，知篆額原爲八體之一，與尋常漢篆不同。則徵此作不僅爲臨池之助，抑亦考古制者所當留意焉。書附待訪目四十七種，後有作者，輯而補之，其所得必不止此數而已也。

《荆南石刻三種雙鉤本》一卷
光緒甲辰海天旭日齋摹本

山陰劉瀚撰，凡石刻三種。一、漢太傅胡廣碑。《水經‧夏水注》云："夏水出江津，于江陵縣東南，東過華容縣南，又徑交趾太守胡寵墓北，漢太傅廣身陪陵。"則廣墓確在江陵。碑銘云"南郡華容人"，與《後漢書》合。二、唐金枝寺殘碑，岑文本撰，今在江陵縣郝穴下二十里。三、磬壽寺碑，無年月，亦唐代物，在松滋縣南史家坪。今三碑原石無存，得此幸存儀型於一二也。

《陶齋藏石目》一册
光緒癸卯中原書店印本

清端方撰。端方所撰《陶齋藏石記》久已流傳藝林，爲時推賞。此目似即其藍本，頗爲罕見。乃在其未編《藏石記》時所錄之簿目，可與《藏石記》互爲對照之用。清季收藏家藏石之風，開自端方。近蒐寰宇，遠載重洋，今代好古家之掊掘販徒，莫不推其造俑。《藏石記》一書及此編，誠不愧爲之嚆矢也。王瓘、張祖翼、繆荃孫、劉師培等在鍾山遊集時，常爲陶齋袠輯文字，考訂經史。此編諒亦不出瑾輩之手，故其於各石之命名著錄，詳善可觀，可備校勘之資已。

《敦煌石室真蹟錄》三卷
宣統己酉九月吳趨王氏寫印本

吳縣王仁俊撰。仁俊字扞鄭，翰林院庶吉士，充學部禮學館纂修。光緒庚子，甘肅敦煌縣治南四十里千佛洞因開沙壓倒佛龕，乃掘得複洞，內藏晉唐以來寫本甚多，大都經、史、子、集及番漢異教之文，爲中土佚而不見或見而不備者。其他銅佛、絹繪、造象之屬尤多，蓋其地爲西夏藏書之室也。事爲法國伯希和、英國斯坦因所偵知，先後携歸倫敦、巴黎者不下數千卷，皆其中精品。此錄中諸物亦得之於伯希和氏，爲吾國士人傳播敦煌遺物之最早者。爲目三十有四，附錄一，存目三十又一。册中諸品後雖陸續精印，而所附考證實開敦煌學之先河。卷上唐拓本三種，已入墨林星鳳。卷中分甲、乙、丙三錄，甲錄唐寫本八種，若《摩尼經》及《景教三威蒙度讚》尤可寶貴。乙、丙錄碑銘、讚狀寫本九種。卷下分丁、戊二錄，題名、敕牒、經記等十四種，皆唐以來寫本，附錄《北涼沮[①]渠安周造寺刻石》一種。乙錄中有《李府君修功德碑》，以現存拓本較之，寫本多百餘字。徐松著《西域水道記》，以此碑考敦煌以東行程，亦未見全文，此卷可補其缺。丁錄有《西漢金山國聖

① 沮，原稿爲"且"字。

文神武皇帝敕》。按：薛居正《舊史》、歐陽脩《新史》並言梁開平間沙州有節度使張奉，僭號金山白衣天子。此敕有印曰"金山白衣王"，與史傳正合。考"白衣景士"見景教碑。沙州蕃漢雜居，摩尼教徒尤盛。大曆六年，回紇請置摩尼，其徒白衣白冠，知摩尼教亦尚白。張奉自稱白衣王，以宗教相號召也。張奉之後絕，州人推曹義金爲帥，見《宋史・沙州傳》。其子元德、元忠、元深繼之，跨有沙、瓜二州之地，具見歐、薛二史。錄中有《曹議金壁畫題名》《曹良才畫象讚》《曹仁貴獻物狀》《曹元忠雕佛像記》等九篇，皆可爲三史作注也。

《漢武梁祠畫像題字補考》一卷
石印本

丹徒陳培壽撰。培壽字輔青。所考畫像爲瞿中溶之書已詳者，伏羲倉精、邢渠哺父二條。又中溶之書以聶政刺韓王爲高漸離擊筑事，今培壽取蔡邕《琴操》爲證，知政有遇仙學鼓琴，乃入韓鼓琴，得間刺韓王之故事，與《國策》《史記》所稱迥異。又孝烏趙□胊及魏湯事，諸家皆無考。培壽據《初學記》，引師覺授《孝子傳》，知趙□胊爲趙徇。又據《太平御覽》引蕭廣濟《孝子傳》，知魏湯爲父請罪事。惟書中考章孝母，謂即《戰國策・齊策》章子之母事；朱明即陸廣微《吳地記》之郡人朱明，於時代不合，則失之牽附矣。

《山左漢魏六朝貞石目》四卷
癸亥二月濟南刻本

高唐田士懿撰。士懿字直忱，山東高唐人。是書採輯前人之作爲多。山左金石之輯爲專書，始自畢沅、阮元同輯之《山左金石志》二十四卷。其後段松齡作《山左碑目》四卷，法偉堂作《山左訪碑錄》十三卷，尹彭壽作《山左北朝石存目》一卷，於山左金石採輯略備。今士懿之書第一卷輯自阮書，而補正其訛誤，凡三百零六種。第二卷輯自法書，而補以尹目，其體例則依阮氏。諸凡石之存佚，名稱之不同者，一一舉而正之。第三、四兩卷則士懿所輯近數十年來新出土之物，雖其中名件間或見於吳式芬《攈古錄》、繆荃孫《藝風堂金石文字目》、葉昌熾《語石》、方若《校碑隨筆》諸書，要其汲古之功不可沒也。山左石刻以琅琊臺爲最古，前人皆言其石久佚。得士懿之説，知其石大小三塊尚巍然在焉。又其書於鄉邦古物每存珍護之懷，若曹望憘造象之流入巴黎，法義造象之流入東瀛，皆深致惋惜。獨於濰縣陳介祺舊藏之君車畫象不著於目，今此物亦流入他邦矣。書後附《泰山經石峪①金剛經校字記》一篇，所得凡一千零七十五字。凡有志於研治是刻者，當以此書爲據也。

---

① 經石峪，原稿誤作"石經峪"。

《邠州石室録》三卷
乙卯秋吴興劉氏嘉業堂校刊本

長洲葉昌熾輯釋。昌熾字鞠裳，有《語石》八卷、《藏書紀事詩》七卷，已著録。邠州，古新平郡，與涇接壤，距城西二十里有大佛寺，即唐之慶壽寺也。石室纍纍，皆唐、宋、元人題刻。此册録唐刻二十二通，爲上卷；宋刻六十四通，爲中卷；金刻一通、元刻十六通，爲下卷。昌熾手摹其文字，又繫以考釋。其文博覈，爲方邑金石志之冠冕，其可補史乘者不一而足。唐李齊妻武氏造象，可以補《唐書·宗室世系表》。宋王沿題名，可正《宋史》本傳"兼知滑州"乃渭州之誤。宋鄆城李孝廣題名，鄆州即濮州，晁公武《郡齋讀書志》:《李復古集》，皇朝李迪撰，濮州人。李迪，《宋史》有傳，以爲趙郡人，有孫曰孝壽、孝基、孝稱，知此孝廣爲迪之孫，而可訂正《宋史》記其郡望之非。元伯都裝象題字，伯都見《元史·畏答兒傳》，其曾孫也。伯都於延祐元年拜甘肅行省平章政事，延祐歲甲寅，與此刻合。而石刻稱光禄大夫，知元制行省長官往往帶光禄大夫銜。昌熾精於石刻之學，故書中博洽之論不一而足。惟考宋光禄卿陳述古題名，取餘杭大滌洞陳述古、陳襲古、陳求古題名，永嘉飛霞洞陳求古題名，皖潛山石牛洞陳奉古題名爲證，知爲群從昆季，而不及青田石門洞之陳道古題名，亦賢者千慮之失也。

《崇雅堂碑録》五卷　《録補》四卷
潛江甘氏排印本

潛江甘雲鵬輯。雲鵬字耐公，自號息園老人，所著書有《潛廬類藁》十三卷，已著録。家藏古今金石刻文約四千餘種，刊成碑録凡九卷。其中雖無精拓舊本，而於近三十年出土之物則收集略備。自吳式芬之《攈古録》、繆荃孫之《藝風堂金石目》刊行後，海内言金石之學者每以二書爲考索之津逮。而近十餘年來，地下所出者倍蓰於往昔。而收藏之家若上虞羅氏、定海方氏、廬江劉氏、長洲章氏、蕭山朱氏，皆無總目行世，以爲學探索之資。今雲鵬此目皆詳記各碑出土地及收藏之家，頗便求索。惟雲鵬於古物略無判識之力，書中瑕瑜並見，真僞雜陳，讀其書者當慎擇之也。

《補寰宇訪碑録刊誤》一卷
《槐廬叢書》校刊本

上虞羅振玉撰。光緒丙申，振玉既爲《孫星衍寰宇訪碑録刊誤》二卷。歲癸巳，又爲趙之謙《補寰宇訪碑録》作刊誤，凡得三百餘條。諸家校碑皆僅及於年代、字畫之間，振玉此作，其所補正者，方面至廣。如常岳等邑義百餘人造象，趙書謂在山東蘭山，振玉按曰："碑有'臨伊闕之右'語，是此刻當在洛陽龍門。又此碑題名有張樹生，齊神武之父正名樹生，不應絕不避諱，此刻恐非北齊時造，此列入北齊，未確。"又如趙書《駙馬都尉豆盧遜墓志》，振玉按曰："此當依碑題作《駙馬都尉息豆盧遜墓志》，遂乃駙馬都尉子也。"又如《劉智墓誌》，趙書題"蘇靈芝正書"。振玉按曰："一本與此字畫行款並同，有張邁撰款，無靈芝書款，其字畫較精。疑此本乃碑賈從彼翻刻，以字畫類靈芝書，遂增蘇款耳。"諸如此類，不僅趙氏之功臣，抑亦治中國金石學者所不可廢之書也。

《芒洛冢墓遺文》四編十六卷
上虞羅氏刻本

上虞羅振玉輯。振玉作《蒿里遺文目》，刊於《國學叢刊》，時在癸丑壬子之間。歲甲寅，振玉亡命海外，始刊佈《芒洛冢墓遺文初編》三卷，計後魏十一、隋五、唐七十二、僞周三、後梁一、後晉二、後周二，凡九十六種。乙卯之冬，復以其續得者爲《續編》三卷、《補編》一卷，計漢二、晉一、後魏七、隨十、唐六十一、僞周二、後梁二、宋二，都凡八十七種。丁巳春，又以其續得者刊爲《三編》及《續補》各一卷，計魏一、晉一、後魏十八、隋七、唐六十九、後唐一、後周二、宋一，都凡百種。丁巳以後迄甲戌，復以續得者刻爲《四編》六卷，再《續補》一卷，計漢一、魏三、晉二、後魏五十八、北周二、隋十、唐二百十七、僞周三十、後唐三、後周二、宋八、金一，都凡三百三十七。四編合計爲墓誌凡六百二十篇，其中鴻文鉅製足補史缺者不一而足，振玉曾取之以補《魏書‧宗室傳》《唐折衝府考》。惟近年國家多故，椎埋者衆，芒洛間所出冢墓遺文，散佚之數在三千種之上。往往有朝出重泉，夕登市舶，我邦人士且不得一寓目焉。若得有志之士悉取海外貞珉，中土佚石，廣爲徵輯，其可補振玉此書者奚止倍蓰而已哉？

《唐三家碑錄》三卷
癸丑年上虞羅氏刻本

上虞羅振玉校錄。是書分三卷：上卷《三原李氏碑錄》，有李神符、李孝同、李廣業三碑；中卷《三原于氏碑錄》，計于孝顯、于德芳、于志寧、于大猷、于知微五碑；下卷《三原臧氏碑錄》，有臧懷恪、臧希晏二碑。除李神符、李孝同、于志寧外，兩《唐書》皆不立傳。振玉取初拓本入錄，不附考證。其足補史缺者，尚待學者自爲尋討也。

《漢晋石刻墨影》一卷
上虞羅氏石印本

上虞羅振玉撰。古石刻文字之著錄而以雙鉤法保存原形者，始自黃易《小蓬萊閣金石文字》。其後則有葉志詵之《平安館金石文字》、徐渭仁之《隨軒金石文字》。而張德容之《二銘草堂金石聚》不但鉤勒未精，且粗工拙刻，筆意全失，於是訛誤滋生，不可取法。繼起者若趙之謙之《二金蝶堂漢碑十種》，楊守敬《望堂金石》初、二集，則精美遠過前人，而所收碑刻又不免真僞雜糅。羅振玉此書，乃選集咸同以前所未見之漢魏石刻二十種，以雙鉤本付之影印，其好古傳真之意尤逾於前人。且漢孟璇碑出於雲南昭通，毌丘儉丸都山紀功碑出於吉林輯安，皆邊徼貞珉之僅存於天壤間者。惟羅氏考孟璇碑爲漢成帝河平四年所建，則大誤，此碑實建於後漢桓帝永壽二年也。

《古石刻零拾》一卷
東莞容氏石印本

東莞容庚，字希白，燕京大學教授，別有《金文編》五卷，已著録。是書蓋取秦、漢兩代之古石刻六種，并晉《左棻墓誌》，爲《古石刻零拾》一册。其中秦《詛楚文》，則取《絳帖》《汝帖》兩本；《泰山刻石》則取《絳帖》本。漢代古刻若袁安、袁敞[①]二碑，《素下殘石》，皆漢篆中模楷。魏《蘇君神道》，篆法則略似《天發神讖》。晉《左棻墓誌》，石高營造尺八寸三分，廣四寸五分，厚一寸二分。正面隸書四行，行十字。背面隸書七行，行十二字。文詞簡質。正面記棻之卒年葬地，背面記其家屬之名，棻父熹、兄思，皆有名。兄子髦及聰奇不見史傳，兄女惠芳、紈素則見於左思之《嬌女詩》。得此相證，言文學史者添一新材料矣。其所考釋，皆叙始末，無關宏恉也。

《寰宇訪碑録校勘記》十一卷
《直介堂叢刊》本

廬江劉聲木撰。聲木原名體信，字十枝，安徽廬江人，於歷代石刻留心探討。孫星衍《寰宇訪碑録》本與階州邢澍合撰，其

---
① 敞，原稿作"廠"。

書自元魏以下一石兩見或叠見而不自知者，層出不窮。自來校勘是書者，南海李宗灝有《校勘記》，上虞羅振玉有《刊誤》。聲木之書，出於兩家後，故立説亦較精。孫氏原編所載七千八百四十又九，體例未能畫一，故一碑之中其題名有録有不録，又有分注碑目之下者，碑陰碑側既載本碑，又分著各年月之中，如是重沓，讀者惑之。今聲木逐條校勘，以原碑比證。如漢"嵩山太室潁水太守楊泰題名"，碑文楊字甚明顯，此乃神道石闕後銘，決非題名，聲木訂正之曰"嵩山太室潁水太守楊泰闕"。又洛州刺史始平公碑作於太和二十二年，孫誤爲十二年。兗州刺史賈思伯碑作於神龜二年四月，孫誤爲六月。江陵將軍段桃樹造象，孫誤爲政機樹。維摩經碑即雋敬碑陰，維摩經碑即雋敬碑正面，作於皇建元年。凡此皆孫氏之誤。計自周迄元，凡得一千五百餘條。

《夢碧簃石言》六卷
乙丑正月會稽顧氏排印本

會稽顧燮光撰。燮光字襟癯，又號鼎梅，諸生，曾以佐范壽銘觀察久居河北。所著書有《漢劉熊碑考》《琬琰新録》《河朔金石目》《袁州石刻記》《古志新目》等凡十餘種。《石言》六卷，乃仿葉昌熾《語石》之意而作，專論咸同以後金石學界之新發見，就其所知者略爲紀載。全書分碑刻、墓誌、造象法帖、區域、金石家、金石書六類，每類十餘條乃至數十餘條。凡所考訂皆採集並時諸家之説，間亦遠取前人之言。通觀此書，詳於一事之始末，雖附諸家跋語，而不加評判，究非考訂家之作也。惟燮光交遊既廣，見聞較多，足跡所至，目寓心會，故其言論頗足爲初學之助也。

《盂縣造像錄》一卷
鈔本

稷山王堉昌撰。堉昌於民國十四年知山西盂縣事，有《盂縣金石目》一卷，已著錄。堉昌於金石之學本非專長，而所錄造像凡三十一種，大都未經著錄之品。計北魏四、東魏五、北齊十、隨三、唐三、宋二、金一、元一、明二。皆明注所在地，及高寬度數。既錄全文，略附考證。按圖索驥，亦足爲考古者之助也。而堉昌於魏齊史事亦頗嫻熟，如論千佛寺摩崖造像"嘉應州刺史"之嘉字，乃假字之別；如壺關等縣今假嬴州刺史之例，實得正解。其他訂正《山右石刻叢編》之處亦頗允當也。

《崑山石刻見存錄》四卷
民國甲戌排印本

崑山潘鳴鳳輯。鳴鳳字吟閣，搜集崑山文獻至勤。是書蓋繼朱珪之《名蹟錄》而作。《名蹟錄》斷自元末明初，此編則起自趙宋，迄於有清同治。所錄遺碑古碣爲文一百有五篇。崑山人才之盛，以有明一代爲冠，而宋元諸朝亦不乏宿學之士。讀宋范成象《崑山縣校官碑》、袁崇仁《崑山縣校官養士之碑》，知崑山士風之厚，實源遠而流長。他若縣學義田、卜廟義井、勸款育嬰，亦可覘一邑之風俗。其書當爲邑乘相輔而行也。

卷五

史部　金石類・玉

《奕載堂古玉圖録》一卷
瑞安陳氏湫漻齋刻本

　　嘉定瞿中溶撰。中溶字木夫，有《古泉山館金石文編》，已著録。是書原稿藏丁氏八千卷樓，南陵徐乃昌録副以歸，瑞安陳準刻之行世。雖稱圖録，而考釋爲多，僅奇品珍物之部附有圖譜而已。古玉之有圖譜，始自宋宣和《古玉圖》，既病其蕪雜而不精。吕氏《考古圖》雖有古玉一卷，又惜其無所考證。元朱德潤所撰《古玉圖》，寥寥數十器，相沿舊説，多無證據。於珪、璋、琮、璜典禮所關闕如也。中溶是書所録古玉五十品，上起周秦，下及隋唐。其所考證，出入經傳，於古玉形制多所釐訂，每器皆以建初尺較其度數，較之宋元人著作已略勝一籌矣。而辨别真贋又未精審，如所録之平定虎符，形似門鋪，而文曰虎符，顯係贋物。玉剛卯第六句曰"疾蠖剛癉"，亦與《王莽傳》及《後漢書・輿服志》作"庶役剛癉"者不合。均當存疑也。

《古玉圖考》四卷
古吴毛上珍摹刻古本

　　《古玉圖考》，吴縣吴大澂撰。爲書凡四卷，得器一百九十一事，自周秦以迄漢唐，圭、璋、瑗、璧、符、璽、佩、玦之屬俱備。中國論玉器之書自北宋以來已開其端，有清一代作者若瞿中溶、翁樹培二家之書，已超越前代。吴氏此書，尤多創見，發前人所未發。其言曰："余觀宣和《古玉圖》，既病其蕪雜而不精。吕氏《考古圖》雖有《古玉》一卷，又惜其無所考證。元朱澤民所撰《古玉圖》，寥寥數十器，相沿舊説，多無證據，於圭、琮、璜典禮之所關闕如也。余得一玉，必考其源流，證以經傳，歲月既久，搜討益廣。今春得鎮圭、青圭，始知'天子圭中必''杼上終葵首'之義。得黄琮、組琮，始信許叔重'琮似車釭'之説，鄭司農'外有捷盧'之説。得玉觼、玉散，始知《明堂位》之璧散、璧角，與《內宰》之瑶爵，皆以玉爲器，而非以玉飾口。得白玉古韘，始知决拾之决用棘，用象骨，亦有時而用玉。毛公訓玦之義爲不誤也。得白珩、蔥珩，始知珩、璜、琚、瑀、衝牙之制。又知世俗所傳昭文帶，即鞙鞙佩璲之璲，舊説以爲瓃，則非也。玉琥爲六瑞之一，即漢虎符之所本。大璜與佩玉之璜，名同而制不同。若此者，皆足以資詁經之助，而補金石家之所不及也。"凡此皆大澂自矜爲得意之筆，其足以啓發後進者至多。雖然，玉佩之制本甚複雜，吾人至今未能窺其全豹。大澂所定之名，從舊説爲多。其言佩玉之璜與大璜名同而制不同，實未明其真相所在。璜本雜佩之總名，舊説所稱之佩璜，其爲雜佩之一物而已耳。惟大澂此書所以遠勝前人者，則在於測得周代之尺度，揩圭尺及鎮圭尺實《圖考》中之最大發明也。是書以光緒十五年寫定，其稿本後歸獨山莫繩孫，刻之於吳中。滬上估人又以此本付之影印，故傳世者有二本焉。

史部　金石類·璽

《古兵符考略殘稿》一卷
上虞羅氏石印本

吳江翁大年撰。大年字叔均，有《陶齋金石文字跋尾》一卷，已著録。是稿蓋爲補正瞿中溶《集古虎符魚符考》而作，上虞羅振玉得之於沽人，手寫印行，爲書一卷。其目録所列，計符十有五、牌三十有二，附以考證者符五、牌十六而已。其中金奉御從人牌，録錢大昕、胡虔二跋；滁州太陽翼萬木户牌，録萬國賢跋；磐石衛指揮使司夜巡銅牌，録孔繼涵跋。則是書不盡自作，兼録前人考證，如《金石萃編》之例也。而其目中所不載者，如朗州魚符、新浦縣印牌、敬字牙牌等，皆有跋存於編，殆不但考證爲未竟之作，即目録亦非定本也。目中列酒泉太守符於漢，符明署大凉，誤作天漢；列高平太守符於漢，而制同魏晉。均不免爲疏失矣。

《璽印姓氏徵》二卷　附《姓檢》一卷
東方學會排印本

上虞羅振玉撰。振玉字叔言，別有《殷虛文字考釋》二卷，已著録。姓氏之書莫先乎《世本》，至漢應劭作《風俗通》有《姓氏篇》。顧其書並久佚，今惟輯本流行。二書之後，《魏書》有《官氏志》。唐林寶作《元和姓纂》，多引據六朝人譜牒、家狀。《姓纂》久佚，今孫星衍輯本與原書幾相等。此外則陳彭年《重修廣韻》、鄭樵《通志·氏族略》、鄧名世《古今姓氏書辯證》、王應麟《姓氏急就篇》諸書而已。近世考古之業浸盛，其中以收集周秦兩漢古璽印著者，不下百五十餘家，所載姓氏多不見姓氏之書。吳縣吳大澂有《續百家姓印譜》，然所輯姓氏纔逾二百。振玉取明清以來印譜四十種，輯爲《姓氏徵》二卷。所收姓氏計一千有九十四。其未見姓氏書者，五百四十有六。姓氏以《廣韵》爲次，每姓之下列印文，及前人所著姓氏書以爲參證。凡複姓以下一字分韵，附載單姓之後。其文字不載《廣韵》，不見字書諸姓，則附於篇末。又附《姓檢》一卷。今讀是書，蓋爲振玉草創之作，故所收印譜不及總數三之一。而每姓所附印文皆不注明出處，考覽者頗以爲憾焉。然其中頗可訂正前人遺失者，如言印文之甘丹即邯鄲，古幣有甘丹，與印文正合。古以地得姓者，《廣韵》稱毌丘，或爲母氏，是複姓得析爲單姓。以此例之，則延陵爲複姓，而別有延氏、陵氏。故邯鄲複姓，別有邯氏、鄲氏。又古人一姓而異文者，實繁。就是書所載者言，若呼、虖；若女、汝；若五、伍；若弟、第；若工、攻、功；若爰、轅、榬；若空侗、空桐；若斫胥、斫須；若陽成、陽城；若太史、泰史；若古成、苦成、枯成；若綦毌、期毌、其毌；若申徒、申屠、勝屠、信屠；若於丘、魚丘、虞丘、吾丘、母丘，並其例也。是書之創見類如此，惜所收材料太少，故所考證尚不能盡焉。

《印譜考》四卷
癸酉季冬墨緣堂石印本

上虞羅福頤撰。福頤字子期，振玉第三子，別有《璽印文字徵》十四卷，已著錄。印之有譜，説者謂出於宋之宣和，然其譜久佚。今得目驗者，莫先乎明顧從德《印藪》。宋元諸譜，但見記載。若宋臨川王氏《漢晉印章圖譜》，僅見木刻，恐非原本。明清以下作者浸多，於是有印譜之目。始自吳江翁大年，作《印譜考略》；其後仁和葉銘作《金石書目》，列印譜於附錄中。今福頤此書，蓋取其家藏印譜，并泉塘丁仁所藏，及翁大年《印譜考略》目錄所著錄各書，集爲此册。合存佚及未見者，爲目凡一百二十又三家。雖未稱完備，爲數亦相近矣。諸家印譜皆以朝代爲次，計宋代四、元代七、明代二十一、清初敕撰二、順治朝一、康熙朝二、乾隆朝十五、嘉慶朝十九、道光朝十六、咸豐朝一、同治朝六、光緒朝十八、宣統朝三十四。各書皆錄叙、跋，并略考其內容及鈐印之年代。而所錄印譜，以收輯周秦兩漢以來古銅印章爲限，而後世篆刻之譜不與焉。其收輯雖勤，然不能無陋略疏失之處。如論宋人印譜，知王厚之《漢晉印章圖譜》見於《説郛》者非原本，而不知王俅《嘯堂集古錄》所錄古銅印爲黃伯思舊藏。論明人印譜，而不及郎瑛《七修類藁》之所錄，皆其簡略處。又清人印譜，往往同是一書，而前後所出者不同。陳介祺《十鐘山房印舉》之最後出者，凡一百九十四冊，而福頤所見僅五十冊。此皆有待後人補輯者也。

《古璽文字徵》十四卷　《附錄》一卷
上虞羅氏石印本

上虞羅福頤撰。福頤字子期，振玉子。別有《印譜考》四卷，已著錄。《古璽文字徵》者，蓋取羅氏家藏印譜四十種，依《說文》次第編爲字彙，凡其字見於諸家印譜者，皆摹錄於各部之下，分注諸家印譜之名。如其字不見於《說文》，而可以《汗簡》《古文四聲韵》及《說文》偏旁考定者，則附錄各部之後。其字疑不可定者，則入之附錄中。惟所據印譜不及總數三之一，缺陋自不可免。然如釋❂爲旦，釋❂爲目，釋肥少孺印之䏖、肥光君印之肥爲肛，不知二字皆肥之省變，乃其疏失處。惟古璽文字在周季爲古文之一體，專以摹印，故與古文或異。是書之作，蓋可上溯殷周古文以考定許氏《說文》及郭氏《汗簡》之所未及，如天作✳，牢作✳，與作✳，吉作✳，鮮作✳，明作✳，秊作✳，宗作✳，並與殷虛書契合。其與吉金文字合者，如皇作✳，亦見邾公鐘；蘇作䲆，從魚從木，亦見蘇公設、史頌設；蠻作✳，亦見曾伯霥簠；晉邦盦皮作✳，叔皮父設作✳，皮氏小幣作✳，皆與璽印合。其他類此者尚不勝計。他如石鼓文角作✳，知璽印之✳即角。魏石經古文宰作✳，知璽文之✳即宰。其中與《說文》古文合者，如棄作✳，虐作✳，期作✳，州作✳，禹作✳。此外可以偏旁求者，如去作✳，加辵，爲來去之去。

故璽文有作石去疾、吳去疾、長去疾者。又璽文有公孫戀、肖戀二印，其字作☒，從心從樂省，知爲喜樂字。凡此皆當疏記於每字之下，而福頤未暇及此，是其失也。

《漢印文字徵》十四卷　《附錄》一卷
上虞羅氏石印本

上虞羅福頤撰。福頤字子期，振玉子，別有《璽印文字徵》，已著錄。是書體例亦依《説文》次第，彙錄漢印文字於每字之下。其不見於《説文》者，以偏旁推定，分入每部之後。缺疑者，則列入《附錄》中。所收印譜計五十一種，去總數纔三之一耳。即就收者而論，其中每非完本。陳介祺《十鐘山房印舉》最完備者有一百九十四册，福頤所見乃坊間影印之本，僅五十册。類此者不勝縷舉，故其書簡陋，待後人續補者正多。案：兩京印信雖文字不免省變，而去古未遠，可據以求倉史之舊。如荆楚之荆，《説文》從刅，漢人印文皆從㓝，無從刅者。《秋毁》"秋駁從王，南征伐荆"，《怨白毁》"從王伐反荆"，字皆作㓝，知從井者爲是。古文卿、鄉同字，於文皆從☒。漢印有"蓩拚施印"，"蓩"篆作☒，即《説文新附》之䣫，尚從古文卿。古金文恩作☒，見毛公鼎及克鼎。漢印有張蕙、趙蕙、萬蕙，其文皆作☒，即許書之蕙，皆從古文恩。"曾"《説文》作曾，從☒從☒。古金文若曾伯霥簠、全義編鐘皆作☒。叔姬簠、段毁作☒。漢印有"任曾""郭曾"，皆從田從☒，與金文同。許書"走"作☒，上從夭。盂鼎、諆田鼎、師兑毁諸器皆作☒，從夭，石鼓文從走之字亦然。漢印中諸從走之字均從☒，與古金文同。"德"《説文》作㥁，從直，而古金文皆從㥁。漢印亦均從直，無從直者。"復"《説文》作復，古金文作復，漢印省作復，亦不從㐭。又如"農"字，許書從囟，而古金文皆[①]從田。漢印有"代郡農長"，字作農；"樊農"，字作農，均從田，其義爲晨而趨田之意，從囟則義不可曉。凡此皆漢印與古金文相合之點。許君生當漢季，已昧其初形，足以訂正許氏《説文解字》之失。其有稗小學者如是。

《漢印文字類纂》十二卷

西泠印社石印本

諸城孟昭鴻撰。昭鴻字方儒。《印字類纂》蓋仿桂馥《漢印分韵》之意而作，惟其書以字類偏旁爲部目，每字之下附錄印章全文以資考證。其他通假諸體，繁文省文諸例，每略附考證，大都抄輯前人之説。如璽字在古刻上作鉨或作坏，當以從金者爲主，而三字各從其偏旁互見爲是。而昭鴻以從玉者爲主，其俗學淺陋類如此。又其書凡采錄之印皆不注明見於何譜或收藏之家，使學者無所考校，則疏失尤甚矣。

《泥封印古錄》一卷

《湫漻齋叢書》本

劉次瑤編。次瑤不知何許人，與劉喜海同時。諸家論封泥，皆主漢人封苞苴之泥而加印者，封背麻絲黏着往往可見，是一鐵證。

---

① 原稿衍一"皆"字。

而次瑤乃從《筠清館金石録》舊説，謂之印範，其淺陋可知已。惟此册所録二百餘事，大都劉喜海、陳介祺二家所藏。雖非拓文，但所編次以漢代官秩爲序，整飭有條。其所考證，亦有識力，知非妄人所爲。如以沈犁長印與《西南夷傳》相證，知漢有沈黎郡。以太河太守印與《三王傳》相證，知漢有大河郡。以載丞印與《史記·王子侯表》之戴國，及《説文》截故國在陳留之説相證，知載、戴、截同爲一地之異文，皆足供學者考覈也。

《鐵雲藏封泥》一卷
光緒甲辰抱殘守缺齋石印本

丹徒劉鶚撰。鶚字鐵雲，有《鐵雲藏龜》，已著録。封泥始見於蜀中，時道光壬午，估人齎至北京，大半壞裂。諸城劉喜海、仁和龔自珍各得數枚。而《長安獲古編》所載者凡二十品，則喜海必別有所得。鐵雲所藏大抵山左之物，斯編共收一百七十二方，其中官印若"兵府"、若"橘監"，皆不見兩《漢書》，亦足以爲治史者拾遺之資也。

《鄭厂所藏封泥》一卷
《陸厓盫古録》之一　光緒癸卯石印本

上虞羅振玉撰。此册爲封泥，凡三百又四枚，皆兩漢官私之印，其物大都出自齊魯之間諸郡國封域中，尤以齊國爲多。若齊御史大夫、齊樂府、齊内史、齊郎中、齊祠祀、齊鐵官、齊中廄、齊鍾官、齊中傅、齊長秋、齊左工丞、齊宦者丞、齊御府丞、齊中左馬、齊中右馬、齊中謁者、齊太祝、齊大行、齊太倉、齊武庫丞、齊大匠丞、齊水丞、齊食官丞諸印,並可推考漢諸侯王屬官與朝廷無異。又此册中郡守有臨淄、濟北二郡,太守有河間、即墨二郡,都尉有城陽一郡,皆《漢書·地理志》所無也。册中諸品本濰縣郭裕之所藏,振玉誤爲吴縣潘祖蔭,故題曰《鄭厂所藏封泥》。

史部　金石類·甲骨文

《殷契佚存》《考釋》各一卷①
癸酉七月金陵大學石印本

番禺商承祚撰。承祚字錫永,有《殷虚文字類編》十四卷,已著録。是書乃出其歷年蒐輯所得之甲骨墨本數百片,合之並世諸家若膠州柯氏、大興孫氏、閩侯何氏、海城于氏、冀縣王氏、江夏黄氏、美國施密斯氏所藏者,都凡千片,集爲《殷契佚存》並《考釋》各一卷。《佚存》千片中雖有少數與諸家之書重出者,而大部皆未經著録之品,就中尤以第四百二十六、第四百二十七、第五百十八數片爲最重要。此三片者,癸酉春夏間始發現於廠肆,皆肋骨刻辭,正面雕鏤甚精,而各嵌以緑松石。合中央研究院所藏獸頭刻辭,及定海方氏所藏小玉版比觀之,實

---
① 原題爲"殷契佚存考釋二卷"。

殷人紀事文字之僅見者。且此三骨與中央研究院所藏之獸頭刻辭爲同時代物，董作賓據獸頭刻辭有"文武丁"之文，謂至早爲帝乙世或帝辛時物。今第五百十八片言"獲戠眔"，第四百二十七片言"獲白眔"，而獸頭刻辭亦曰"獲白眔"。第五百十八片"在王之六祀"，而獸頭刻辭"在王之十祀"。且不僅此數骨爲同時代物，即《窓齋集古録》中之宰宙殷亦同時代物。殷中若來字、綦字、宰字，皆與此骨相類。殷言"王來獸自豆綦"，獸頭刻辭言"王田于𧰨綦"，而第五百十八片言"壬午，王田于㐱綦"，則文例亦相同矣。惟其書考釋罅漏甚多，學者當審擇之也。

附　《殷契佚存》《考釋》[1]

商承祚著　定價拾四圓　二十二年十一月

金陵大學文化研究所出版

殷虛卜辭出土，於今已三十餘年。甲骨之數，奚啻累萬。蒐輯流布之勤，莫過於上虞羅氏。先後印行者，不下五六千片，其有功學術界至鉅。近年以來，中央研究院頗兀兀致力於斯。數次發掘，所得當在萬片以上。然大部秘而未宣，吾人不悉其中尚有何種可寶貴之材料也。

番禺商承祚受業于上虞羅氏之門，習於殷虛書契之學者，十載於茲。前所著《殷虛文字類編》，久已通行於世，學者稱便焉。最近又出其歷年蒐輯所得之甲骨墨本數百片，合之並世諸家若膠州柯

---

[1] 本篇載《國立北平圖書館館刊》第7卷第6號"新書介紹"，1933年12月，第112—113頁；《大公報·圖書副刊》，1933年12月21日。

氏、大興孫氏、海城于氏、美國施密斯氏、冀縣王氏、江夏黃氏所藏者，都凡千片，集爲《殷契佚存》並《考釋》各一卷。佚存千片之中，雖亦有少數與諸家之書重出者，而大部皆未經著錄之品。就中尤以第四二六、第四二七、第五一八數片爲最重要。此三片者，於今歲①春夏間纔發現於廠肆，皆肋骨刻辭，正面雕鏤甚精，而各嵌以綠松石。合中央研究院所藏之獸頭刻辭，及定海方氏所藏之小玉版比觀之，實殷人記事文字之僅見者，其可寶貴爲如何耶！且此三骨，與中央研究院所藏之獸頭刻辭爲同時代之物。董作賓氏據獸頭刻辭有"文武丁"之文，謂至早爲帝乙世，或帝辛時物，自屬可信。第五一八片言"獲戠眔"，第四二七片言"獲白眔"，而獸頭刻辭亦曰"獲白眔"。第五一八片"在王之六祀"，獸頭刻辭"在王之十祀"。且不僅此數骨爲同時代物，即《愙齋集古錄》中之宰崗毁，亦同時代物。毁中若來字、蕫字、宰字，皆與此骨酷相類。毁言"王來獸自豆蕫"，獸頭刻辭言"王田于🈳蕫"，而五一八片曰"壬午，王田于叒蕫"，則文例亦相同矣。商氏考釋，皆能舉證以實之，豈非甲骨學上一大快事乎！

甲骨文字斷代研究之例，發自董作賓氏，近人頗有非難其說者。余以爲，董氏之作，容或未精，而研究甲骨之當劃分時代，實爲迫切之要求。董氏本之坑位、貞人、書體，數者比較以求之，其方法則甚正確。若本斯途以邁進，其成績未可量也。即就本書而論，亦有可以印證其說者。書中第二五五至第三一六，凡六十二片，皆美國施密斯氏所藏。六十二片之中，書體皆與董氏所定第三期者相同，其證一也。董氏謂第三期爲廩辛、康丁之世。

---

① 歲，原刊訛作"藏"。

稱祖甲當爲父甲，武丁當爲祖丁，武丁之配當爲妣辛。然以稱武丁爲祖丁，則與祖辛之子祖丁同名，故加后事以別之，而稱武丁爲后祖丁。又因妣辛之名同於太甲之配，是武丁配妣辛，在第三期，亦應加后以別之，而稱后妣辛。今本書第二六六片即有"庚戌，卜尢貞；翌辛亥，其又后妣辛"。同片更有"癸酉，卜尢貞；甲午，登于父甲鄉"。是"父甲"即祖甲，"后妣辛"即武丁配妣辛矣。此又一證也。凡此皆可以補董氏說之不足，則《佚存》一書其重要可知矣。商氏考釋，采用集解之例。博引諸家，案以己意。讀其書者，比觀自得，不至囿於一家之言。而不通契文者，亦可資以循覽也。（青松）

《殷契鈎沈》二卷
北平富晉書社影印本

丹徒葉玉森撰。玉森字蔭漁，有《殷虛書契集釋》，已著錄。《鈎沈》甲、乙二卷，凡百五十條，皆補苴孫詒讓、羅振玉、王國維、王襄諸家所未及之説。如羅振玉以🈚爲兩手奉尊於前，即後世之福字。玉森以《説文》櫃之古文作酉爲證，知🈚乃酉之繁文。羅振玉謂康祖丁即康丁，文武丁即文丁。玉森又於卜辭中得康丁省稱康，文丁省稱文，武丁省稱武之例，其説皆弘達，可爲考史者之助。惟以🈚方爲井方，謂井方即荆國，以王賓🈚爲賓禳，乃釋《公伐徐鼎》之"攻🈚無敵"爲攻攘無敵，又皆望文生義，不求辭例之所安矣。

《甲骨文編》十四卷　《附録》一卷　《檢字》一卷
哈佛燕京社石印本

固始孫海波撰。海波字涵普，別有《古文聲系》二卷，已著録。按：甲骨文字自殷虛發現之後，得瑞安孫詒讓、海寧王國維、上虞羅振玉三人創通字例，於是覃治者日衆，而所識之字亦日多。初，番禺商承祚作《殷虛文字類編》，仿《説文》次第，序爲字彙，頗便學者。繼有醴陵朱芳圃之《甲骨學文字編》，增補後來新釋之字，並集諸家説解以爲參證，較之商書又詳。然商、朱之作，乃字典式之書，而海波此作，實甲骨文字之索引。凡契文已釋之字而見於所集諸書中者，皆按次録之，並注卷頁之數。故治斯學者得海波此書，可按注而索，以求互相比證之誼，而可免翻檢漏落之勞，其功甚勤。惟草創之初，搜羅未備，若羅振玉之《殷虛文字續編》、郭沫若之《卜辭通纂》、商承祚之《殷契佚存》、容庚之《殷契卜辭》、董作賓之《新獲卜辭寫本》、王襄之《簠室殷契徵文》、明義士之《殷虛卜辭》、商承祚之《福氏所藏甲骨文字》，皆未入録。其編次仍按《説文》次第，而字數則倍增於商、朱之書，實甲骨文字中較完備之字彙也。

附 《甲骨文編》[1]

孫海波撰集　哈佛燕京社出版　定價十四元

殷墟甲骨之發現，迄今已三十餘年。自孫詒讓、王國維、羅振玉三先生創通字例之後，治之者日衆，而所識之字亦日多。前十年已有商承祚氏之《殷墟文字類編》，仿《説文》次第，序爲字彙，頗便學者。最近又有朱芳圃氏之《甲骨學文字編》，增補十年來新釋之字，並集諸家説解以爲參證，於初學最爲方[2]便。然二氏之作乃字典式之書。今孫氏此作，實甲骨文字之索引，凡契文已釋之字，而見於所集諸書中若干次者，皆録其字，並注卷頁之數。故治斯學者得孫氏此書，可按注而索，以求其互相比證之誼，而免翻檢漏落之勞。其功亦勤矣。惟是書於下列諸書，若羅振玉之《殷墟文字續編》、郭沫若氏之《卜辭通纂》、商承祚氏之《殷契佚存》、容庚氏之《殷契卜辭》、董作賓氏之《新獲卜辭寫本》、王襄氏之《簠室殷契徵文》、明義士氏之《殷虛卜辭》、商承祚氏之《福氏所藏甲骨文字》皆未入録。蓋上述諸書中大部皆出於孫氏之書已成之後，異日當可補入也。孫氏此書之編次仍按《説文》次第，而字數則增多於商、朱之書目數倍。每字皆按原書摹録而入，可免訛誤之病。實新出甲骨文字最完備之字彙也。（滋圃）

---

① 本篇載《大公報·圖書副刊》，1935年1月3日。
② 方，原文作"妨"。

《甲骨文字研究》二卷
民國二十年大東書局石印本

嘉定郭沫若撰。書分二卷，上卷爲文十六篇，中以《釋祖妣》《釋五十》《釋南》三篇最有心得。而《釋祖妣》之説起於瑞典高本漢，《釋五十》則爲推廣上虞羅振玉之説，其爲沫若創解者，實惟《釋南》一篇。金文中屢見於鐘銘者有𣍘字，前人釋爲林，爲甫，或云即圖字，皆非也。實象樂器之形，其字即從甲骨文之南字而來。《詩》云"以雅以南"，蓋南者，南方之樂也。此外如《釋臣宰》《釋龢言》《釋封》《釋朋》，皆廣羅振玉、王國維二氏之説。其他諸篇，則不免牽附矣。下卷專論干支，乃據飯島忠夫之説以駁正新城新藏。然干支之説，東西學者紛無定論。海寧吴其昌謂皆爲古代器物名象，而大部爲兵器，最可信從。而沫若附會巴比侖十二宫以況中國之十二辰，則無根之談矣。

《甲骨卜辭》一卷
商務印書館影印摹本

美國方法斂著。方法斂，山東濰縣牧師。殷虛書契初出土時，國人藏者唯福山王懿榮。而方法斂博士適與英人庫全英同爲濰縣牧師，乃合購殷虛遺物，凡獸骨六百七十片，及龜甲一千零十六片，鹿角一片，其他刻鏤之鐘、磬、劍、貝、矢鏃、圭璧之屬多件。後分藏于大英博物院，蘇格蘭皇家博物院，及美國卡内基、飛爾德兩博物院。此稿乃方法斂垂暮之年，選其精者一百三十二片，手自摹錄，時在西曆一九一四年也。然其中真贗雜陳，因摹寫不真，難於確定。若以文義讀之，可信其必偽者，若一九八九片鹿角、一五零六片獸骨，當爲贗造無疑。唯其中未見之字可補缺文，亦不一而足也。

附錄

《卜辭通纂考釋》①

郭沫若著　昭和七年五月日本文求堂出版　定價日金十二元

郭沫若氏前所爲《甲骨文字研究》一書，本刊曾有介紹。論其所創獲，頗有前人未能及者。而其中亦往往有自求立異之處，吾人不敢苟同，具如前評。今兹郭氏又有《卜辭通纂考釋》行世。按該書類集現存甲骨文字之較重要者凡八百片，影印一編，又附別錄百二十一片，撰爲《考釋》三卷，附於編後。其書之重要，出其所著諸書之右。

氏於本書自序，撮述其重要發現如下：（一）以𦫳甲爲丐甲，即沃甲，而又發現𦙲，爲陽甲，因此否定王國維氏以羊甲爲陽甲之説。（二）以甲骨中所見之𢦒甲爲河亶甲，因二戈相向爲戔，而戔爲河亶之緩言。（三）發現帝乙之配爲妣戊。（四）以上𧆞爲上虞，即今之上虞。他如發現高辛氏之才子伯虎、仲熊均見祀典，又其次焉者也。吾人于以上諸點，惟帝乙之配爲妣戊一條因《戊辰彝》有

---

① 本篇載《燕京學報》第13期，1933年6月，第253—256頁。因原刊文較長，此處節選部分文字。

"妣戊武乙奭"一辭爲證，以爲確然可信；其他諸條，則有待討論之處似尚多。

此外，其所發明者略舉如下。例如：第十四片，釋"帝弗若"，以《楚辭・天問》"后帝不若"爲證。第三十九片，讀賓爲儐，以《禮運》"儐於鬼神"爲說。第九十二片，釋𠕇爲龠之初文，假爲檜。第一百三十六片，釋❀爲𣎴，以《周公毁》及《吳尊》之❀爲據。第一百五十七片，以《周頌》"既右烈考，亦右文母"之例，證卜辭祭祖侑妣之禮。第三百五十片據《漢書・古今人表》契作卨，而《說文》謂卨之古文作𧃀，又卜辭有卨于𧃀文，足證𧃀即契。第四百二十九片，❀字羅釋果，郭氏據《陳侯午敦》枼字作❀，因釋❀爲枼。第五百五十一片，以《郘伯鬲》爲證，釋卜辭兒白即郘國，白乃郘國之姓，即始字。第五百五十七、第七百八十六兩片，有"貞令䣈"與"貞䣈"二辭，郭氏謂䣈即邯鄲之鄲。（金文有《郭伯封毁》即鄲伯封，字正作䣈。）第五百六十六片，"代棘其戈"，郭氏釋爲曹字，古文曹作𣍘，第七百四十四片正從日作𣍘。第六百七十片，釋𤰞琁琔三字皆爲琁之本字，駁羅氏說。第七百四十三、第五百七十兩片，有"自雇于勖"及"征夷方在雇"二辭。王國維氏釋扈，郭氏釋顧，引《商頌》"韋顧既伐"爲證。第八百片，郭氏以僕當從辛，駁羅氏說。又別錄中村氏所藏第十六片"征𠩺"，郭云即《克鼎》之"𠩺山"。田中氏所藏第十一片稱后且丁，郭云乃康丁、廩辛時物，以《辛亥尊》爲證。又十八片，𨾋，乃地名，郭釋爲萑字，因籀文萑字作𨾋，而卜辭雈或作𦫳，𨾋或作𤭯，其說皆無捍隔之病也。他如釋倉爲倉，"冬日雨"爲"終日雨"，以噩爲鄂，以雝爲雍，皆足以證成前人之說。

抑吾人尚有所補正者，例如：第十二片，白矞，卜辭中屢見。二丙相連，爲人名。我以爲《即白丙彝》(《周金》三卷，百十四頁) 之白丙，時代不同而已。第二百零一片，郭據羅釋爲天戊、天辛。然其字作齐，從二不從上，應釋爲二大戊、二大辛，與《戩壽堂殷虛文字》第二頁第十片作二大丁者正可互證。……（松）

《殷契卜辭》[①]

附《釋文》及《文編》 容庚、瞿潤緡同著
廿二年六月哈佛燕京學社出版　定價每部十元

民國十八年燕京大學哈佛燕京學社購得徐坊舊藏甲骨千餘片，由容庚先生選取八百七十四片，與瞿潤緡先生同爲《考釋》及《文編》。復經商承祚、唐蘭、董作賓諸先生校定，甚爲矜慎。甲骨文之發現，於今三十五年。其編纂字典若王襄之《簠室殷契類纂》，商承祚之《殷虛文字類編》，所收之字皆甚簡略，不足以應研究甲骨文者之尋求。此書將所收《卜辭》中所有之字，編爲《文編》附於後，其習見不能盡錄者，則別爲備查，甚便檢閱。且《卜辭》之印刷模糊者，可于《文編》中參校得之，不可謂非編纂甲骨文字者相當之進步。願當世學者依《文編》之法，取《殷虛書契》等書而盡編之，則善矣。

---

① 本篇載《燕京學報》第13期，1933年6月，第256頁。

史部　金石類·陶

《晉保母塼跋尾》一卷
《知不足齋叢書》本

歙縣鮑廷博輯。廷博字淥飲，此編蓋取保母塼諸跋尾輯錄而成。按：晉興寧三年王獻之保母墓碑，凡十行，百餘字，嘉泰二年六月山陰農人闢土得之，即世所稱《保母帖》也。時有曲水小硏俱出焉，色澤黝而潤，後有"晉獻之"三字，旁有"永和"二字。以吾人考之，二物當爲後世贗品。而南宋以來若葉紹翁、周必大、姜夔、周密、王易簡、王沂孫、鮮于樞、仇遠，各有題跋。曾藏項元汴家，展轉至淸，爲高士奇所得。於康熙庚辰正月，士奇爲詩紀之，并錄題跋爲一卷。歙縣鮑廷博取之刻於《四朝聞見錄》之下，廷博并跋其後焉。

《吳康甫塼錄》一卷
道光十四年刻本

桐城吳廷康撰。廷康字康甫，又字贊甫，號元生，又號可齋，晚號茹芝，善畫。有《慕陶軒塼錄》二卷，是書即其初印本也。廷康嗜古甓甚篤，所輯同時諸藏家拓本尤多。《塼錄》所存者，上起嬴秦，下迄趙宋，爲塼凡數百事，而以三國兩晉爲多。其中最希見而足補史缺者，厥惟"永嘉二年八月廿五日永陽縣長塼"。永陽屬北兗州陽平郡，舊史稱南齊時所建，今得此塼爲證，西晉永嘉時已有永陽縣矣。又"吳寶鼎二年塼"，其背面刻雙龍紋，頗生動有力，治中國藝術史者有所取資矣。卷首有李兆洛序文一首，不見《養一齋文集》，其掖獎廷康者甚備也。

《浙江塼録》四卷
鄞縣鄭氏刊本

　　嘉興馮登府撰。登府字柳東，有《石經閣金石題跋》，已著録。《浙江塼録》四卷，自漢始，迄六朝止，凡得塼二百餘事。其第一卷，漢、三國吳。第二卷，兩晉、宋、齊、梁、陳、隋。卷三、四無年代。卷四，附入無字有花紋、題咏、拾遺三類。今刻本缺題咏、拾遺二類，唯編首摹刻石經閣所得八塼，其餘第録原文，并記其大小、紋飾。其所考訂往往可補史缺者，如晉元康塼文曰"元康九年八月癸未朔八日庚寅"，又一文曰"元康九年八月癸未朔九日辛卯"，而司馬光《通鑑目録》作"八月乙未朔"，以此證之，知乙字乃癸字之誤。又晉永興塼文曰"斗米百廿"，是一斗米易塼百二十枚也。又泰始塼，阮氏《積古齋鐘鼎款識》以泰始爲晉世祖丙戌之歲，今考爲宋明帝紀元。塼出山陰，自爲吳中故物。是書之成，助其采訪者：臨海洪頤煊、嘉定瞿中溶、桐城吳廷康、烏程周聯奎、陽湖吕佺孫、西湖僧達受也。

《嚴氏古塼存》二卷
道光十九年刻本

嚴福基撰。福基字眉存，江蘇長洲人。所刻《古塼存》二卷，凡百餘事，上起炎漢，下迄趙宋，大都爲江浙各地所出之物。其中希見者，若"元康四年八月"龍紋塼、"永嘉元年五月廿日"龍紋塼、"永和六年八月一日"龍紋塼，皆可代表一時期之作風。至其年代編次，往往倒置。如漢建和塼列於晉元康之後，晉永安塼列于梁太平之後。諸如此類，頗不一致，足見其編次時未經考索也。按：福基雖與同時諸藏家若嘉興張廷濟、陽湖呂佺孫、桐城吳廷康、海昌僧達受、吳興徐熊飛皆通聲氣，而是書所集拓本，皆嚴氏一家所藏之物也，故其書有文鼎、李兆洛、達受、張廷濟、瞿中溶、翁大年、呂佺孫、張開福諸家序跋，一時學者咸推爲空前之創作也。

《温州古甓記》一卷
瑞安孫氏排印本

瑞安孫詒讓撰。是書輯録温州六屬西晉以來古塼凡百種，上起太康二年陳卓人塼，下迄陳天嘉二年殘塼。雖晉以後物，取足紀年月、姓名，無他記述。然其字畫奇古，篆隸咸備，異文詭體多與漢、魏、六朝碑版相合，間有古里聚、官秩、氏族之名，尤足以備邑乘採輯之資。詒讓[①]博通傳記，雖此區區陶旐，亦多所考證。如"泰和二年八月廿日大公中"塼，文曰"建公夫"，詒讓引湖州陳氏

---

① 詒讓，原稿爲"讓詒"。

所藏"永嘉二年"塼"立功夫"爲證，知公夫即功夫。又塼文有"大公中"，詒讓以《孫根碑》稱大中正爲大中，《襄陽記》稱大中正爲大公平，知此塼之大公中即大中正也。塼又稱"泰和二年丁卯八月壬辰朔十日癸酉"，而詒讓以泰始曆推之，應作庚寅朔，其十日爲己亥。且以塼文"壬辰朔"推之，十日亦直辛丑，因是知塼文紀日月有誤。凡此皆非淺學佞古者所能爲也。

《鐵雲藏陶》三卷
光緒甲辰抱殘守缺齋影印本

丹徒劉鶚撰。鶚字鐵雲，有《鐵雲藏龜》，已著錄。《藏陶》三卷，亦抱殘守缺齋三代文字之一，計先秦陶片五百六十有八枚，其字體皆古籀之支流，足與鼎彝文字相比證。例如第二百二十五片敀字即與虘羌鐘"嘉敀楚京"之敀字相同。古器中邾國之邾作𨛡者，陶片第一百九十四作邾，足證爲春秋以後之物，故字體與周初古器合者少，而與戰國晚期之器合者多。第五十六及三百零八諸片作楚𠂤某者，其爲楚器中之𠂤字無疑矣。

《瓦當圖考》一卷
燕京大學藏摹本

錢榮撰。榮字東軒，號一枝道人，其事蹟不詳。《瓦當圖考》一卷，凡三十二種，爲器六十有八。大體取裁於程敦《秦漢瓦當文字》、朱楓《秦漢瓦當圖記》、林佶《漢甘泉宮瓦記》、申兆定《涵真閣秦漢瓦圖説》諸書。其中，惟申兆定書爲希見之本。而所收諸品中亦惟漢"右將"瓦，及"符秦龍興化牟古聖"瓦，差可寶玩。他皆習見之物，爲諸家所已言。他若"鹿甲天下"瓦，當爲天禄閣瓦，故有"甲天下"之語。而榮據《三輔黄圖》"惠帝安陵有鹿苑"，此即其垣衛之瓦，則失之鑿矣。

《漢安甋瓺塼録》一卷
民國庚午四月排印本

長興王修撰。修字季歡，集家藏漢、晋、隋、唐、宋、明、清之古甓八十四種，又拾遺八種，取其中二十三種影印於卷首。大都南中古物，較之《千甓亭》①所録雖爲數不多，而古樸可信則過之。江浙多古塼，屬於吳、晋、宋、齊、梁、陳者尤夥。今此册上起西漢元鼎、天鳳、漢安、鴻嘉、永元，下迄清光緒二十年徐氏塼，旁及北齊、北周之物，蓋其中亦偶有得自他方者也。其所考證每多附會，若六年癸亥麇氏塼，修以爲吳赤烏六年，蜀漢麇芳降吳以後其族人所作；泰寧三年塼，銘曰"弘明作"，修以爲孫權姊夫弘咨之子孫，皆自作聰明，無補史實。又考晋隆安二年塼爲舊塼改鑿，知陸氏《千甓亭》所録者同爲贋造，其鑒別精嚴，非諸家所可及也。

---

① 即陸心源《千甓亭古塼圖釋》。

《瓦削文字譜》一卷
文氏思簡樓石印本

萍鄉文素松撰。素松有《漢熹平周易石經殘碑錄》①一卷，已著錄。是書計影印瓦削文字凡百二十片，附釋文如干條。民國十八年間，素松因事赴洛陽，得瓦削於金村鎮附近。瓦削之名載籍罕見，而素松所得瓦片中有著瓦削人某者，有著削瓦人某者，有著瓦削某者，又有單稱削人或某削者，則削爲古代製瓦人之專稱可知矣。其文例大都上著月日，下列人名，而無年號。大梁關伯益以字體推之，謂出齊梁間人所爲，不可憑信。其文字中有四片，皆著"景平"二字，如爲年號，則宋少帝紀元，時魏元帝泰常八年也。書體粗率，類出匠人，雖無補文獻，亦足以見當時之習俗也。

附 《瓦削文字譜》②
文素松輯 上海文氏思簡樓印行

右《瓦削文字譜》一卷，計影印瓦削文字凡百二十片，上附釋文如干條，萍鄉文素松氏所輯存也。民國十八年間，文君因公赴洛得之於金村鎮附近。瓦削之名，載籍罕見，而文君所得瓦片中有著瓦削人某者，有著削瓦人某者，有著瓦削某者，又有單稱削人或某

---

① 原稿作《漢熹平石經周易殘碑錄》。
② 本篇載《國立北平圖書館館刊》第5卷第5號"新書介紹"，1931年10月，第119頁。

削者，則"削"爲古代製瓦人之專稱可知矣。其文例大都上著月、日，下列人名，而無年號。大梁關伯益先生以字體推之，謂出齊梁間人所爲，或可憑信。其文字中，有四片皆著"景平"字樣，如爲年號，則宋少帝紀元，時魏元帝泰常八①年也。書體粗率，類出匠人，雖無補文獻，亦足以見當時之習俗也。（松）

子部　藝術類·書畫

《拙存堂題跋》一卷
陳氏《房山山房叢書》本

金壇蔣衡撰。衡原名振生，字湘帆，康熙貢生，工書法，與王澍相友善，書名亦相埒。所臨古帖多至數百種，曰《拙存堂帖》。嘗以楷書寫十三經，閱十二年而成，乾隆時奉旨刻石，列太學，選英山教諭。此跋一卷，凡四十六則，多甘苦有得之言。其論《秦漢篆隸册》，謂書家當從篆隸中得古法，"使懸筆中鋒，臂指如鐵石，盡一身之力作蠅頭小楷，斯真所謂芥子納山河大地"，"古學稍明，其在斯乎？"所論法帖淵源，不若《竹雲》《虛舟》二跋之博通典則矣。

---

① 八，原刊訛作"七"。

子部　藝術類·舞樂

《疇齋二譜》一卷　附《外錄》一卷
《武林往哲遺著》本

元張仲壽著。仲壽，錢塘人，字希静，官至翰林學士承旨。行草宗羲、獻，甚有典則，事具陶宗儀《書史會要》。《疇齋二譜》，舊爲海昌陳氏玉煙堂刊本，計《墨譜》《琴譜》各一篇。《墨譜》錄李廷珪以下凡三十三家，而宋之名工如王迪、陳贍、潘谷、沈珪、張孜，皆未見。而其所著錄者，又太半未見於《墨志》《墨表》《漫堂墨品》《雪堂墨品》諸書。其已見於各書者，若浦大韶之作蒲大韶，蘇彦輝之作蒲彦輝，葉邦憲之作華邦憲，皆足爲校勘家之助。《琴譜》所錄，皆兩宋斫琴名家，凡二十人，亦足資考訂。此書錢塘丁丙爲之刻入《武林往哲遺著》，並輯仲壽所爲詩文十一首爲《外錄》一卷。琴韵墨香，既足助清簟疏簾之逸致，而《外錄》中《跋定武蘭亭》四則，亦藝林之佳作。篇末有趙子昂跋，曰"弁陽老人攜至疇齋所編二譜"云云，蓋仲壽生於南宋淳祐壬子，與周密相友善，其書則作於宋元之交也。

子部　藝術類・法帖

《稧帖緒餘》四卷
《薌嶼裘書七種》本

南城曾廷枚撰。廷枚字升三，一字修吉，號薌嶼，有《字原徵古》四卷，已著錄。《稧帖緒餘》者，輯集稧帖舊聞，以補桑世昌、俞松諸書之不足也。其書起自淳熙七年壬寅朱熹《定武蘭亭跋》，迄清陳奕禧《玉枕蘭亭跋》，凡數十家，與胡世安《稧帖綜聞》互有短長。卷一錄桑世昌《蘭亭博議》四則，歐陽脩、秦觀、米芾三跋。蓋其編次亦至凌亂，惟桑書經高似孫删訂之後，題曰《蘭亭考》，原本久已不見。今所錄四節，不見近刻之中，末附葉適跋尾，知出原本，彌足珍貴也。

子部　譜錄類・器物

《古禮器說略》一卷
《雪堂叢刊》本

海寧王國維撰。國維字靜安，有《觀堂集林》，已著錄。《古禮器說略》一卷，計《說鐘》《說勾鑃》《說肅》《說卣》《說斝》《說觥》《説盉》《説彝》《説俎》等九篇。《説俎》篇解釋舊説，析子孫圖爲大人抱子倚俎之形，實發前人所未發。他如以勾鑃爲鐸，以散爲斝之誤字，以彝爲禮器之公名，後之解釋《禮經》者當知所據依矣。

《墨記》一卷
《學海類編》本

宋何薳撰。薳，浦城人，自號韓青老農，有《春渚紀聞》十卷，《四庫》已著録。此卷即其中紀聞之一，所記北宋一代製墨名家，若王迪、陳贍、潘谷、沈珪、陳相、張孜、張處厚、高景修、朱覲、常和、潘衡、蘇澥、晁季一、章序臣、蔡瑫、蒲大韶、章季子、胡景純諸家事蹟具備，並及唐高宗鎮庫墨，李愷、李庭珪之墨。唐、宋二代製墨之法略具於此，故當存而録之也。

《墨評》一卷
明如韋館刊本

明潘方凱撰。方凱，歙人，字膺祉，萬曆天啓間以製墨名於時。此册即當時諸家墨評也。方凱之墨以所作"開天容"最有名，故當時題咏亦最多，若李維楨、焦竑、顧起元、朱之蕃、臧懋循、雷瑛元、王穉登、鄭琰、袁中道諸人，皆一時知名之士。末附方凱自作之《如韋館直説》一篇。《直説》者，蓋[①]譏程君房、方于

---
① 原衍一"蓋"字。

魯輩之爭奇鬥巧，離質而尚文也。故曰："墨之所尚者重玄之色，輕清之質，和劑之法而已。合三者墨無以尚之，尚之，則妖而已。"墨妖之名，即肇於此。而李維楨輩亦以方凱之墨質勝於文，故曰："古人墨與金同價，流芳百世，質實使然。寧在稱名取象乎？"

《墨志》一卷
《粵雅堂叢書》本

明麻三衡撰。三衡，宣城人，字孟璿，布政司瑢孫也。清兵犯寧國，三衡以諸生與近郡吳太平、阮恒、阮善長、劉鼎甲、胡天球、馮百家俱起兵，號七家軍，後以兵敗死。見《明史·沈祖德傳》。所著《墨志》一卷，輯集前人論墨要語為紀原、系氏、煙品、治膠、和製①、稽式、藏蓄、權質、語林等九章。章各附論，考其所本，大抵不出何薳《春渚紀聞》、陶宗儀《輟耕錄》、張世南《遊宦紀聞》、王世貞《宛委餘編》、屠隆《考槃餘事》，及李孝美《墨譜》、晁貫之《墨經》、成老相《墨經》諸書。雖非專門之學，亦足以與陸友《墨史》、沈繼孫《墨法集要》並駕而驅。其論煙品一則，謂宣德間有以漆取煙之法，則為諸家所未言。三衡名注復社，所為《詩略》載《明詩綜》。《墨志》一書，初無傳本，鮑廷博刻《知不足齋叢書》時，於《墨史》校注中偶見其名，而未曾刊刻。此冊舊鈔傳自金冬心，海昌吳兔牀曾為校定，蔣生沐刻入《涉聞梓舊》，而後始有傳本也。

---

① 和製，原脫，據《墨志》補。

《墨海内輯》三卷　《外輯》七卷　《附録》一卷
《涉園墨萃》本

　　明方瑞生撰。瑞生，歙縣人，字澹玄，其所著《墨海》與程君房《墨苑》、方于魯《墨譜》齊名。瑞生萬曆崇禎間人，而麻三衡《墨志》、萬壽祺《墨表》皆未見其名。編末有李維楨、董其昌、焦竑、袁中道等二十餘人題贊，知與當時文士相往來。張仁熙《雪堂墨品》載其所作非煙墨，在吳君章、吳喬如之間，並言曾見其所作《墨記》，乃公安呵雪先生筆。呵雪，即袁中道也。近人藏墨者惟鬱華閣盛氏藏其"紫霄峰"一品，可見其墨之難得矣。今是書《内輯》分三卷，首卷《玄鯖録》，有《霏屑》《具眼》《郢斤》《瀋餘》四輯，皆輯録周秦以迄元明古今論墨之故實。次卷《仙墨函》，有《李蘇咏墨》《群仙戲墨》《二仙別墨》三輯，録李白、蘇軾諸人咏墨之詩，及《列仙傳》《會昌解頤》《壺史》諸書中論墨之事。第三卷《説墨合》，論製墨之法，疑即中道所書《墨記》，凡八章，論古今製墨之法略備。論取油煙之法，較《墨法集要》所言尤爲詳盡。《外輯》分七卷，計《古墨束》上、下二卷，《墨事摹》一卷，《龍賓乘》一卷，《玄符徵》一卷，《墨暈》一卷。則廣徵古今墨式著之於篇。其琢鏤之精，足以方駕程、方二家之書。而其用意之深，則非二家所能及也。

《墨表》四卷
《士禮居叢書》本

明萬壽祺輯。壽祺，銅山人，字年少，崇禎舉人，有《隰西草堂集》，已著錄。《墨表》四卷，長興吳權鈔本鮑廷博欲刻入《知不足齋叢書》而未果。戴曾光錄得副本藏之，黃丕烈爲之刻入《士禮居叢書》中。卷一《墨贊》十三則：宋朱熹、葉理各一首，明宣德御墨一首，宣德時墨工方正、邵格之一首，成化羅小華一首，嘉靖方氏、邵氏、汪氏一首，萬曆諸家一首，無姓氏字號二首，叙亭館一首，叙戲墨一首，叙高麗一首，叙古今墨論一首。卷二、卷三即上述諸家墨表，卷四爲《古今墨論》。萬氏論墨雖未見獨到處，然古代墨式賴是表以傳者，不爲無功也。

《藝粟齋墨品》一卷
燕京大學藏滎陽鄭道乾鈔本

歙縣曹素功編。素功字聖臣，有《墨林》二卷，《四庫》入存目。是書一卷，計御製品十二種，其他貢品五十七種，此外非貢品三十九種。每種皆有當時價目，並折價之法。編末錄方以智《通雅》"論墨"一則。近世製墨之法日漸退步，並其品名亦與往日不同。至墨價之高下，尤相懸殊。此册足供治墨史者之考鏡也。

《百十二家墨録題詞》五卷
乾隆戊子甬上邱氏刊本

鄞縣邱東河輯。東河，字學敏，號鐵香，收藏古今名墨甚富。自清初以來，藏墨名家以廣濟張仁熙、商邱宋犖爲著。仁熙用吳叔大雪堂墨匣，藏墨得三十九丸，有《雪堂墨品》。後十四年甲子，宋犖續得三十四丸，辨而紀，曰《漫堂墨品》。又二十七年庚寅，續得六十五丸，曰《漫堂續墨品》。具見《西陂類稿》。今東河《墨録》得百十又二品，幾與張、宋兩家所藏相伯仲。是書首載楊述曾、范家相、許祖京三序，及姚晋錫、馮敏昌、朱文藻、謝蘭生、馬履泰、陳禮仁等百十五家題詞。惜其書於《百十二家墨品》未曾叙列，惟于宋溶詩中論及畢松滋、胡星聚二家墨。足與曹素功、汪近聖媲美，亦論墨藝者之一掌故也。

《鑑古齋墨藪》四卷 《附録》一卷
《涉園墨萃》本

歙縣汪近聖製，曾孫天鳳輯。近聖製墨，與曹素功齊名。乾嘉之際，供奉内庭，所創墨式至富。是書四卷，雕鏤之細，足與程君房、方于魯、方瑞生之作媲美，曹氏《墨林》非其比也。不寧惟是，近聖之墨，體質精良，亦足方駕曹氏。其子惟高論墨云："墨之膠貴陳，杵貴到，煙貴遠，而其要總在藥貴勻。彼曹氏之勻調於藥者，吾翁實左右之。"此雖誇語，要之曹氏專精於質，故其式僅十八種。近聖此製於乾隆、嘉慶兩朝貢墨曲盡其妙，而於御用彩硃，尤見匠心。末附張佩芳、張問陶、趙秉冲等百三十餘家題詞。論近代墨式者，當以是書爲則也。

《内務府墨作則例》一卷
丁巳孟秋武進陶氏涉園重刊

闕名。是册見清光緒《會典事例》卷一千一百九十九《內務府書籍碑刻則例》內。昔御書處設四作，曰刻字作、曰裱作、曰墨作、曰墨刻作，各設科掌匠役以司其事。作墨之法，自唐以來，代有改革，至於有清御用墨，益求精進。《則例》中做墨定例一項，於作墨之原料數量、製造手續，及所得墨品，靡不畢載，於此可以窺見勝清中葉以來製御墨之法。曹素功、汪近聖輩墨式雖有書可尋，而其製墨之法當於此中得其消息也。

《中舟藏墨錄》三卷
《涉園墨萃》本

宛平袁勵準撰。勵準，字珏生，光緒戊戌科進士，翰林院編修。藏墨之富，甲於中國。是書仿《雪堂墨品》《漫堂墨品》之意，分上、中、下三卷，其上卷本盛昱鬱華閣故物，題曰《鬱華閣墨品》，凡三十六丸，皆明代名墨。中、下兩卷爲勵準十二年中搜訪而得者，題曰《高恐寒齋墨品》，凡七十二丸。其間有宣德御墨二品、成化御墨四品、隆慶御墨三品、萬曆御墨一品、日本國墨一品，下至邵格之、羅小華、程君房、方于魯諸人之作。計得諸廠肆者十之六，得諸友朋者十之四，然皆重金獲之。藏墨於康乾之世已覺其難，矧在其後二百餘年者乎？其書首列萬曆秤、嘉靖尺拓本各一，而後每品皆以拓本入錄，並記其度量之數，及墨工小史與流傳所自。歷來藏墨之書，其精審未有逾於此者矣。

《南學製墨劄記》一卷
《涉園墨萃》本

湘鄉謝崧岱撰。崧岱，字祐生，清光緒庚辰入太學，於其時得取煙入墨盒之法於劉炳靈、饒登逵、彭廷弼諸人，然不知净煙、和膠、入盒之理。癸未冬，始告成功，而其色乃遠勝於市墨矣。故詳其原委，撰爲八法：曰取煙、曰研煙、曰和膠、曰去渣、曰收瓶、曰入盒、曰入麝、曰成條，古人製墨之法至是翻一新樣，而墨盒之用廣矣。崧岱之作是書，於其創製之法外，兼取沈繼孫《墨法集要》之語，附於其後，以資比較。前人言古法製墨惟用松煙，自南唐李廷珪始易用油煙，於是松煙之法遂絕。今崧岱以松脂取煙，知今人用松煤之法亦非古，然與油煙相較，其質稍次，知前人改用油煙非無因也。又崧岱言和膠必待膠水冷透方可入煙，乾煙三錢，以入乾膠二錢爲度，亦實驗所得，論製墨之法者未嘗言也。

《論墨絕句》一卷
光緒癸巳仲冬湘鄉謝氏翠經榭刊本

　　湘鄉謝崧岱撰。岱字祐生，有《南學製墨劄記》，已著錄。《論墨絕句》本戊子冬國子監祭酒盛昱南學加課題之一，崧岱僅成十五首。癸巳十月，補成十六首。仿自注之法，每詩皆加注釋，凡得八十八條，獨詳製墨之法，足補《製墨劄記》所未備。桐松合製之法，見何薳《墨記》，今此書言其法尤詳，足證其用力之勤，實可與《南學製墨劄記》相輔而行之佳作也。

附録

札記序跋

章氏《文始》札記[①]

一、文始叙例

氏從乁聲，内從九聲。

回從重口。

既造姓字，對轉其音而爲氏。

但、裼、臝、裎，一義而聲轉。

絳爲大赤，䩔爲小車，得語所由，不於赤車而於大小。

因日有邇，因月有遠，則由物名以成意想矣。丨先中造，丿先主造，則由玄念㫄定形色矣。

夫同音之字，非止一二，取義於彼，見形于此者，往往而有。農無厚大之義。

已、以之聲皆在淺喉，而台、胎在舌，侣、俟在齒。古音本綜合方言，非有恒律。

[①] 今將札記分段輯録，並根據《文始》加上小標題。《文始》有不同版本，用字或有不同，此以劉節原稿爲據，明顯錯誤處逕改。札記可以核對《文始》原書，而劉節所作按語有無法辨認處，則出注説明。因是札記，句子或不完整，請讀者知悉。

二、歌泰寒類

（一）陰聲歌部

𠂇乃丫之省。《釋名》枷或曰丫。

皮音本如爲。《左傳》有盾瓩。

𠂆或斂爲喉音，則孳乳爲我。從戈扌。扌，古文𠂆。

它亦受義于𠂆。與匚相係。

螭亦作蚖。節按：蚖即地螻之合音。

丽之義當爲誃。

卑字從左，對轉寒則爲賤。

巂又可讀入支爲規，惴又變易爲恑。

（二）陰聲泰部

𡿨又孳乳爲碣。

由，孳乳爲。屈、譎同聲。譎者，謫問也。蓋本孳乳于屈。

決又變易爲潰，又孳乳爲汩，又孳乳爲穴。夬又孳乳爲刎。刎對轉寒孳乳爲憲，即契之借。《釋詁》彝與法則同訓。

孔字從乙訓通。乞從乙訓空。

自讀若鼻，則脣音也。以洎、臬、息、垍皆從自聲推之，則自本喉音，今作齒音者，蓋本自舌音流化。節按：道古音從行得聲如皓。氏古音讀如祇，皆喉音轉爲齒、舌音。此中必別有原因。

謁，白也。節按：如貉貉之貉，讀爲狟。而貉字從各，又讀若陌，故《釋名》以白字訓啓。自、我、言皆雙聲字一說甚確。

𩒹從川，音良薛切。《說文》謂從列省聲。章氏云從卂聲，卂音亦同。卂音五割切。

卢讀如戳。

凡𠩺、𢆶、戌雖自爲初文、準初文，皆受義于卢。戌孳乳爲威。聲系甚遠，當從戌字得聲。

象亦本于㠯，非。遂變易爲遺。

大對轉誕。

屮以雙聲轉盍爲蹋。蹋又旁轉緝爲𨏉，足也。

率，呂戌切。

（三）陽聲寒部丙

彝器或作連環形如𠀙、𠀘，此蓋冊字。

丫頭與戈頭同，云從反入，實未成字。水垎爲凍。羊（讀若飪）訓撠，則干亦有刺義。訐對轉歌孳乳爲加。

節按：嵯峨、厜㕒同一語根也。

焉①稍舒則爲舌音如離。離黃，倉庚也。離音如羅，與焉轉，猶莪爲蘿，蛾羅。

鳥黃黑則羙，艸黃黑則頜。

《說文》引《春秋傳》"噅言"，以噅爲之，《唐韵》作莫話切，古當與噅同作訶介切矣。

節按：中峒似即中涓。

桓表亦作和表，見《匡謬正俗》。桓即行之古文𠨧。《大宗伯》注雙植，謂桓指每𠆢。《檀弓》注言四植，指每一𠃊而言也。節按。堯作誹謗之木，始名爲桓。則縣所治夾兩邊謂之桓。節按：則華表、和表即郵表綴也。

---

① 焉，原稿缺，據《文始》補《章太炎全集》第7冊，上海人民出版社，1999年。

軶，車輨也。輨者，轂耑錔也。

旦旁轉真變易爲晨。節按：旦、晨之變如田、陳之變。

襌縝紛爲振縝紛。此舌音舒爲齒音也。

《三代世表》"窮蟬"，《世本》作"窮係"。《詩》言"三單"，猶《史記》言"三嬗"。系本音如弟，與單爲舌音雙聲。其後系、係變作胡計切。

字變作但，裼也。

罨字讀卷，蓋罨從舌音，孳乳爲睍，從喉音孳乳爲嬽。

兌從公聲，其聲蓋亦兼在喉舌。

虫乃虫之古文。段讀居又切。

虫亦孳乳爲纋，袁從虫聲。

片之聲義受諸采。

桃杙可扒，故亦稱援。

三、隊脂諄類

（一）陰聲隊部

畏，乙獻切。顊，魚怨切。

元近轉脂孳乳爲頯，禿也。按：今作項也。

囟聲入喉即孳乳爲鬼。鬼、夔同音，當本一物。夔即魖也。古怪獸與人鬼不甚分別。禺、𤣗、夔皆猴類，本似人，亦無待變化矣。囟本有脣、喉二音。

節按：説、數二音，喉、齒殊而語源一。

于以雙聲轉粵。

欸從𦘒見。訓佩者即今笏字，亦即聿之初文，筆亦可佩。聿、笏同一語原。聿又孳乳爲律。聿亦稱不律。

凡字爲颶，爲颲，爲颴。《郊祀歌》："卉汩臚。"師古曰："卉汩，疾意。"按：鹵莽、騖疾，皆是也。

叀之聲義蓋取諸寒部之冊。

突一訓滑。

丨孳乳爲隤，下隊也。

隤轉喉音如貴。對轉諄變易爲隕，從高下也。爲磒，落也。抎古音蓋如員，抎又變易爲損。轉寒孳乳爲騫。——自《玉篇》《唐韻》皆有古本切。

文字雖獨體，而聲義取諸此——

古音术如內。術本音內。喬得聲于冋。奭聲本在之部，周秦已入寒。

㒸又旁轉脂孳乳爲黎。

古文以入爲內，入本在緝部，轉入隊，而內聲之軜，亦與合、邑爲部。

墊、褺二字今在齒頭，亦可在舌頭。

出、生同義，孳乳爲青。

丩讀若樛，虓聲之琥，服虔音衛。

泰部之屮，寒部之反，實皆受聲於乀。

萬物，猶今言諸色。節按：色目即旗色。

雙聲轉侯，則椒儒爲侏儒。轉幽則屈短爲短周。拙旁轉泰變易爲稅。雙聲轉侯則爲殳。

雷字聲義蓋受諸回，故對轉諄變易爲實，齊人謂靁爲實，古文作霝。

實之語在員先，其製字在員後（接古文作霱條）。古但書畾，如回，對轉呼之則讀若實矣。

畾還隊孳乳爲類。葛藟與紛紜相似。

《釋詁》："貉、縮，綸也。"節按：貉即絡字，故綆又作䋲。

《淮南·本經訓》："冠無觚嬴之理。"節按：以上一條非雙聲之例較多。

（二）陰聲脂部

尻即《詩》"不皇啓處"之啓。

頡即頁。

稽爲榮戟。榮即漢時所謂過所。

囗，對轉諄爲圓，次對轉寒爲圜。寰，《說文》不錄，古通以縣爲之。以帷與幨取囗聲。至確。節按。

悊旁轉支爲盼。

圙實以囗容米，非初文。

回孳乳爲囘，又爲没，爲𣳚。節按：此又是貉貉一語之所出。

緯繣，乖戾也。

在隊爲歸，女嫁也。出亦曰大歸，引伸作諸歸家字。

殷蓋即豈字。殷以還師故從𠂤。

駃騠言赽踶也。

烖即𤆄，象三峰矛，非妄說。節按。

燹作穌典切，則孳乳爲焌，然火也。旁轉寒斂爲舌音爲然。然又孳乳爲炭，對轉歌孳乳爲𤉧，束炭也，楚宜切。

畾在隊爲惠，仁也。在真爲恩，惠也。在泰爲悉，惠也。皆一語之變易。

爽從爻訓明。爻本音如奴禮切。

裛，迫也。

坻與州、渚、沚皆雙聲。

厎旁轉歌爲坐，爲侳，爲挫。

推亦孳乳爲朱。

希爲絺之古文。絺旁轉至孳乳爲緻。紩對轉真孳乳爲紉。絺、綌蓋本一語。繐與綌音轉。總又繐之孳乳。

古或以夷爲尸。夷槃見《天官·凌人》。夷牀、夷衾見《儀禮》。蓋古音尸亦在淺喉。

伊尹蓋殷官名，非一人之名也。節按：至確。伊尹者，謂主事之卿尹。尸臣即伊尹。

蚔，古文作𧖟。《詩》"其祁孔有"，鄭讀祁爲麎。大火謂之大辰。示本齒音，視從之。古文作眂，已入舌音。祁、狋從示聲，則示又在深喉。狋讀如權，若祇讀如祁。覷對轉清舌音爲靈。

《詩傳》訓黎民爲齊民。引申爲貨利。旁轉歌孳乳爲贏。劙又孳乳爲戩，滅也。與絕、戌相轉。

敓從兌聲，亦可如說、稅、悅作齒音，故四字一原而語變。

匕叙之義，孳乳亦爲此。在支爲紫。

牝爲畜母，雌爲鳥母，皆從匕聲。節按：彼此即匕此，亦言牝牡，在人曰父母或考妣。

匕孳乳爲柶，轉支爲匙，亦作齒音。

奮音小變爲翬。揮轉寒爲鸛。其翻字本訓小飛，與翬旁轉而大小異。字或爲翻，則飛之次對轉也。

仳當即𦥑字。非與隊部之乀相轉。

蠶蜉，蜉取不義。

𠂔、制皆從未。旨從匕聲。脂作齒音，孳乳爲隼。

《公羊傳》"昧雉彼視"，《解詁》曰："昧，割也。"此蓋與今刎字同。對轉諄孳乳爲黁。古音當如門。

罙或作㵣。節按，即《詩》"罙入其阻"，據鄭康成説。

（三）陽聲諄部

乚對轉脂孳乳爲衣。

案、窋爲晋之旁轉孳乳。

㠯爲乚之反言孳乳。

⺄者，最初古文。

船爲云之孳乳在寒者。

難爲屯之借聲。孳乳爲䵼，推也。由䵼孳乳爲羼。

𦰩旁轉寒變易爲㹠。

圂旁轉寒爲團。

其于室材孳乳爲椽。

隋轉寒變易爲巒。節按：團圞乃諩語。

古以尸爲殄。

《韓詩》幝幝作緂。節按：攤緩與邅迴同一語根嬋娟。

舛古音如涒。節按：從君，讀他昆切。舛或作踳。節按：踳踳亦一諩語。

舛孳乳爲對。節按：與他昆切雙聲。

噂爲舛之孳乳。節按：噂沓即踳踳一語之轉。

𦷺古音蓋如堇。虋之作莔蓋如舛之讀涒。

巛孳乳爲睿。

順對轉隊變易爲豙。

叡又孳乳爲慧。叡齊即慧齊。節按，即整齊一語所出。

順旁轉寒爲歔，變爲嗷。

物亦文之對轉孳乳。

盾，厂聲，與扞相應。

四、至真類

淵懿讕語。

（一）陰聲至部

《方言》："一，蜀也，南楚謂之獨。"吮轉齒音於寒部爲潬，對轉泰爲啐，爲歠。

乙爲履之初文。古文禮作礼，從乙聲。乾字從乙，謂履而上出也。

乙有兩讀。在脂爲履，旁轉支爲歷，旁轉泰爲砅。在至孳乳爲軋。軋，輾也。輾者，轢也。踐者，履也。車徹之字，或通借作軼。

梟階、歷階相轉。瞵轢，田也。孳乳爲畁，登也。讀若陃之本音，如田。乙、佚之通猶秩、程之通。秩得聲于乙。履端即乙端，猶引端也。——《大乙經》言乙象人頸，借爲咽也。

今人言更代的普，古文普爲秩。《少牢饋食》注。節按：普乃暜之誤。晋秩，《說文》□□□□□本誤，□本作□，袂作袂。

挺身猶言脫身。奪、失同義。

支部之歷本訓過。更易即更迭。節按：歷訓過，如鬲字在見、來二紐。

徹從鬲聲，古文作㣇。

㞢從又、屮，讀土刀切。節按，即挑、拿之本字會意兼形聲。從又字可讀唇音，奴字其一例也。隶字亦從又。

屮、?亦至、清次對轉。屮在至則孳乳爲㹀。在支則變易爲枝。對轉清則變易爲莛。古音雙聲。莖從巠聲。巠從?聲，音亦同莛。

徹在支對轉清變易爲聖，古音如壬，如聽。

屮本意與才同。

柴次對轉真孳乳爲薪，蕘也。

聖亦叏之對轉①孳乳。

屮次對轉寒孳乳爲屶。

然有隔越軸聲以相轉者，《詩·天保》以弔、質爲韵。

談、宵對轉，以詹爲到。弇侈之聲，于是越其紀矣。

希，古文㶜。以綢繆爲纏繇。

京房《易傳》浡作臻。

質引伸爲礩。鎮引申亦爲礩，亦或作磌。

甄謂之坯，又變易爲澱。坯亦甄澱之變，然喉、舌有隔。甄又孳乳爲匭。窒聲小別爲堊，亦塞也。古或讀堊如甄。實則變易爲賑，爲牣。填塞即堙塞。

謓訓恚。

所，按：語斤切，質取以爲聲。——質爲藉斫之椹，非即斧也，不得從二斤。

---

① 對轉，原稿爲"轉轉"。

質即節之借字。

劑亦可作㔉。璽亦㔾之傍轉孳乳。

印固可讀信。其讀因者，還至乃孳乳爲㔾。㔾對轉真孳乳爲信。

般辟即便辟。

必從八弋，乃後出古文。邠國即汃國。

分對轉隊又孳乳爲費。散即柀。

楷本得聲于八。

血王即衁王。

（二）陽聲真部

冹帗孳乳爲擎抾。

涓潔即濜概之異字也。巾孳乳爲沫，或作靧。郒人即嫻人。

《說文》"臣，牽也"，臣即初文牽字。節按：臣之古音當讀如臤，故臣牽也，乃同音相爲訓。甲文羌字皆從㐉、㐌。臣字訓牽，其音如羌，《左傳》所謂"肉袒牽羊"是也。

《少儀》有獻臣。

養馬者謂之振，官婢曰娠，即以齒音借爲臣。腎字從臤，讀時忍切，與臣之作植鄰切者相當。

畜，《魯郊禮》爲薔。

繫、緄、牽、離，一語也。

緄又孳乳爲紙。亦得孳乳爲系。

引旁轉寒孳乳爲彎，又孳乳爲弲。引在本部孳乳爲弦。

神，古音本如㐄。瞅，待因切。

瞅對轉至變易爲設。設旁轉隊變易爲肆。孳乳爲悷，肆也。爲奞，爲雄。

身孳乳于申。次對轉脂孳乳爲體。斂作舌音。爲姿。

㑶，神也。變易爲娠。孳乳爲胤。

電字直作申。矢訓𦫵。

呻次對轉變易爲叩。于政爲令，又孳乳爲鈴，爲鑾。于德爲㝱。狄從亦聲，兼取淺喉喻紐，與㝱相轉，猶錫轉真爲鈃矣。

猶躳之從呂矣。寅字宜爲申之變體。古文寅作𡩟，直厺頭肩而露其脊，又重糸之，下依于土爾。

申變作𠚍，猶𠂹變作𢆉，开變作𠕎，此蓋古文坤字借爲寅字，亦通。申、寅既同字，十二支取以相對，故齒喉分別其音。此猶卯、夘對言，本不爲十二支造字也。

身又孳乳爲佃。

㑶、娠，又孳乳爲筍。

尹字從丿。

《荀子》"君疇"，《新序》作"尹壽"。

《聘義》"孚尹"，借尹爲筍。

尹得作齒聲，與帥雙聲次對轉。

君、尹與委相轉。委又作妥。

屈字聲義受諸回，變爲漳，與屈爲次對轉。及周時，顏回字子淵，聲形已別久矣。

爲高作京謂之就，爲下作淵謂之因。

眕次對轉泰變易爲畷，古音如對。由趁又孳乳爲𪊨，古音悉如顛、田。

古文仁爲尸，夷亦或爲尸，蓋脂、真次對轉。

倭遲可作郁夷。

因儿製夷明矣。夷俗蹲居，故謂蹲曰夷。

人舞。

仞孳乳爲頤。

故人孳乳爲千，千又孳乳爲榮。

劑、剗同語。

遷又次對轉支孳乳爲徙。

僊作舌音變易爲眞，古音如顚。

進旁轉諄變爲㐰，㐰又孳乳爲駿。

隮又爲虹。《周禮·春官·視祲》"九曰隮"，注："虹也。"虹色青赤，與縉義近。赤雲謂縉雲。隮訓虹者猶言縉也。節按，即祲字本義。顚隮即顚隊，猶齏與韲。

辛轉皋，猶新爲潕矣。

姊得聲義于丨，妹亦得聲義于隊部之丨，本孳乳于媦，楚人謂女弟曰媦，近轉脂爲妹。

丨孳乳爲佪。

妓音轉喉對轉清則爲嫈，爲嫈，爲縈，爲縈。

凡彡、申、囟、中，雖皆獨體，然竝受聲義于丨。

囟變易爲天、顚，猶丨孳乳爲眞，齒音歛爲舌音也。顚、額通言。

囟或作䐉，入之則與宰同。宰、冢、垛。節按：竝聲近。

冢對轉東變易爲壠。則越弇侈之紀矣。

帝繫作奠繫。

天孳乳爲亜。古文旹從火，從中，從日，袞字從之，本即禋字。

勖孳乳爲犀,對轉至孳乳爲伵。棲棲對轉至爲屑屑。

卂對轉至變易爲鴻。旁轉寒爲俾,疾也。對轉至爲肎、胑、屑。振訊即振肎。奞思振反,蓋亦謂卂之變。亦孳乳爲振。旁轉爲顫。

扇亦孳乳于卂,《方言》訓箑。

偡次對轉清變易爲聲。肎則孳乳爲斝。

寄屑即寄生。新正借爲汎。

霅之聲義得于彗。

疾亦卂之對轉孳乳。彗齊即徇齊。齊給字本作齋,亦卂之次對轉。

㴲、汛孳乳爲痒。疊韵相變爲冷。

痒與瀨猶清與冽。

丏又孳乳爲昏,日冥也。又孳乳爲閽,爲婚。節按:民、母雙聲。

雙聲轉蒸孳乳爲夢。雙聲轉陽變易爲氓。亦旁轉寒孳乳爲蠻。旁轉諄爲閩。

賓字亦宜爲帀之孳乳。賓與寅猶髕與寅也。

買朱鉏作密州。

五、支清類

規畫之與經營。

凡言徵辟本無義,乃借爲聘。節按:徵辟即漢人通語,《詩》所謂"民之多辟,無自立辟",皆是也。

（一）陰聲支部

圭者，準初文。珪者，後出古文。

與卜相轉。畫對轉清變易爲形。

置場字古祇作易，蓋借爲畦，爲町。易作喉音同部爲畦。易作舌音對轉爲町。

畦又對轉爲頃。

其因畦次對轉而變其名實者，寒部有畹。

圭之聲義受諸陽聲之卜。

呂讀如莒。巫，背呂也。呂、巫本支魚旁轉。見倉頡時已有轉注。

䇂對轉清喉音則孳乳爲龕。

次對轉脂或以爲耆字，或變作髻。

舒作齒變易爲脊。

米又對轉清孳乳爲磬。球爲玉磬，取聲義于彔。

磬聲又旁轉蒸，應于臣音如鏗。

驚旁轉寒孳乳爲罥。

爭字從受丿。

叀對轉清作齒音變爲爭。

襹旁轉歌爲拕。

厂有喉、舌、齒三音。

圛，古文《尚書》作悌，《史記》作涕，鄭玄《詩箋》、古文《尚書》以弟爲圛。

澤、液、露、渾，皆圛之孳乳字。

氏、呧同文。疑氏本即氐字，旁轉異音，異形耳。

氏、辰聲通。蚔或作䗑，則氏、辰亦聲通也。章氏云氏本從乁聲則喉音，亦作䟓則舌音，與辰相轉則如《唐韵》齒音。

氏從喉音在歌變易爲阿。

阿之言倚，正與岸脊旁着同義。節按：氏聲古如衹。衹、倚聲類相近，而奇、衹雙聲。

湄爲水㡿，陙爲水𠂤，皆氏之次對轉孳乳。隊與氏亦寒、歌對轉，若墬之與地矣。

厂與氏相係。

阺、陛、陔，亦得爲氏之孳乳。

乁以喉音轉舣舌音，猶輕以喉音轉趣。

又乁孳乳爲倪，爲睨，爲䣢。又舒作舌音爲睇。

乁轉至則孳乳爲禰，爲祜，轉寒爲攘。支部奚亦孳乳于乁。

酒器滑稽。

謑詬猶薢茩、𧒒蠅。

嗌次對轉真變易爲咽。

頸旁轉真變易爲領，項也。

雉有十四種，其音古本如夷。

辛夷亦作新雉，此則脂部喉音，荎之旁轉孳乳也。古文作䄡，從弟，舌音。舒作舌音孳乳爲鴺。雉衍爲鷉，猶鼠衍爲鴽。

易，古音本如鬄。對轉清變易爲蜴。次對轉寒孳乳爲𧔥。易之與𧔥，猶裼之與但。《周易》本即《周覡》，《祭義》所謂"易抱龜南面"。螷亦易之變易字。

兒在深喉疑紐。節按：即永嘉方言。

齯、鈴音轉。

鯢即《秦始皇本紀》之人魚。

疒，今音娘紐，古音泥紐，亦作淺喉。

躑躅，逗足也。嫡孍亦謰語，原于彳亍。

舒爲齒音爲跊，爲踖。

躑亦可訓躐。

趹騠。趌娶，四夷之舞，即兜離，兜勒。

峙踞，與彳亍亦旁轉。

墼或令適，即壘之切音也。

嬴音本如霝，籯䇇一語之轉。

後與嬴俱入淺喉，還支變易爲益。

以列訓謚，古音亦如絫。

嬴姓本作盈。益、盈對轉，盈嬴孳乳。

鬲與鼎支清對轉。

貞，後出會意字。

隔、搹等字從鬲得聲。鬲本舌音。

鬄讀如嫣。節按：得聲于䫄。

枱亦秝也。枱階即歷階矣。

王引之曰：“芍藥之言適歷也。”

藥，音本如哀樂之樂，本由歷孳乳。

反秝爲兞。

歷象作數瀝。見《堯典》與《五帝本紀》。

貒、貒皆從豸名轉音入寒。

螾旁轉諄則變爲蚳。

丘螾或爲朐䏰。

容傷、平易字皆爲豸音近。

豸字或作齒音。廌爲解廌，聲義亦受諸於豸。

豸、希古音並如弟。

狐、貒、貍、貍皆兼二字。

《説文》古文殺作㲋。變舌爲齒。

髶鬠，皆希、豸之孳乳。

刺，本音如帝。解，古音亦如豸。節按：豸古音如解，實從解廌一語而出。

中里（中壘、中貍）①徼。見《墨子·明鬼下》。

《易》"殷薦之上帝"，本或作廌。

鎦，陳也。

紖字《周禮》作絼，爲支、真次對轉。廌、陳亦支、真次對轉。

束又孳乳爲瘌，小篆作脼，瘦也。瘌傍轉歌變易爲羸，音如帝、祶，與羸並在舌音。羸對轉寒變易爲巑。策旁轉隊爲笍，旁轉歌爲箠。

《説文》有訽，音紐過遠，或當爲覴，疑當與②窺同義。

束者丁之陰聲所③孳乳字。

册古音讀如帝、祶。對轉真變易爲典。作齒音者旁轉魚變易爲籍。

𧘕從只，讀若馨。未知其審。

厄旁轉至孳乳爲即。

---

① 中壘、中貍，原書於稿紙天頭，括弧爲整理者所加。

② 與，原稿作"爲"，據《文始》改，《章太炎全集》第7冊。

③ 所，原稿爲"所以"，據《文始》改，《章太炎全集》第7冊。

丏爲不見，又自宀而廣之。

縣、繭皆孳乳爲襧。

名、命皆原于芈。

（二）陽聲清部

丬、介雙聲。

畫爲圭之孳乳，亦丬之孳乳也。

駉旁轉寒變易爲苑。

丬、野不別，郊、野亦爾。郊亦丬之孳乳。

清、宵多隔絕相轉。

萍變爲藻。亭當變爲予當。

"駉駉牡馬"，《說文》引作"驍驍牡馬"。則丬可衍爲郊矣。古本一名。

茭亦駉之孳乳。

迥對轉支變易爲邊。此蓋喉音兼有舌音。又對轉支孳乳爲役。

耿亦丬之孳乳。

开亦作𢍎。

吳山，古文以爲汧山。《漢·地志》。

开、岐本一名之小別。开之爲跂，猶妍之爲技。古音开在清部，故形、刑、邢、銒從之爲聲。汧、研、妍等字入先部者，清之轉也。

清、支對轉，故开與支聲字相通。

笄、枅、軒三字古音皆在支①。

研孳乳及寒爲硟。

---

① 支，原稿爲"交"，據《文始》改，《章太炎全集》第7冊。

"隨山栞木",《夏本紀》作"行山表木"。

开本作卅,與古文比作龖相對,比孳乳爲陛。开可孳乳爲階。皆亦得聲義于开。

貝,聲義受諸陰聲之𠭣。

壬字聲義與尚、中皆相近。莖對轉支孳乳爲翩,羽莖也。翩又與披聲義相傅。

九江謂鐵曰錯。

莖、呈皆從壬得聲。

亞即古惡字。曲局爲醜,故惡。

繕或爲勁,本清、寒之旁轉。

乚音復轉入寒孳乳爲善。然大篆譱字從誩。

勁次對轉脂則爲偕。

娙對轉支變易爲佳。珽亦作珵。

乚讀如經、徑、勁、娙,次對轉至則孳乳爲吉。桔孳乳于梃,頡孳乳于頸,佶孳乳于頲勁。

故還清變易爲𠅃。

乚爲直,巠爲衺流。

中與乚同義,中孳乳爲徹、聘,乚亦孳乳爲逞、徎。

輕對轉支孳乳爲傷,爲歇,爲趣,讀若池。

繕爲組之變易字。

釘,古言錯。

成從个聲。節按:鉦成是也。

戉即矛字。成即《廣雅·釋詁》"挵"字。

大抵弇聲之字言伐擊者作舌音皆可與个相係。丁男、丁女即成人。丁實即誠實，誠亦丁之孳乳字也。

玎舒作齒音爲琤。琤對轉陽爲瑲。

貞孳乳于丁，猶考爲考問矣。

諦次對轉真爲慎。

峚即禋字。

涑與滴同得束聲。

灑轉魚爲渻。渻轉幽爲茜。

"苗民勿用靈"，《墨子·明鬼》篇作"否用練"。

涑復孳乳爲瀾。

自瀝滴變齒音如涑，則孳乳爲淅。淅轉魚爲釋，轉幽爲溲，爲潃。

清、幽無對轉之理，雙聲相迤，遂得至此。

正孳乳爲定。節按：鉦成即丁成之例考之，正古音如定例同氏之古音如祇。

井亦兼深喉、淺喉二音。孳乳爲陘，爲牼。節按：井之古音如耕，亦氏與祇、正與定之比。

瀛即洼字。《楚辭》"倚沼畦瀛"，劉逵《蜀都賦》引王逸注云"瀛，澤也"，班固以爲"畦"。知本作："倚沼瀛兮，遥望博。"畦乃班氏注入正文。

荆與圭、形相轉。

產從彦省聲，孳乳爲獻。古音獻爲膚，正與犧讀彦同聲。獻對轉歌變易爲犧，故《周禮》犧尊爲獻尊。獻、犧舊讀如沙、娑，與生、產同爲齒音。

生本但作屮。

晶、精亦挚乳爲省，旁轉陽又變易爲相，挚乳爲詳。

六、魚陽類

據梁之與彊梁，怒子之與壤子，無傷之與罔象。節按：彊梁乃貊貉之轉語，與蠃螺同源。

魚陽爲聲之中軸，初文亦特視他部爲多。

（一）陰聲魚部

壺爲土鼓。

節按：邢丘之作郱丘，如車（居）可讀如妻。又大路、大輅即車聲之語源。

庫從車聲。

莒字從呂得聲。有見、來二紐。

呂與巫魚支旁轉，各爲初文。對轉陽岡爲山脊。節按：岡從丘一系統之語根而來。

節按：呂梁亦猶貊貉、蠃螺也。

閡爲竟之對轉語。

父訓矩。父有大義，巨亦有大義。

魁梧正當作頯俁。

楑柜即楑柩。群、匣同在喉音。

篝對轉陽變易爲𥴉。

恢𢒎。節按，即郭郭。

凵、盧本一語。節按：又是貊貉、蠃螺一語根所出。

藤花榭本《説文解字》校讀後記[1]

近二百年來《説文》之學大昌,段、王、朱、桂爲斯學鉅子。校讎舛訛,釐正音訓,欲治許學者非自四家入不可。而四家之説相違牾者亦頗多,復以三十年來彝器骨甲出土者日有所見,其中文字,證之許説,往往有不可通者,故治許學者非熟察許書本文,不足以論定諸家之得失;非深究彝器骨甲之文,不足以考文字之原始。而許書由漢迄唐,治之者少,中更少温之亂,許書面目,喪失迨半。至南唐徐鼎臣、楚金兄弟,始稍振斯學,而叔重本誼不可盡得矣。宋元之後,鼎臣所定之本亦復希見。好古博學如顧亭林乃云:"《説文》原本次第不可見,今以四聲列者徐鉉等所定也。"蓋顧氏所見者,惟李燾《五音韵譜》而已。迨明季毛氏汲古閣始翻刻者宋本《説文解字》。入清以後,此道漸興。朱竹君之椒花吟館本,乃重刻汲古閣本者;稍後孫淵如之平津館校定本爲最善。孫本翻刻者頗多,有《小學彙函》本,同治甲戌吳縣浦氏重刻本;同治某歲番禺陳昌治刻一篆一行本;光緒丙戌吳縣朱氏重刻《平津館叢書》本;此外淮南書局曾覆刻毛扆四次校定本,最近商務印書館影藤花榭本,及日人岩崎氏所藏者宋本(此本刻於《續古逸叢書》及《四部叢刊》中)。而影藤花榭本價廉最便,頗通行,而錯誤亦最多。此近二百年來許書流行版本之概略也。藤花榭本爲嘉慶丙寅(據《觀古堂書目》)額勒布所刻,及沈兼士《文字學形義篇》引作嘉慶

---

[1] 本篇載《清華週刊》第30卷第10期(總451期),1929年1月12日,第15—17頁;收入清華大學國學研究院主編《劉節文存》,江蘇人民出版社,2014年,第103—105頁。

十二年，則在丁卯，未知何據。額氏滿州正紅旗人，字履豐，號約齋，嘉慶中户部侍郎。所著有《七十家易説》，"爲小詩栩栩有蘇、陸意"。所刻書，尚有《刊正九經三傳沿革例》一卷，見《觀古堂書目》；又《紅樓夢》三十餘卷，其餘不可考。前在南方，素聞藤花榭本舛訛多，不可讀。今來清華，得番禺陳本、吳縣浦本、朱刻《平津館叢書》本、《四部叢刊》影宋本、淮南局本，以及嚴鐵橋、鈕樹玉、段茂堂、王杲友諸家之校語以訂正之。始知額本錯誤雖多，而所據亦係宋本，其中頗有數處勝於諸本者，臚舉其例如下。

《耳部》"聞"字説解云："聞，知聲也。"局本、朱本、浦本、陳本、宋本皆作"聞，知聞也"。嚴鐵橋《説文校議》曰："小徐、《一切經音義》十四十八、《玉篇》《廣韵》廿文、《韵會》十三文，俱引作'知聲也'，此知聞也誤。"段、王之説同。《大學》云："聽而不聞其聲，食而不知其味。"知聲之義自較諸本爲勝。《手部》"摽"字説解云："挈闅牡也。"浦本、朱本、陳本、北宋本皆作"挈門壯也"。局本作"挈闅壯也"。嚴校云："《類篇》、《韵會》十七條篠俱引作'挈闅壯也'。按《門部》：'闅徯關下壯也。'此作壯誤。"又鈕樹玉《説文校録》云："《玉篇》'闅，門下壯也'，《繫傳》作：'挈，鑰壯。'鑰，即闅之俗字，壯字誤。王杲友云：'闅、壯一物也。'"段校同。

《亡部》"丂"字《音讀》云："讀與徯同。"局本、陳本、浦本、朱本、宋本皆作"讀與徯同"。《説文》無徯字。嚴、鈕、段、王諸家皆云："當作'讀與徯同'。"

《金部》"鍛"字《説解》曰："鈹有鐔也。"局本、陳本、朱本、浦本、北宋本皆作："鈹有鐸。"鈕校云："宋本鐔作鐸，譌。"本部鈹字説解云："劍爲刀裝者。"又鐔字説解云："劍鼻也。"鐔訓爲大鈴，自與"鈹有鐔"之義無涉，段、王所校同。

《酉部》"醬"字《説解》曰："醢也。"局本、陳本、浦本、朱本、宋本均作"醯也"。嚴校云："《廣韵》四十一漾、《韵會》二十三漾俱引作'醢也'，此鹽小徐未作鹽，皆誤。"鈕、段、王所校同。按：同部"醢"字《説解》云："醯，肉醬也。"醬之爲醢，其義自較諸本爲勝。

此外尚有十餘字均詳《校勘記》中，足證額氏所據之宋本必非孫氏所據之本，否則必經額氏校改。孫氏平津館本《説文解字序》云："近有刻小字宋本者，改大其字，又依毛本校定，無復舊觀。"殆即指額本而言歟？近日所出日人岩崎氏所藏之北宋本，行字款式與孫本、額本均同，孫本所有錯誤，一沿此本之舊。説者謂孫本出自此本無疑。此本舊藏陸心源，後陸氏書歸日人，此本即藏岩崎氏家。書有青浦王昶、阮元、汪大琛、蔡廷楨、汪振勳、卓恕、吳城、陸樹聲諸人之印記；後有"嘉慶二年夏五月阮元用此校汲古閣本於杭州學署""乙丑閏六月錢侗藉觀"二題記。又據段玉裁《毛氏汲古閣説文訂序》云"玉裁自僑居蘇州得青浦王侍郎昶所藏宋本……以之校定毛本"，此本改①有王氏藏書圖記，或者段氏以之校定毛本者，即此本也。後於《楹書隅錄》中檢知聊城楊彥合（紹和）所藏之宋本、額本印記頗多。觀其所錄各印記，此書且經毛晉、季振宜、桂馥、阮元、姚畹、汪灝、戴大章、葉志詵、顧廣圻、寶奎、許瀚、何紹基、紹業、陳慶鏞、汪喜孫諸人之手。後由孟慈轉

---

① 改，或爲"蓋"字。

贈彥合之父，於是此書藏於楊家。又楊氏題記云："近代汲古閣本、平津館本、藤花榭本，皆依宋槧開雕。汲古閣本行字不同，而此本毛氏之印纍纍，當亦爲汲古所棄。《延令書目》著錄之《說文》六本，及藤花榭所據之宋槧，即此本也。"此本每半頁十行，行大字十六字至十八字；小二十五字至三十餘字不等；與額本、孫本行字款式均同，迨與岩崎氏宋本同出一版歟？所有額本與諸本不同之處，或係額氏依毛本校改之故歟？俟得毛本再爲校定。

丙寅十二月二十五日初稿

侯堮按語：劉君此文，成於兩年前，曾應實學月刊社之約；旋以該刊暫停，庋諸篋中。日昨劉君自津歸校，因向其索稿甚亟，倉卒間出此爲贈。至所著《校勘記》，少緩擬再請見詒也。芸圻附志。①

---

① 此文爲《清華週刊》編輯侯堮向劉節所約稿。芸圻，侯堮字，安徽無爲人，作者清華同學。此文爲劉節作《藤花榭本〈説文解字〉校勘記》之後記。此《校勘記》未見出版，稿本亦不復見矣。

跋《䣱羌鐘考釋》①

余既爲《䣱氏編鐘考》②,粗通其讀,猶慮其義之未安,質之吾友海寧吳君子馨。子馨曾爲《補考》③一篇,所論余亦未敢苟同。今年春,余友唐君立厂、徐君中舒之《考釋》④相繼成。咸撣精研思,自立壁壘,余復何言?惟二君之文,於余説牴牾最甚,尤以釋🔲爲再,釋🔲爲伐,釋🔲爲𢆶,釋🔲爲韓,皆與余説大相徑庭。夫🔲之非再,🔲之非伐,🔲之非𢆶,事實具在,學者自能辨之,何用深論?惟🔲爲韓,引璽印爲證,又鐘出鞏、洛之間,雖有知者,亦不能無所疑似,故疏其義藴如次。

立厂治小學,素爲儕輩所稱許,其所最注意者,字形之沿變。今論🔲之非韓,亦先以字形之沿變爲解。《説文》建首,意義相蒙,學人所共知。故日、旦、倝、㫃,四部次比。易非部首,且許君亦未識易之古義,於《説文》不能得其條貫,故復以甲骨銅器之文字證之。金文旦作🔲,而鈢印又以🔲爲旦(《鐵雲藏印》《清儀閣古印偶存》)。陽字甲骨文字從🔲(《前編》卷五四十二葉),又揚字作

---

① 本篇載《國立北平圖書館館刊》第6卷第1號,1932年2月,第89—92頁。劉節所跋唐蘭之《䣱羌鐘考釋》載同期第83—88頁。
② 劉節《䣱氏編鐘考》載《國立北平圖書館館刊》第5卷第6號,1931年12月,第35—42頁。
③ 吳其昌《䣱羌鐘補考》載《國立北平圖書館館刊》第5卷第6號,1931年12月,第43—52頁。
④ 即徐中舒《䣱氏編鐘圖釋》,1932年中央研究院影印本。

𩰠（卷四第三葉），則易之古文亦作𩰠，或作𩰠。而旦與易皆日字所孳乳，其形體由☉變爲☉，爲𩰠，爲𩰠，爲𩰠，爲旱，又變而爲杲。其所産生之旦、昜、早，三字乃一義之引申甚明。而軓字從㐱，旦聲。《說文》曰：「日始出，光軓軓也。」㐱乃旌旗之游，㐱寨飛揚之貌，與𩰠變爲昜同象日光照耀之意。又如《曾侯鐘》"實於西旐"，字作𦨈，則鐘之𦨈亦從㐱，𩰠聲之旐字，𩰠於易一字也。前釋《許子鐘》"韓"字所從之𦨈，爲旐。今細審劉刻本《薛氏鐘鼎款識》，字作𦨈，即韓字。《王孫鐘》《沇兒鐘》作𦨈，即韓字。立厂訓爲翰，甚是。《爾雅・釋鳥》："鶾，天雞也。"《釋文》曰："鶾本又作翰，從鳥，從隹，從羽，意可相通。"從言，軓聲，義亦相合。其所從之𦨈，當爲軓字。鈢印取布局之便，省韓爲𦨈，即《說文》軓字，立厂謂𩰠字末筆多彎曲，鐘之𦨈即鈢印之𦨈。殊不知古鈢中立厂以爲韓字者，若郭申堂《古印擶》所著録之𦨈壯鈢，其末筆亦彎曲，此不足以作旦與易之區別，而反足以作旦與易本爲一字之明證。然則軓與旐之形義既通，在鈢印中借爲韓之字，不害其在鐘中作旐也。

　　旦與易在形義上既得相通之證，求之聲類，亦復如是。旦爲舌音端、透、定一系字，此類三等字轉入喻母者最多。陽，喻母字也。曾運乾氏《喻母古讀考》（《東北大學叢刊》一卷一號）謂喻母字皆從定、澄二類轉入，列證之多，不可枚舉。瑞典高本漢氏《諧聲說》則謂古音有弱諧强之原則，若喻母字每可以諧端、透、定等母字。例如：甬 ǐwong，諧甭 d'ung、通 t'ung；昜 ǐang，諧腸 d'iang，趨 t'âng，邊 d'ang；冘 ǐəm，諧沈 d'iəm，耽 tâm；炎 ǐam，諧談 d'âm，毯 t'âm。而端母字又可諧端、透、定；例如旦 tân，可以諧怛 tân、坦 t'ân、但 d'ân。兹二說皆可以解釋本問題，而皆未能盡其義。喻母與端系相諧之例甚多，如惕之從易，移之從多，迪之從由，棠之從尚，迪、他之從也，追、殆之從台，荼、途之從余，隋、隨之從肎，嬋之從單。二家之説不足以該之。余以爲端系字古音有讀如tâi̯者，即旦字，若今湖南語之大。吾國古語中有一連綿字足當之，即"袒裼"是也。他如坦、塌，坦、易；怛、惕。坦、蕩，皆同義。其一義之引申者，如涕洟、沈抑、直易爲一類；團圓、提携、嬋娟爲一類。論其音變，長言之則爲tâi̯e，對轉，則爲tân，或tâm，或tâng，失其輔音則爲i̯ân，或i̯âm，或i̯âng。然則旦tân之變爲易i̯âng，軌之音理，亦無扞隔矣。

　　旦與易之音、形、義既皆得相通之證，則從旦之𤕘爲旸；從早之𡴙，爲𦙃；當更以其他方法定之。中舒謂鐘出鞏縣，足證爲韓式之器，此亦言之成理。然韓氏並不始於韓萬。《詩·大雅·韓奕》曰："溥彼韓城，燕師所完。"王肅以爲涿郡方城縣，甚誤。《漢志》左馮翊郡有夏陽，古少梁國。《括地志》以爲同州韓城。《詩》曰："奕奕梁山，維禹甸之。"梁山，即古少梁之國。《禹貢》所謂"治梁及岐"之地也。而《詩》又云："韓侯取妻，汾王之甥，蹶父之子；韓侯迎止，於蹶之里。"可見韓城去汾陽不遠。江永《春秋地名考實》曰："韓城在河西，然秦晉戰於韓原，獲晉侯，非此地也。韓原當在河東。故《傳》僖十五年云：'涉河，侯車敗。'謂秦軍涉河，而晉侯車敗。又晉侯曰：'寇深矣！'其不在河西可知。"今證之韓奕所言，韓原實即韓城。則韓城亦不在河西矣。韓非晉裔，《史記》不從《世本》，乃據韓奕訂正。

　　鄧名世《古今姓氏書辯證》："韓氏出自姬姓，周武王庶子，封爲韓侯，奄受追貊之戎，以長北諸侯，其地謂之韓城，春秋時晉韓原是也。宣王中興，韓侯能幹不庭方，以佐王大有功於周室。王親命之，賜之梁山，以爲韓國之望。平王東遷，子孫失國，以韓爲氏，而地入於晉。至曲沃武公併晉，有韓萬者，爲戎大夫，伐翼有功，復封韓原，以爲采邑。"其地蓋在河津、萬泉之間也。周威烈王二十三年，與趙、魏分晉，列爲諸侯，都平陽，今山西臨汾縣。景侯徙陽翟，今河南禹縣；哀侯徙新鄭，即今新鄭。蘇秦説韓昭侯曰："韓北有鞏、洛、成皋之固；西有宜陽、高版之塞；東有宛穰、洧水；南有陘山，地方千里。"是韓之遷都河洛間，在戰國中葉。而此鐘作於魯襄公時，是時韓之國邑尚在山西，以此爲證，亦非定論。

馬叔平先生謂鈢印以𡊄爲韓，誠然。今按《陶齋藏印》卷三第二十八葉有𡊄鈢，《十鐘山房印舉》卷七第三葉有𡊄豐鈢。豐即𡊄之省；則𡊄，安知非𡊄之省？故上虞羅氏《古璽姓氏徵》並釋爲陽（其後出之《璽印文字徵》則釋爲𡊄）。又古地名稱"陽"者，後有更名曰"韓"者，如《漢志》夏陽《元和郡縣志》曰："隋置韓城，唐改韓原。"《漢志》宜陽，《括地志》曰："故韓城，一名宜陽城。"《漢志》潁川郡有乾陽山，《海內經》有韓流，郭璞云："即乾荒。"然則𡊄之爲韓，抑爲陽，在鈢印中亦未可遽定。

武文𠁁烈條，諸家於𠁁字皆無説。余友蕭山朱豫卿、息縣劉盼遂，皆謂乃休字剝落。休烈之辭見《漢書·匡衡傳》，曰："休烈盛美，皆歸之二后。"休烈，即美烈之意，並誌於此。

壬申仲春，跋於文津閣

《武英殿彝器圖録》序[1]

昔劉原父撰《先秦古器圖》，言攷究古器之法，曰禮家明其制度，小學正其文字，譜牒次其世諡，乃爲能盡之。夫禮樂、制度、譜牒、世諡之文，皆史實之骨幹，合於一科則古史學也。宋世歐陽永叔、楊南仲、黄長睿、董彦遠、趙德甫諸家，每舉彝銘，廣徵史事。降及近世，錢獻之、徐壽臧、吴清卿、孫仲容諸家承之，而海寧王静安先生集其大成。彝銘款識多倉籀古文偏旁，結體間有可證文字之原，足辨許書之失者，此古文字學也。宋世薛用敏、王子弁、王順伯諸家摹録彝銘，考釋異義，雖差謬間出，然篳路藍縷之功無以讓焉。清代經生潛研《説文》，述作如林，陳義甚高者有之。求其能以古籀訂正小篆，亦惟吴清卿、孫仲容、王静安三先生創獲獨多，外此無足論矣。又有仿薛、王之體成書者，則阮芸臺、吴荷屋、吴子苾、羅叔藴四家而已。

傳世彝器種類實繁，且一類之中形制殊特者尤難紀數。若究其款式，繪其紋鏤，較其度量，亦可自成一科，則古器物學也，而圖録之書尚矣。彝器之有圖録仿自宋世《宣和博古圖》以還，迄於清高宗敕撰《西清古鑑》，下逮端午橋《陶齋吉金録》。其間作者無慮數十家，大抵皆摹繪版刻，逾失本真。迨乎近年寫真術傳入吾國，圖録之書不復乞靈筆匠，而精審遠邁前代，豈非治古器物學者之大幸耶？圖録之爲用，不僅在攷究古器之形制，尤以比類而求其紋鏤演化之跡，爲治斯學者一新途徑。彝器之紋鏤若山，若雲，若雷，

---

[1] 本篇載容庚《武英殿彝器圖録》，哈佛燕京學社，1934年。

若鱗，若蟬，若夔，若虺，若饕餮，其名大都宋人所定，皆圖案畫也。圖案之淵源甚古，禽獸之羽毛，蟲魚之鱗甲，無非天然圖案。厥初生民觀象製器，故所作圖案即模擬其意，而窮極變化之巧，以表現其時代精神，與夫方域殊特之氣質。於此而求古昔之藝術作風及民俗習尚，其親切尤在文字之上也。

近今言彝器紋鏤之學者，日本梅原末治教授導其端。泰西各國學者則徒事比附疑似之形，以為吾國古代彝器紋鏤有受斯克泰文化之影響者，並謚其名曰秦式。俄羅斯祿茲託丹夫教授首倡其説，法蘭西翟柴克教授及日本濱田耕作教授皆篤信之。余以為，上古東西文化交光互影之致可以信而有徵者，未始非事實所不許。若以彝器紋鏤為比較之樞紐，則必先從事於劃分彝器之地域與年代，且標舉紋鏤之式，分別部居，綜貫群類，然後可以詮釋疑難，而明其流變之所自，惜夫今之學者舉未暇及此也。

吾友東莞容希伯教授今世考古學鉅子也，於彝器款識之學尤所究心。初為《金文編》，訂正吳氏《説文古籀補》所未備；繼為《殷周禮樂服御諸器圖説》，釐定名稱，辨正形制，每有新解。往歲希伯嘗入寶蘊樓鑒定彝器，得以餘暇編輯《寶蘊樓彝器圖錄》。其書攝影真切，為諸圖錄之冠。考釋矜慎，其説又為治古史者所取資。然則希伯於彝器之學可謂能先立其大者矣。獻歲之初，希伯又以所編《武英殿彝器圖錄》示余，屬為之序。及讀其書，較《寶蘊樓》所錄體例尤精，每器皆特標紋鏤拓墨之影以為式，用意與鄙説不謀而合，蓋是書之成又為治彝器學者闢一新途徑焉，其有功來學可勝言哉。

二十三年正月五日弟永嘉劉節序

《甲骨書録解題》序①

近世歷史考訂之學，邁越前古。其主因端在新材料與新方法，二者交相推進，故新說之可存者，亦日見增多。殷虛書契出土迄今，纔逾三十稔，而研治者，自瑞安孫詒讓先生以下，無慮數十家，著述之數量，則相倍蓰。論其方法，以創通文字爲先，孫氏《契文舉例》《名原》二書，實開山之作。迨上虞羅振玉、海寧王國維兩先生，則以之考覈殷代制度，後之學者未能出其右也。至於近年，予友南陽董作賓先生草《甲骨文斷代研究例》，自是崇治殷虛書契之學者，始知甲骨文字可以斷代研討，以底於邃密之境，則董氏貞人之說，又爲羅、王以後之一大發現。由此道擴而充之，以甲骨文字考覈殷代史跡之企圖，更可以信而有徵矣。四家之外，作者雖衆，大抵依旁成法，不能自闢園地。然而初學入門，又不能無目錄之書，以資尋討，此邵氏《甲骨書錄解題》之所爲作也。邵氏此書採摭甚廣，而別擇至嚴，又雅達校讎之恉，辨章流別，有條不紊，誠從事殷虛書契之學者之良友也。

二十四年四月十日序於國立北平圖書館，劉節

---

① 本篇載邵子風《甲骨書録解題》，商務印書館，1935年。邵子風，別號武陵，湖南常德人，容庚弟子。

《名原校證》序[①]

　　近六十年來，中國古文字學長足進步，吾鄉孫籀翁《名原》爲其中重要著作。此書雖作於吳大澂《説文古籀補》《字説》之後，而綜貫博通，其功遠在吳氏之上。其後章炳麟作《文始》《新方言》《檢論》《國故論衡》中有關文字語言之論著，王國維作《史籀篇疏證》《殷虚文字考釋》《與友人論詩書中成語書》及所釋古文字各篇，悉有創獲。二家立論雖有不同，其結果則同。由古文字上溯古語源之途徑已闢，文字與語言在雙邊發展過程中實即社會發展之具體史料，爲考古者之莫大補助也。近年古器及卜骨出土更多，考釋者風起。惟綜貫音、形、義，上探造字之源，揭示甲文、金文、小篆訛變之異若《名原》者，實未之見。《名原》成於清光緒乙巳，即一九〇五年，距翁逝世三年，刊行時未能得翁親自校定，墨丁未刻者多；五十餘年間新出奇字足以補證籀翁之説者，不一而足；至翁所釋字甚確當，諸家未能採擇者，尤不勝枚舉；故是書實有重行刊布之必要。

[①] 本篇載杭州大學語言文學研究室編《孫詒讓研究》，1963年，第12—14頁。《名原校證》，或即劉先生作品，但未見出版物，也不見書稿。《劉節日記》闕1963年的日記，無法從中找到相關綫索。劉先生同鄉、清華同學戴家祥（幼和）先生於1985年，以八十高齡校點了孫詒讓的《名原》。其在《斠點名原書後》（見《栔文舉例　名原》，中華書局，2016年，第343—350頁）中説，1934年訪北平，劉節先生曾對他説《名原》一書"字訛難讀"，鼓勵他校點再版。但戴先生的後記並未提及劉先生爲其校點本作序。

往歲肄習金文，每悟古文有字根，有語根，於其中尋求義例，偶亦有在籀翁創獲之外者。借此時機，質之同好，並以紀念籀翁篳路藍縷之功，且待能者之補苴罅漏也。

第一，字根演化例。人字小篆作𠆢，甲文作㇏，金文作㇏、作㇏，象側立人形，字書如鄰切，日紐，古讀泥紐，今永嘉方言尚如此讀法。大字甲文𠘶，金文作大、作大，象正立人形，徒蓋切，定紐。天字甲文作吳，金文作天、或作夭，皆象正立人形。甲文亦借爲大字，如天乙即大乙，天邑即大邑。●，象人之顛。《易經・睽卦》六三爻辭："其人天且劓。"借天爲顛首字，他前切，透紐。端、透、定、泥同類雙聲。又如日字，甲文作㊀，亦作㊀，作日，象形；金文作㊀，作⊙，俱可省作〇，作口，人質切，今永嘉方言亦讀泥紐。旦字金文作♀，作♀，當以日從地起爲正，但亦可倒寫作♁。甲文陽字從♀作，♀即易字；金文易字正作♀，作♀，字亦從♀形而出，其後始有易字之形。足證旦字、易字皆以日字爲根。旦，得案切；易，與章切；一在端紐，一在喻紐，其音皆從端，知兩系而來，三等字恒轉入喻紐也。再者，甲文湯作唐，《說文》唐字古文作㓪。《左傳》昭公十二年，齊高偃納北燕伯於唐，《春秋經》正作"陽"，足證陽之古音原在定紐也。再如屮，《說文》云："艸木初生也。"丑列切，徹紐。予意此字當以𠆢字爲根。金文作屮，亦作屮。《說文》才，昨哉切，從紐。按之甲文，作屮，作𠆢，亦作十。小篆哉、栽、𢦏諸字皆從才。按：𢦏，甲文作𢦏，或作𢦏；金文哉作𢦏，或作𢦏；足證從𠆢者亦可從𠆢，從屮或可倒作𠆢。因知甲文屮，金文屮，或屮，語源於名塊根形之𠆢字，𠆢乃後出形聲字也。《方言》："𠆢，杜也。東齊曰杜，或曰𠆢。"《詩》曰：

"徹彼桑杜。"杜即根，根荄雙聲，語源於一。才、栽、哉皆其引申義。丫形實從中形省變而出者。其支別者又有屯字，《説文》作屯，陟倫切，知紐。荄杜、根柢，古語重音。故見於古代方國字者，有荄、根字，亦有杜、柢字。屮、才、中之古音當與杜、柢一系相通，總在端、知二系中；而才，在讀入從紐者，引申之義，後世之音，因而更遠矣。即此三事，知古代字根與語根互有關連；求之小篆，未必能通；探之古籀，焕然冰釋。

第二，偏旁通用例。此義爲例甚豐，學者多知之。但充此例以求之於古籀，或可得新史實，亦不厭煩言之。金文中玁狁字可作允，從弓從人，亦可從女作妟。此外如羌字從羊從人，姜字則從女；姓字可從人作性，亦可省人作生。又金文"東人"字可從禾作秉，而甲文妹字可從木作杗，實即《周易》"歸妹"，《尚書·酒誥》"妹邦"，《詩·大明》"俔天之妹"之妹字。若以從禾從木可通，從人從女無別例之，則妹姓實即委姓。《國語·鄭語》："禿姓舟人，則周滅之矣。"是禿姓又即委姓。因知《詩》之大東、小東，與《左傳》之大邾、小邾，必有淵源可尋也。充類求知，證以史實，古代史之秘密可大明也。在甲文、金文中從女字往往爲後世字書所不見，古姓之多，於此可證。

第三，象形省變繁變例。此義《名原·象形原始篇》論之已詳，今之所述乃就諸家以爲不同字，考其原始，實從一形之省變、繁變而出者。王國維《史籀篇疏證》即以象、象、象、象、象均爲一形之繁省異體，其字源皆出於一根。朱芳圃亦以象、象同爲夒字。籀文齋所從之夒字，實即夒之繁文也。象形可省，如祝之從兄；亦可變繁，如禱之從壽；從壽，則增一聲符矣。求其原始，僅象人形而已。金文中此例甚多，如冀之作🅰，夏之作🅱，皆象人形，其音讀則沿各族不同時代之口語而定。夋，七倫切；夒，渠追切；音雖相遠，若以帝夋即帝嚳證之，夋之與夒，原屬象形之繁變，當係事實。殷祖之"夋"與春秋時之"夒國"，相去幾千餘歲，部族遷之遠，方音變易之大，有不能以聲韻求之者矣。此字源與語源不相因之另一面也。

第四，形聲別構例。從甲骨文字以來即發現一種現象，凡是國族名，皆加以凵、㘎、曰等形符，表示此係國族名。如周字，甲文作🅐，金文則作🅑，亦作🅒；商字甲文作🅓，亦可不從曰作🅔。此外如魯、晉、䜌、曾諸國族名，皆從曰，或從曰，在金文中已習見之矣。但尚有別構以表示國族名者，如🅕字即有仍國之仍。《師旅鼎》："伯懋父在🅕。"《散盤》則稱"虞🅕"。《離騷》云："及少康之未家兮，留有虞之二姚。"而揚雄《宗正箴》則云："昔在夏時，太康不共；有仍二女，五子家降。"以《散盤》稱"虞🅕"證之，揚雄之說原自有據。而仍之原作🅕，亦於此確定矣。因知甲文中之"🅕方"即叙東夷之叙，金文中豐鎬字作🅖，而甲文鎬字作🅗。《禮儀・士相見禮》："在野則曰草茅之臣，庶人則曰刺艸之臣。"蓋古代落後部族與先進部族共處，如有仍族之比較落後者，即以從艸字別之，故知《左傳》蒍敖之蒍，士蒍之蒍，恐皆原於嬀姓之族。凡由野處進入於扎蓬帳之族，古文字皆宀字爲偏旁以別之。如蒍之作寪，豐之作寷，窒之作窒，康之作康，皆是也。《左傳》閔公二年："宋桓公宵濟衛之遺民男女七百三十人，益之以共、滕之民爲五千人，立戴公，以廬於曹。"《逸周書・作雒解》："俾康叔宇于殷，俾中旄父宇于東。"此所謂

"廬"、所謂"宇"之部族，在造字過程中，即加宀以區別之。推此例以求，則古代部族之發展階段，亦可於古文字中粗見涯略矣。

第五，實字引申例。經傳中吳越之吳，金文作工獻，或作攻吳。而第一人稱吾字，金文作虘，如"保虘兄弟"；亦作獻，如"獻以匜以喜"。台即有台氏之台，而《尚書・湯誥》"非台小子"即非予小子。其他作"予"、作"余"者，亦即群舒族之第一人稱代詞也。因知我字象人荷戈形，乃戎族之第一人稱代詞。凡第一人稱皆從本部族名引申而出。第二人稱代詞即以女字作汝，以夫字作彼。至第三人稱代詞，則以它為他，箕為其，㠯為厥，皆及物之名矣。

自餘杭章氏一字重音之說出，學者多知古有雙音綴字。《齊子仲姜鎛》有"鼜叔"，楊樹達以為即"鮑叔"。《筍伯簋》"寶用"作"匋用"，《𩰤父盤》"匋盤"即"寶盤"。《說文・革部》鞄字，"柔革工也"，而《周禮・考工記》作柔皮之工鮑氏，知鼜叔即鮑叔一說可信。因此而推，䜌書即欒書矣。於是知匋從缶聲，而寶亦從缶聲。求之諧聲偏旁，章氏言之詳矣。則命令一字，豐豐一字，古語有雙音綴，乃至多音綴，已為中國語言學上不可磨滅之事實矣！

古代不僅有方國之音，亦有方國之字。金文彝字皆作𢆶，雖少有異同，相去皆不甚遠。《唯師趛鼎》作𢆶，《遹𢆶尊》作𢆶，相去則遠甚。此皆古代同實而不同名之方國字也。凡字書中異名同實之字，不出之於方國之音，即起於方國之字；音不同者，求之形；形不同者，求之音；二者相資為解，其理可盡。固知異名同實，或異實同名者，類由造字之地區或時代有不同，而其語源往往相同者。上舉六事，乃舊日肄習古文字時之新意，質之同好，以為然否？

　　研究古文字之學，不僅求之字音、字形，即從語法之研究中亦可進一步明確某一字之真意義。上述甲文有"貞妹其至"一條，此非兄妹之妹，乃經傳中之"妹邦"，亦即秂姓之部族也。甲文中又有"數三至""至嫀""其來嫀三至"等句，此嫀字實是古姓。《國語·鄭語》："彭姓：彭祖、豕韋、諸稽。"此彭姓乃老彭之彭，其本字當作嫀。甲文有："十二月，在齊㽎，佳王來征人方。"又有："庚寅，卜在□㽎，貞，王□秦方，亡災！"等二條。以語法上推之，因知"癸亥，卜叀，王旬亡畎！在九月，征人方，在雁彝"一條中之"雁彝"，與"齊㽎""秦方"同性質，俱爲區域名詞，則"雁彝"之彝，原亦是區域地名；其作"尊彝""宗彝"之用者，反是後起之義也。解放以後，學者漸知研究古史在闡明歷史發展規律，古文字之學亦不能外此例以求也。《名原校證》之作不外二義，補闕與舉證而已。其所舉之證，類多後出資料，皆籀翁當時所不及知者。世之同好其進而教之。

一九六三年七月，於中山大學之寓齋

緒言概論

中國金石學緒言[①]

一、宋代金石學及明人石刻研究

吾國金石學權輿于宋代，至有清中葉，作者日衆，駸駸乎爲史學之中堅。迨最近數十年，考古之業益精，而金石學之名亦不足以範圍之矣。宋人之治斯學也，其始亦非以賞鑒爲事。歐陽公爲《集古錄》千卷，既成之八年，詔其子棐曰："吾集録前世埋没缺落之文，獨取世人無用之物而藏之者，豈徒出於嗜好之僻，而以爲耳目之玩哉！其爲所得，亦已多矣。故嘗序其説而刻之，可與史傳正其缺謬者已粗備矣。"歐陽公生當北宋初年，其學開有宋一代之先河。後此考訂圖鑒之書日益增多，朝野上下蒐集彝器石刻不遺餘力，其風亦自私家始開之。劉敞知永興軍時，得先秦古器十有一。李公麟博物精鑒，得一器捐千金不少靳。而吕大臨《考古圖》、無名氏《續考古圖》、王厚之《鐘鼎款識》以及《集古》《金

[①] 該文初連載《大公報·圖書副刊》第8、9、10期，1934年1月6日、13日、20日。復載《圖書季刊》第1卷第2期，1934年6月。後收入曾憲禮編《劉節文集》，中山大學出版社，2004年，第68—85頁。手稿不存。整理者以三種版本對校移録，結論性的文字以《圖書季刊》版爲準；並改動誤植之字，標點符號亦按現今習慣調整。

石》二録跋尾[①]，往往於各器之下，注明藏器之家，其人不下數十。翟耆年《籀史》著録宋代藏家專書凡二十四，而今日所存者不及三之一。復觀周密《雲煙過眼録》所記南方諸家藏器，知此風至宋末猶存也。徽宗之大蒐古器，其受私家藏器之影響實不少。蔡絛《鐵圍山叢談》曰："太上皇帝即位，憲章古始。及大觀初，乃效李公麟之《考古圖》作《宣和殿博古圖》。凡所藏者爲大小禮器，則已五百有幾。獨政和間爲最盛，尚方所貯至六千數百餘器。時所重者三代之器而已，若秦漢間非殊特，蓋所不收。及宣和後則咸蒙貯録，且累數至萬餘。若岐陽宣王之石鼓，西蜀文翁禮殿之繪象，凡所知名，罔間鉅細遠近，悉索入九禁。而宣和殿後又創立保和殿者，左右有稽古、博古、尚古等閣，咸以貯古玉璽印，諸鼎彝、法書、圖畫咸在。"蔡氏此説，雖極詳盡，然亦有誇誕失實處。惟徽宗敕撰《宣和博古圖》，實仿劉敞《先秦古器圖》及李公麟《考古圖》體例，則可信也。石刻之著録自酈道元《水經注》始，凡漢碑之並川者始見其書，蓋數十百餘。陵谷遷變，水風剥蝕，至宣和、政和間已亡其十八矣。《集古》所録千卷，以石刻爲多，趙氏所録又相倍徙；王象之《輿地碑記》、陳思《寶刻叢編》所録石刻，遍及寰宇；加之無名氏《天下碑録》《寶刻類編》諸書，爲數累千，可稱鉅觀矣。法帖起於隋唐之間，至於宋代尤盛。淳化閣創始，而未及大觀之精美。綜計宋人所刻法帖，見於曾宏父《石刻鋪叙》及孫承澤《閑者軒帖考》者凡三十餘種，足證宋元以來字體變遷之故，法帖與有力焉。鄱陽洪遵集古今泉法正品僞品，以及夷航蠻舶之所負販而入者，

[①]《集古》《金石》二録跋尾，應指歐陽修《集古録》、趙明誠《金石録》之跋尾。《劉節文集》作"《集古金石》二録"，疑誤。

凡十五卷，號《泉志》，爲後世泉幣學不祧之宗。龍大淵於宣和中奉敕爲《古玉圖譜》，亦爲開創之作。惜其書久佚，今所傳者，非原本也。其專在考訂者，若黃伯思之《東觀餘論》，董逌之《廣川書跋》，彞器、石刻、木簡、法帖、書畫之類，皆所究心。初，劉敞序其所撰《先秦古器圖》，言攻究古器之法曰："禮家明其制度，小學正其文字，譜牒次其世謚，乃爲能盡之。"故宋人考訂古器物之法，可分爲文字、事實、形製三項論之。至宋人考釋古器銘中所見姓名、事實，頗多附會穿鑿之論。宋時首釋古器文字者爲楊南仲，既釋皇祐三館古器，又盡釋劉敞所藏器，其説散見於歐陽氏《集古錄》及呂氏《考古圖》者頗爲精審。其後呂大臨、黃伯思、王俅、薛尚功諸家繼之，雖亦差謬間出，然篳路襤褸之功不可没也。至形製之學實爲宋人所擅場，凡傳世古器之名，皆宋人所定。如今估人所謂虎頭彞者，古今著錄家並謂之匜，而宋無名氏《續考古圖》則謂之兕觥，其説最是。又古戈戟之援皆橫刃非直刃，近世程瑶田氏始於《通藝錄》中論之。然黃伯思作《銅戈辨》，已爲此説。漢晉木簡之考訂，至於近年始盛，而黃伯思之《漢簡辨》已發其端。至於考訂石刻，歐陽修《集古錄》之外，當推趙明誠《金石錄》。趙氏之書雖分古器物銘及碑爲二，而以石刻爲多。諸家考訂，多翔實審慎，既據史傳以考遺刻，復以遺刻還證史傳，其成績實不容蔑視。鄱陽洪适考辨漢碑文字爲《隸釋》二十七卷，《隸續》二十一卷，治碑版之學者當以此爲圭臬。他如劉球《隸韵》、婁機《漢隸字源》，亦有功文字之學。吴郡朱長文輯《墨池編》十二卷，通論碑版法帖，爲臨池者所必需之書。宋人於金石學上之重要貢獻大略如是。元明兩代，作者蓋鮮，於彞器之蒐輯，尤寂然無聞。明成都楊慎最稱博洽，所爲《金石古文》十四卷稍及彝器款識。至如陶宗儀之《古刻叢鈔》、都穆之《金薤琳瑯》、趙崡之《石墨鐫華》、郭宗昌之《金石史》,皆僅及碑版墨刻,而所錄去宋人遠甚。迄於明清之交,崑山顧炎武爲《金石文字記》六卷、《求古錄》一卷,黃宗羲爲《金石要例》一卷,開有清一代研究金石之風。其間作者輩出,著述如林,今總其大校言之如次。

二、清初考訂金石之風及乾嘉以後之彝器款識學

顧氏爲《金石文字記》,上繼歐、趙二家之錄,而志在考史。故曰:"余自少時即好訪求古人金石之文,而猶不甚解。及讀歐陽公《集古錄》,乃知其事多與史書相證明,可以闡幽表微,補闕正誤,不但詞翰之工而已。"亭林嘗昌言經學即理學,開有清一代考證之風,故治學態度於考史以外,又在徵經。其所爲《石經考》,記述歷代石經存毀之跡,燦然具備。朱彝尊、潘耒、萬斯同諸人於金石文字亦有所述作。然清初治金石之風尚未盛,乾嘉以後,其流始廣。高宗即位之十四年,命尚書梁詩正等率翰林院編修按內府所藏古器,仿《博古圖》遺式,精繪形模,備摹款識,爲《西清古鑑》一編;其後又續成《寧壽鑑古》一編;再以內府續得諸器及熱河行宮所藏者集爲《續鑑》甲、乙編,自是吉金文字之學因而大啓。當時學人承其風者以程瑤田、錢坫二君爲首。程氏之爲《考工創物小記》,往往以殷周器物爲證。鎮洋畢沅開府西秦時得大咠鼎,銘長四百餘字。錢氏爲《考釋》一篇,因以入之歌咏。清人之考釋金文,當自此始。錢氏自乾隆癸卯以後,宦游秦甸至十餘歲,間得商周秦漢器物,必繡其形象彝銘,有足證文字之原、足辨經史之訛舛者,皆圖之於錄,成《十六長樂堂古器款識考》

四卷，時嘉慶元年也。方是時，朝野上下醉心於古彝器之學者，若江德量、朱爲弼、孫星衍、趙秉冲、翁樹培、秦恩復、宋葆醇、趙魏、何元錫、江藩、張廷濟、葉志詵諸人，大都收藏彝器，廣儲墨本，而以江都阮元爲最。時朱爲弼方居阮氏幕中，又酷嗜金石文字，且能辨識疑文，稽考古籍，國邑大夫之名有可補經傳所未及者，編旁篆籀之字有可補《說文》所未備者，乃集阮氏所藏彝器墨本五百六十種，仿薛尚功書之體例，編爲《積古齋鐘鼎彝器款識》凡十四卷，時嘉慶九年也。至十八年烏程陳經刻《求古精舍金石圖》，所收銅器凡二十六種。

　　自阮書出後，清人之治吉金文字者始有所憑依。道光己亥，吳縣曹奎以其家藏商周秦漢之器六十事刻之於石，名曰《懷米山房吉金圖》。繪形象，摹款識，注明尺寸；鈎勒之精，爲《古鑑》所不及。同年，東武劉喜海亦以其家藏彝器墨本壽之于石，曰《清愛堂彝器款識法帖》凡一卷；又選集所見彝器之精者圖刻《長安獲古編》二卷。後三年庚寅，南海吳榮光仿《積古齋》之例，以其所得金石拓本付之瞿樹辰檢校考定，成《筠清館金石錄》若干卷，金文悉依原拓影鈔，石文則不分篆隸，悉用楷書付梓，今所傳者《筠清館金文》五卷而已。道光以後，收羅古器物最多者，當推濰縣陳介祺。其所藏殷周彝器不下四百種，最有名之毛公鼎，初亦簠齋所有。陳氏鑒別彝器之精，在有清一代最專門，摹拓之法尤所擅場。今所傳《簠齋金石文考釋》《傳古別錄》《簠齋尺牘》三書，陳氏之學大體在焉。同時海豐吳式芬亦好收藏古器及金石墨本，所撰《攈古錄金文》，較之《積古齋》《筠清館》二書尤爲賅備。咸豐六年，歸安吳雲集其家藏石刻彝器之屬四十四種，爲

《二百蘭亭齋金石記》四卷，倩儀徵吳熙載寫刻成書，至同治十一年刪去石刻五種，添入新得銅器，合成《兩罍軒彝器圖釋》，凡十二卷。咸同以後，海內藏器最豐者當推吳縣潘祖蔭，若大克鼎、盂鼎，皆藏於攀古樓。同治中，潘氏服官京朝，每得一古器，相與商榷考定者，福山王懿榮、南皮張之洞、吳縣吳大澂諸人，各就其所藏數十器之圖狀考釋，成《攀古樓彝器款識》凡二卷；潘氏藏器，十取一二而已。吳大澂出潘氏門下，同治壬申、癸酉間仿《長安獲古編》例，類集當時藏家之物及吳氏所自藏者，手自摹錄文字，且圖其形象，爲《恒軒所見吉金錄》四卷，至光緒十一年始付之剞劂，以貽同好。嘉道之間考訂金文有心得者，學者皆推徐同柏。其所爲《從古堂款識學》，全書雖刊行甚晚，而其說先已爲吳氏《攗古錄金文》所採擇。他如莊述祖、陳慶鏞、龔自珍之流，率皆支離滅裂，於斯學無所建設。同光之際，治金文者首推吳大澂《字說》一書，啓迪後學甚深。又爲《說文古籀補》，訂正許書遺失臆誤之處，實有功文字之學。晚年集其所藏金文墨本爲《愙齋集古錄》二十六卷，皆親自寫定，考據精確，爲阮、徐兩書所不及。嘉魚劉心源爲《古文審》，往往駁難吳氏之說，而當意者甚鮮。又集《奇觚室吉金文述》二十卷，收羅古器墨本甚多，太半皆屬翻刻。劉氏於金文學雖少所貢獻，然較之莊、龔輩已不可同日語矣。有清末造，言吉金款識之學者，吳大澂之外，當推瑞安孫詒讓爲最。孫氏湛深經術，沈潛倉雅，故所論尤篤實，不作穿鑿之說。《名原》一書，創通字例，漢人六書之說，不足以範之矣。孫氏考釋金文，最爲矜慎，初撰《古籀拾遺》，補正薛、阮諸家者數十條。光緒二十一年，吳氏《攗古錄金文》行世，孫氏讀之，又有所是正，集爲《古籀餘論》二卷，及其他題跋考釋之文見於《籀膏述林》者，後學皆當奉爲圭臬也。

同光以後，國人好收藏金石者，若王懿榮、江標、費念慈、盛昱、端方諸家。費、江兩氏收藏不多，後亦散落。鼎革以後，盛、王兩氏之物亦陸續散出，其一部拓片歸北平圖書館。盛氏所集《鬱華閣金文》，亦歸燕京大學。觀其書編次凌亂，實非定稿。端氏所藏金石器物之屬，足與濰縣陳氏媲美。《陶齋吉金錄》輯於光緒戊申，圖繪之精，內府諸書所不及也。鼎革之際，故家遺物往往散出，若張廷濟之《清儀閣所藏古器物文》、吳大澂之《愙齋集古錄》，皆得影印行世。順德鄧實亦得簠齋藏器墨本，彙印《簠齋吉金錄》，共三百八十九器。案之陳氏所藏，不止此數也。然較之《靈鶼閣叢書》之《簠齋藏器目》，增多百二十又六器。光宣以後，治斯學最勤者，當推上虞羅振玉先生、海寧王國維先生。羅氏蒐輯之勤，古今無比，所見彝器、石刻墨本至多，二百年來惟翁方綱差足望其肩背。家藏彝器爲數雖不多，而博物精鑒，每得珍品。《夢郼草堂吉金圖錄》，其盛時之作也。羅氏曾發願以時代爲準，廣羅彝器墨本，爲《集古遺文》一書，其屬之商代者爲《殷文存》三卷行世。其後杭縣鄒安仿之，作《周金文存》，所收墨本不下二千餘種，汰僞存真，大部皆同《貞松堂集古遺文》。而《遺文》於三年前纔摹印行世。羅氏之功不僅在傳布材料而已，考訂訓釋亦不後人。其所發明，先後見於《陸庵四種》《永豐鄉人藁》《松翁近稿》《丙寅稿》《遼居雜著》（甲、乙編）、《遼居乙稿》者，凡百數十條，皆治金文學者必讀之書。海寧王先生壯年習西洋哲學名家之書，若康德、叔本華、尼采諸傑作，皆潛研不倦，養成條理緻密之頭腦。故其治考據學，精深博大，遠在羅氏之上。其治金文，先從收集材料、鑒別真僞入手。癸丑甲寅間，即從事於《宋代金文著録表》及《國朝金文著録表》之編輯。其鑒定器物疑僞及墨本之摹刻翻刻者，不爽毫髪。又草《古禮器説略》，刊定彝器名稱，皆以零篇收入《觀堂集林》中。王先生於金文鉅著若毛公鼎、散氏盤、不嬰𣪘蓋、盂鼎、克鼎各有考釋，後集爲《觀堂古金文考釋五種》，刻入《王忠慤公遺書》中。先生在金文學上所發明者，不僅在文字訓詁，於史實及制度方面，尤多所創獲。如《遹𣪘跋》考定謚法不起於周初，又如《周莽京考》《郑伯鼎跋》《散氏盤跋》《克鐘克鼎跋》《鑄公簠跋》，於周代陪都及殷周諸侯國疆域多所考定。又據彝銘中初吉、既望、生霸、死霸之名，訂定周人曆算一月四分之法，以正劉歆之訛謬。又從金文中所見鬼方、玁狁之名，以考定周代西北民族之名稱與其興革之跡，皆爲前人未及見者。其在文字方面，即發明秦用籀文六國用古文説，於《史記》《漢書》《説文》所稱古文，各與以正確之解析。其他發明見於《觀堂集林》者，不能備述。綜之清代彝器款識之學，至於末葉，其流始大。前此諸人雖偶有創獲，率皆末節，鮮有可補史事者。惟吴大澂、孫詒讓、王國維三君爲斯學正宗，後之學者，當以此爲歸焉！

三、古器物學鱗爪

自來言彝器圖録款識之書者，其器不限於吉金，其學不尚於古文，實可名之曰古器物學。其名亦始於宋人，趙氏《金石録》分古器物銘及碑爲二，金蔡珪《古器物譜》尚沿此稱。有清嘉道以來，始於禮器外兼收他古物。至劉喜海、張廷濟諸家，收羅益廣。然爲斯學者，率皆附庸金石，卒未嘗有人正定其名。今就其範圍所及，分爲五項言之。一曰樂器，若鐘鎛，若石磬，若錞于，若律琯。其物視彝器流傳爲少。前人以鐘鎛屬之禮器，余以禮器之名既失於廣泛，而禮器之中大部分爲殷周彝器；鐘鎛之屬既非彝器，自當別爲一類。蓋古代樂器，今日所見廣於前人。如旋蟲之制，前人不及見，程瑶田氏以意爲圖。今有其物，其見於《攗古錄》者，且有文字。殷虛石磬，與《考工》所記迥殊，而與《博古圖》所載正合。漢四時嘉至斷磬，則與程氏《通藝錄》所考略同，並存其影於《金泥石屑》及《雪堂所藏古器物圖錄》中。他如《陶齋吉金錄》，亦存古樂器數事。鐘鎛之屬見於各家圖錄者尚多。又若箜篌、羯鼓、篳篥及樂舞之面具，並當存錄，以考古制。二曰兵器之屬，其類實繁，若勾兵、刺兵、矢鏃，種類尤夥，頗難强定異制。其最易辨識者，劍與匕首二種。戈戟之異，始自黄伯思論定，程氏瑶田之説，乃與冥合。然案之漢畫，已異古制，足見程氏之卓識矣。矢鏃之屬，爲數更多。前人著錄者以《貞松堂集古遺文》《周金文存》二書爲最多。他如《奇觚室吉金文述》《陶齋吉金錄》，亦稍稍見之。羅氏《古器物圖説》，於兵器制度考定最多。三曰權度量衡諸器。古之權石，前人著錄者始於先秦，迄乎元明。若《清儀閣古器物文》，於元明銅權，著錄尤夥。度量之著錄，則起自秦漢，至新莽，以迄趙宋，爲數不多，尤當考核。此類器，上虞羅氏《秦金石刻辭》及《陶齋吉金錄》皆有收集。上虞羅氏藏漢尺二，無文字，據其言與建初尺長短正同。清代著錄古尺，始於阮氏《積古齋》,曰虎儴尺①,作於漢建初六年,器舊藏曲阜孔氏。其次即濰縣陳氏所藏王莽銅尺,作於始建國元年。其次吳雲所藏之建安弩機,亦附刻尺度,較建初尺甚短。其次吳大澂得蜀漢弩機,作於建興八年,刻有尺度,亦較建初尺爲短。惟上虞羅氏得蜀章武弩機,其所刻尺度,絜之建初,則相符合。據羅氏之言,其所藏二漢尺,亦與建初相合。可見漢尺亦不甚一致。唐尺中土不傳,日本正倉院尚有之。海寧王先生即據之作《現存歷代尺度考》,甚精審。清人之治此學者,當推吳大澂爲大家。著《權度量衡實驗考》及《古玉圖考》二書,依據古黃鐘律琯、鎮圭及各種古幣,歸納而得,其精博後人未能幾及也。四曰符牌。前人著錄符契,但及秦漢,迄於隋唐。最先者,爲《續考古圖》之漢濟陽虎符、唐廉州魚符。明顧從德《集古印譜》、羅王常《印統》,亦著錄二符。清代則散見於錢氏《十六長樂堂款識》、翁方綱《兩漢金石記》。爲專書者,則始於瞿中溶《集古虎符魚符考》,其次則翁大年之《古兵符考略》,率皆真贗雜陳,考校疏失,未能當意。符契之作,其尤先者,或鷹或馬,不皆虎也。至於嬴秦陽陵、新郪諸符,始爲虎形,漢魏承之。迄乎隋唐,則代以魚符、龜符。宋元以後,則變爲符牌。亦考古之士所不可忽者也。其據集最多者,惟上虞羅氏所著《增訂歷代符牌圖錄》正、續二編。五曰服御諸器,其類更繁。若車器、馬飾、行鐙、門鋪、燭盤、銅洗、犁鉏、鐵鏄等,未遑縷數。即如帶鈎一門,近世出土者,種類尤多。而鏡鑒一門,且自成一專科焉。官書著錄最先,《西清古鑑》《寧壽鑑古》及《續鑑》甲、乙編所錄者,約三百

---

① 虎儴尺,或即慮虒尺。

餘面。清人專以鏡錄著稱者，自錢坫《浣花拜石軒》始，所錄不過二十五面。此外若瞿中溶《百鏡軒》、梁廷柟《藤花亭》，所錄亦不過百四十餘面。陳氏《簠齋鏡錄》，百零四面。上虞羅氏《古鏡圖錄》，百五十八面。他如《清儀閣所藏古器物文》、吳隱《遯庵古鏡存》，皆僅十數面乃至數十面而已。於此道有心得者，亦惟上虞羅氏有所述作。《漢兩京以來鏡銘集錄》一書及《鏡話》數十則，爲治斯學入門之書。綜上所述五項，前人視爲彝器學之附庸者，今將蔚爲大國矣。

四、泉幣學發達概況

泉譜始見於《隋書·經籍志》，顧烜有《錢譜》《錢圖》各一卷。《唐書·藝文志》封演著《續泉譜》六卷，《宋史·藝文志》有張台《錢錄》一卷、陶岳《貨泉錄》一卷。他如姚元澤《錢譜》、金光襲《錢寶錄》、李孝美《歷代泉譜》、杜鎬《鑄錢故事》、羅泌《錢幣考》，今皆不傳。傳者唯宋洪遵《泉志》爲斯學之大宗。明則有胡我琨《錢通》、邱濬《錢法纂要》，《四庫》著錄。胡氏之書，於明代金融狀況尤所留意。清代金石之學遠邁歐、趙，即古泉一物，著錄者不下數十家。若朱多燌、謝堃之書，不足齒數。即如馬昂之《貨布文字考》、陳萊孝之《歷代鐘官圖經》、朱楓之《吉金待問錄》，亦附會《路史》，多作穿鑿無稽之說。其稍有別擇者，梁詩正《錢錄》、盛大士《泉史》、張崇懿《錢志新編》、倪模《古今錢略》，尚能旁稽詳考，收羅較博。劉師陸《虞夏贖金釋文》、初尚齡《吉金所見錄》、孟麟《泉布統志》，前人所共推許者，以今視之，皆卑之無甚高論。他如金錫鬯《古泉述記》、瞿中溶《泉志補正》、劉喜海《古泉苑》，李佐賢、鮑康二家盛稱之，必有可觀者，惜其書皆不傳。其他泉譜尚有十數種。就其論述較精者言之，首推大興翁樹培《古泉彙考》。樹培，翁方綱之子，篤嗜古泉，積數十年不倦。所著《彙考》雖不傳，今李佐賢《古泉匯》采錄其說凡二十二條，類皆精要之論。其後錢塘戴熙著《古泉叢話》，其書前三卷自周秦迄明，兼及外國；後一卷補論刀布，專載正品，而汰厭勝。其書雖稱叢話，實一譜錄之體。今通行吳大澂手寫本僅三卷；又一本末附《藏泉記》一卷。咸同之間，治泉幣學者咸推李佐賢、鮑康二家。《古泉匯》正、續二集，凡八十卷，集古今錢錄之鉅觀，其書實李、鮑二氏合力而成。鮑氏序其書曰："夫泉譜不備，不足傳；不精，不可傳；備且精，而無新奇可喜之品，爲諸譜所未及載者，亦不得以傳。"今吾人讀其書，可稱備矣！新奇可喜之品，亦頗存之。若云精審，則推王錫榮《泉貨彙考》。王氏之書凡十二卷，古幣、古刀、圜法正品、僞品、外國品、厭勝、吉語、詩牌、馬錢，各項略備。其特色，尤在考核之精，凡古地理，古文字之解析，皆引據經傳，不作模糊影響之談。清代泉譜之精而傳世者，當以戴、李、王三家爲最。馬國翰亦治斯學，所收集古泉幣，今皆歸濟南山東省立圖書館。其關於通論泉幣之書者，以蔡雲《癖談》爲上，兼論刀幣、圜法，往往獨抒己見，發前人所未發。其後劉喜海作《嘉蔭簃泉說》，又仿《論詩絕句》之例，擴集古泉典故，辨訂前人謬誤，汲引後輩新說，爲《嘉蔭簃論泉絕句》一百七十六首。後此長沙葉德輝、定海方若，皆仿而爲之。鮑康之泉幣學，聲名在李佐賢之上，所爲《古泉叢考》《古泉考略》二書，今皆不傳。傳者有《觀古閣泉說》一卷，通論泉貨之制度沿革。又集其所爲序跋之有關泉貨及吉金者，爲《觀古閣叢稿》三編，古今泉幣學之變遷大勢，具見於是。稍後，李佐賢又爲《續泉説》，附刻鮑氏書之後。又爲《古泉臆説》數十則，刊于《古泉匯》之首，皆爲治泉幣之學者必讀之書。他若高焕文《癖泉臆説》、張可中《清寧館古泉叢話》、徐士鑾《古泉叢考》，亦通論泉貨之書。徐氏之作，彙錄宋以來論泉雜說百餘條，與鮑氏之書，名稱内容如出一轍，惜不能得鮑氏書一訂正之也。綜觀有清一代泉貨之學，以歙縣鮑氏爲大家。《觀古閣叢刊》，學者當寢饋於斯也。夫泉幣之爲用，不僅在考鏡歷代經濟制度變遷之跡，其見於古幣之文字，往往可與彝器款識文字相印證；所見地名，亦可考見三古地理之沿革。吳縣吳大澂又取蟻鼻錢、秦半兩、四兩錢、莽泉、莽刀、唐開元通寶諸貨，以較先秦以來之權衡制度，其有功古史者至鉅。金錫鬯又按泉貨之年號，作《歷代錢法年號通考》，始自高陽金，迄於明末張獻忠據蜀鑄錢之文，皆治古史者所不可忽也。其尚論近代圜法及幣鈔者，則有鮑康之《大錢圖錄》、羅振玉之《四朝幣鈔圖錄》二書。論外藩圜法者，則有陳其鑣所譯之《蒙古西域諸國錢譜》。而諸家泉譜中，亦多有論及四裔幣制者。

五、璽印及封泥

璽印之集錄，亦始自宋代。徽宗作《宣和印史》，其書不傳。私家著錄者，以黃伯思爲最早，收藏有數百枚。今見於王俅《嘯堂集古錄》者，十餘枚耳。其他如王厚之《漢晉印章圖譜》，見於《說郛》，實不足觀。至明郎瑛作《七修類藁》，所模更少於王氏，且形製失真，亦非同譜錄之書。元楊遵《集古印譜》，瞿中溶作《集古官印考證》

時尚得見其書，今亦罕覯。明人印譜傳世者，以顧從德《集古印譜》爲上，不僅羅輯材料，且從事考證。他如郭宗昌《松談閣印史》、羅王常《集古印章》、甘暘《印正》、潘雲杰《印範》、俞彥《印藪》，皆著名。羅振玉爲《璽印姓氏徵》，尚頗引用其書。此外宋元以來印譜，無慮數十家，傳者蓋寡。有清一代，璽印出土者日衆，其數與古泉幣媲美；譜錄之書，則倍之。然諸家之作，大抵官私並收，有印無説，僅供賞鑒之用，無關於學問之大。博物嗜古如吳大澂，其所集《十六金符齋古印存》，卷端僅綴古詩一首。其他諸家之書，甚且以煌煌數十鉅册之印譜，無一序跋焉。可見璽印之學淵源雖遠，鮮有人能識其中藴藏之厚也。前人偶亦有論印之作，若徐元懋《古今印史》、鞠履厚《印文考略》、朱象賢《印典》，大都留心篆刻，無補史事。若就清代印譜之收集精博者言之，則清内府所編之《金薤留珍》、汪啓淑《集古印存》、何昆玉《吉金齋古銅印譜》、張廷濟《清儀閣古印偶存》、吳式芬《雙虞壺齋印存》、吳雲《二百蘭亭齋古印存》、高慶鏞《齊魯古印攈》、郭申堂《續齊魯古印攈》、吳大澂《十六金符齋印存》、劉鶚《鐵雲藏印》、端方《匋齋藏印》、陳寶琛《澂秋館藏印》。上虞羅氏收藏雖多，而旋入旋出。若《罄室所藏鈢印》《赫連泉古印存》《凝清室所藏周秦鈢印》《陸庵耆古錄》《後四源堂古印零拾》《待時軒印存》，皆以其所經藏之印入錄。咸同以來，所共稱爲海内藏印大家者，當推濰縣陳氏萬印樓，其所編《十鐘山房印舉》，通行石印本僅十二册，北平圖書館所藏鈐印本，一百九十四册，爲最完備。近今海内以藏印稱者，錢塘陳漢第有《伏廬藏印》正、續集，合肥龔心釗有《瞻麓齋古印徵》。陳氏所藏，類皆精品。今舉十六家之書，言其大者而已。治此學者，以多得不經見之品爲上。

凡得一私印，可補姓氏之缺；得一官印，可正古史官制、地名之誤者，當奉爲至寶也。蓋古璽印之學，於古文字、地理、官氏諸端皆有所補益。今日吾人研究六國文字，其唯一材料，即當於兵器、陶器、貨幣、璽印四者以求之。而璽印數量既多，方面又廣，故清人之從事於斯學者，類皆分四部焉。其關於古代官制者：如瞿中溶《集古官印考證》、侯①汝承《意園古今官印匃》二書最著。上虞羅氏於隋唐以後官印收集甚勤，成《隋唐以來官印集存》及《唐宋以來官印集存》《西夏官印集存》三書。論古今官印者，當以上述五書爲宗也。其關於姓氏者：吳大澂既集《續百家姓印譜》，又爲《周秦兩漢名人印考》。其後上虞羅氏繼之作《璽印姓氏徵》二卷，以補古今姓氏書之不足。惜其書徵引諸家印譜者皆不注書名，學者引爲憾事也。其關於文字者：桂馥作《繆篆分韵》，袁日省作《漢印分韵》，上虞羅福頤繼之作《璽印文字徵》，足補桂、袁二家之失。而海寧王先生爲《桐鄉徐氏印譜序》，又備述璽印文字爲六國古文之特徵。其關於地理者：吳式芬、陳介祺合輯之《封泥考略》頗有所考定。王先生《齊魯封泥集存》二序，亦備論之矣。封泥與璽印有同等之價值，其名始見《續漢書·百官志》，而其用，海寧王先生《簡牘檢署②考》已言之。古人璽印皆施於泥，未有施於布帛者。故封禪玉檢，則用水銀和金爲泥；天子詔書，則用紫泥；常人或用青泥。其實一切粘土皆可用。道光初葉，古封泥始出於巴蜀，劉喜海盡得之。已而山東臨淄稍稍有出土者，亦歸於嘉蔭簃。顧當時所出雖盈數百，而每

---

① 侯，原刊誤作"婁"。
② 檢署，《大公報》《圖書季刊》《劉節文集》俱作"署檢"。

多重複，故《長安獲古編》所著錄者僅三十種。其中出於巴蜀者，乃十之一。同光間，山左出土者至多，殆十倍於蜀中，皆歸之吳式芬、陳介祺二家，即以成《封泥考略》。前人不識，有以爲印範者，至是始定封泥之名。其後丹徒劉鶚亦得百餘事，附印於《鐵雲藏陶》後。光緒乙巳，上虞羅氏於吳中書肆得封泥三百種，皆潘氏滂喜齋古物。宣統初年，滕縣紀王城又出封泥三百餘，羅氏得之。合前所得者，汰其重複，成《齊魯封泥集存》，海寧王先生爲之編校考定。自是以後，與璽印之學相得益彰矣。

六、陶器之研究

近世考古之士旁搜遠紹，羅致甚勤，於金石之外，又得據匋器文字以補史缺，亦盛事也。宋人雖曾注意及之，而爲量極少。高似孫《剡錄》間及於塼；王闢之《澠水燕談錄》載元祐中寶雞縣民掘地得羽陽千歲瓦，爲瓦當文字見於著錄之始。黃伯思《東觀餘論》則引益延壽瓦以證《漢書》顏注之誤。元李好文《長安圖志》著錄長生無極及楚衞諸瓦。明王褘作《漢瓦記》得長樂未央等六瓦。曹昭《格古要論》載太極未央一瓦。自是以後迄於清康熙間，林佶始于長安得甘泉宮瓦，當時題咏甚多。乾隆初，浙人朱楓因其子宦遊關中，獲瓦當三十，異文者多至十六七，因作《秦漢瓦當圖記》。其後仁和趙魏、嘉定錢坫、全椒俞修各有所得，而申兆定收獲最多，著《涵真閣秦漢瓦圖説》。瓦當者所以施之簷際，其文字或記宮觀殿闕之名，或著吉語，或圖寫物象。官私上下，得通用之。其時代始周秦而迄於六代，近數年且得唐代之瓦當。大抵以雲紋圖案爲多，其始見之地爲關中。咸同間山東瑯琊臺萬里沙之瓦多出土者，光宣以後則眞定、易州、中州各有所得,且遠及歸化焉。前人著錄金石之書若翁氏《兩漢金石記》、畢氏《關中金石記》、王氏《金石萃編》,皆兼收瓦當。乾嘉以前專著之書,集大成者則程敦之《秦漢瓦當文字》。嘉道以後收藏最多者若張廷濟、王福田、吳式芬、陳介祺、潘祖蔭、吳大澂、王懿榮、端方、劉鶚、高鴻裁諸家爲著。王福田且著《竹里秦漢瓦當文存》行世,其餘諸家亦有拓本流傳。上虞羅氏蒐集諸家墨本,多至三千餘,選其十一,成《唐風樓秦漢瓦當文字》,其書可與程氏之作相伯仲。又其所爲《俑廬日札》有論及秦漢瓦當之文。近今收藏瓦當,推閩縣何遂爲最富,爲數當在兩千,大部寄存北平圖書館以供學者之研究。匋類器物,瓦當以外尚有塼類諸品及器範、明器二項。塼類之中以城塼及壙塼爲最著,其他用之築造者稱是,見於著錄亦自宋人始。洪氏《隸續》始以永平、永初、汝伯寧、曹叔父、謝君五塼入錄。嗣後金石之書,亦兼錄之。清嘉道以後如嚴福基、陳經、馮登府、呂佺孫、宋經畬、陸心源、孫詒讓諸氏,始爲專書以相著錄。上虞羅氏作《恒農冢墓遺文》《恒農塼錄》《楚州城塼錄》三書,皆就一地所出者以考史事,與孫詒讓氏《溫州古甓記》後先媲美。此皆就有文字者言。其無紀年紀地之畫塼,河洛之間多有之,今不備論。古器物範種類至夥,傳世者以泉範爲多。自秀水朱氏始得莽泉範,爲之跋尾。嘉定錢氏、海鹽張氏,又傳其墨本於《十六長樂堂古器款識》及《金石契》中。嘉道以後,張廷濟始見衛字瓦範於趙謙士處,見尚方鏡範於宋芝山家,見弩範於蔣生沐家,自是傳世器物之範又得三品。其後王懿榮於齊魯間得矢鏃沙範、師比(帶鉤)沙範,盛昱所藏有元代銅犁範,上虞羅氏又得銅斧範,乃集其所有,成《古器物範圖錄》,凡得八類,約數十事。

古陶冶之制器，必先涷土鎔金以爲範；器成，範毀，得傳於世者如是數類而已。明器之作疑起於上古，明器之名始見於《檀弓》。塗車芻靈，自古有之，明器之道也。安特生博士考古河南，於澠池仰韶村得殉葬器甚多，則明器之制，史前已有之。宋人之記古明器者，岳珂《桯史》有《古冢盂槃記》。《博古圖》載一陶鼎而已。清代考古家以明器著於錄者，亦始自上虞羅氏。光緒丁未冬，羅氏居北京，於廠肆得古俑二。肆估知可以貿錢，乃大索之芒洛間，於是邱墓間物始充斥都市。其後關中及直隸磁州各地，皆有出土。羅氏所得則俑以外，伎樂、田宅、車馬、井竈、杵臼、牲畜諸物略備。古代風俗於此可以窺見梗概，足與文字紀載互爲發明。其物以唐代爲多，先秦、兩漢、六朝之物咸有，乃集爲《古明器圖錄》，載於《藝術叢編》中。又欲爲《歷代明器制度考釋》未成，於《俑廬日札》著涯略焉。近年出土更多，亦有贗品，河南博物館所藏山積，大都可信，亦有宋代者。治明器之學者，當於該館中求其標本也。

七、近世考古學上兩大發現

三十年來，吾國考古學界有兩大發現，即殷虛書契及流沙墜簡是也。前者爲吾國人所發現，後者則匈牙利人斯坦因博士所得。而考校訓釋之功，法人沙畹博士開其端，吾國人總其成。與於斯二役者，上虞羅振玉先生、海寧王國維先生其著者也。殷虛書契出於河南安陽縣西北五里之小屯，其地在洹水之南。《史記·項羽本紀》所謂洹水南殷虛者是也。光緒戊戌己亥間，洹曲爲水所齧，土人得龜甲、獸骨，上有古文字。估客携至京師，爲福山王懿榮所得。庚子秋王氏殉國難，所藏悉歸丹徒劉鶚。而洹水之虛土人每歲農隙所得者，亦多歸劉氏。劉氏曾拓千餘片，影印《鐵雲藏龜》行世，時光緒癸卯甲辰之間也。瑞安孫詒讓即據之作《契文舉例》，自是始有殷契之名。其後丹徒劉氏流死西陲，所藏甲骨後歸哈同氏。光宣之間，上虞羅氏因廠肆估人購之於安陽，所獲逾萬片，又復遣人至其地採掘之，所得又再倍焉。鼎革以後，羅氏卜居日本。歲壬子，擇其所藏甲骨墨本之精者，編爲《殷虛書契前編》八卷，後二年，又編印其尤精者爲《殷虛書契菁華》一卷。乃始草《殷虛書契考釋》。商略其事者，海寧王國維先生也。其書於殷代制度及文字多所發明，爲治殷虛書契之學者入門之書。歲乙卯，羅氏返國，北遊河洛之間，又於洹上得殷虛器物甚多，作《五十日夢痕錄》記其經過，即於次歲彙印爲《殷虛器物圖錄》一卷。是歲又成《殷虛書契後編》二卷。由是治殷虛文字者材料日益增多。哈同得劉氏所有甲骨，後亦印行《戩壽堂所藏殷虛文字》一卷，海寧王先生即據之爲考釋，刊于《藝術叢編》第三集。在此數年中，王先生致力於殷虛書契最勤，先後成《殷卜辭中所見先公先王考》及《續考》各一卷，又據其研究所得成《殷周制度論》一卷，《殷禮徵文》一卷。計其所得皆貫串經傳，發前人所未發，吾國上古史得王氏之說而改觀矣。總之，殷虛書契之學，收集材料，功在羅氏，至於考訂古史，王氏之力爲多，後之作者莫不宗之也。流沙墜簡之發現在光緒戊申，時斯坦因博士訪古於我新疆、甘肅，得漢晉木簡千餘以歸；法國沙畹博士爲之考釋，越五年，癸丑歲暮乃印行於倫敦。上虞羅氏得沙畹博士所著稿本，因與海寧王先生重行考訂，成《流沙墜簡考釋》三卷，又《補釋》一卷，分爲《小學術數方技》及《屯戍叢殘》《簡牘遺文》三部。其第一部關於小學、方技、術數者羅氏所考，

《屯戍叢殘》以下皆王先生之作。案，此次古簡所出之地有三：一爲敦煌迤北之長城，二爲羅布淖爾北之古城，其三則和闐東北之尼雅城及馬咱託拉拔、拉滑史德也。敦煌所出皆兩漢之物，出羅布淖爾北者其物大抵上自魏末迄於前涼，其出和闐旁三地者都不過二十餘簡，又皆無年代可考，其中最古者猶當爲後漢遺物，其近者亦當在隋唐之際。古簡冊出世，載在前籍者凡三事：一爲晉之汲郡，二爲齊之襄陽，三爲宋之陝右，及此而四矣。其補正史缺之處，具詳羅、王二氏之書，與殷虛書契之發現後先媲美，洵吾國考古學界之盛事也。至於近年中央研究院之發掘殷虛，及西北科學考查團之得漢晉木簡，安特生博士之發現中國新石器時代，又當別爲專篇論之，兹不能盡也。

八、石刻及碑誌

乾嘉以後，吾國金石學界方面之廣已如上述，其專以研究歷代石刻及碑誌者尤不可勝計。當時第一流學者如錢大昕作《潛研堂金石文跋尾》，武億作《授堂金石跋》，其書皆以論石刻之類爲多。其後仿而爲之者何焯[①]、翁方綱、瞿中溶、馮登府、嚴可均、張廷濟、梁章鉅、何紹基、翁大年、宋世犖、方朔、朱士端、楊守敬、羅振玉諸家，各有金石跋尾。此外尚有數十家，見於各家文集者不計焉。石刻碑誌遍及寰宇，爲數頗多，治之者大都分地以求。陽湖孫星衍作《寰宇訪碑錄》十二卷，其書蓋仿王象之《輿地碑記》而作，其後續補者有趙之謙、羅振玉兩家。其專記一地者若畢沅

---

① 何焯（1661—1722）在錢大昕（1728—1804）、武億（1745—1799）之前，故"後仿而爲之者"不應包括何氏。

之《關中金石記》、阮元之《兩浙金石志》之類，各省皆有。或僅記其目，或撮錄文字，大抵百數十家。晚近四裔碑版往往間出，若吐蕃會盟，若闕特勤，若苾伽可汗、九姓回鶻可汗及高勾麗好大王碑，皆以一石爲一種族興替唯一之史料，故四裔石刻目錄作者亦有數家。若劉喜海之《海東金石苑》，劉承幹爲作《續補》，李文田作《和林金石錄》，王國維先生爲之補正。此外尚有羅振玉之《西陲石刻錄》，王樹枏之《新疆訪古錄》，皆見稱於金石學界。石刻種類既衆，數量尤夥，於是又有以年代爲綱目求之者。青浦王昶之《金石萃編》集其大成，其書上起三代，下迄遼金，凡一百六十卷，移錄原文，附以跋尾。其後南海吳氏筠清館、歸安陸氏儀顧堂皆沿王氏體例爲之，惜其書無傳本。王氏之書成於嘉慶十年。至於晚近，石刻發現者更多，故續補其書者，若武進陸紹聞、仁和王蘭谷、大興方履籛各有成書。而太倉陸增祥《八瓊室金石補正》一百三十卷，所錄尤多。其他錄一家所藏之目者，若吳式芬《攗古錄》二十卷、繆荃孫《藝風堂金石文字目》十八卷爲最，所錄石刻往往可補王、陸兩家書所未備。他如端方《陶齋藏石記》、羅振玉《蒿里遺文目錄》《唐風樓碑錄》，則又可補吳、繆兩家之未及。分代以求者，則有翁方綱《兩漢金石記》、吳蘭修《南漢金石志》等。石刻種類甚多，大別之曰碑刻、曰墓誌、曰造像、曰題名、曰畫像。此五類者其名最著，爲數亦最多，總歸於石刻之部。碑之名始見於《聘禮》。後人之碑樹於廟或樹於墓，而冢墓之碑自後漢始。《釋名·釋典藝》曾詳記碑之起源。自是以後歷代皆有之。清代金石家專究碑刻者若馬邦玉《漢碑錄文》、朱百度《漢碑徵經》、皮錫瑞《漢碑引經考》及《漢碑引緯考》，皆據之與經傳相推證。山陰何澂又鈎勒漢碑篆額，臨池者皆以之肄習漢篆。金匱錢泳又專錄漢唐碑刻爲縮本一百數十種，亦便學者。墓誌之制大抵起於漢魏之間[1]，前人所得者隋得王戎墓誌，近世有劉韜、房宣兩誌，前數年得左棻墓誌，最近北平圖書館又得賈充妻郭槐墓誌，則晋人之有墓誌，已得實物爲證。《西京雜記》稱前漢杜子春臨終作文刻石，埋於墓前，《博物志》載西京時南宮寢殿有醇儒王史威長葬銘，然二書所載甚難徵信，不足據也。東漢趙岐刻石，僅識時代、姓名之類。近世所得《左元異誌》，與趙岐刻石體例相同，則漢代已有墓誌。[2]其他碑額，皆書某君之碑，惟曲阜孔君碑出於墓中，額曰"孔君之墓"四字。近出袁廠[3]、袁安二碑，亦僅記姓名、年月、爵里，與晋代初年諸墓誌略同。則墓誌之制，起於漢魏之間，亦可論定矣。清代金石家論墓銘體例者，如梁玉繩《誌銘廣例》、李富孫《漢魏六朝墓銘纂例》、吳鎬《漢魏六朝墓誌例》及《唐人墓誌例》，各有心得。其他金石例尚有十餘種。至專錄墓誌之書，如黃本驥《古誌石華》、吳隱《六朝誌銘叢錄》、羅振玉《六朝墓誌菁英》，皆名作也。近年以來魏齊隋唐之墓誌出土者尤夥，顧燮光因之作《古誌彙目》二卷、《古誌新目》一卷，其未入錄者尚不知凡幾也。造像始於北魏，迄隋唐，以至於五代兩宋元明尚有之。所造者以釋迦、彌陀、彌勒及觀音、勢至爲多，以大同雲岡、洛陽龍門及鞏縣石窟寺數處爲多而且著。

---

[1] 此句《大公報》作"墓誌之制大抵起於魏晋之間"，劉節在《圖書季刊》中修訂爲"墓誌之制……漢魏之間"。下文亦同。《劉節文集》仍采用"魏晋之間"的説法。

[2] "近世所得《左元異誌》，與趙岐刻石體例相同，則漢代已有墓誌"一句《大公報》原無，《圖書季刊》後加。

[3] 袁廠，當作袁敞。

其初不過刻石，其後或施以金塗彩繪，其形制大小、廣狹、精粗不等；亦有以銅造者，精緻遠在石刻以上。至清人專錄造像之書，若陸繼輝《龍門山造像釋文》、王塏昌《盂縣造像錄》、羅振玉《石屋洞造像題名》《龍泓洞造像題名》，皆名作也。題名大都在名山石壁間，遊踪所至，留題以紀鴻爪，其人出自雅流，此唐以後石刻惟題名爲可貴也。前人著述關於題名者以劉喜海《蒼玉洞宋人題名記》、錢保塘《涪州石魚題名記》、顧燮光《袁州石刻記》爲著。而題名之最多者，莫過於福建烏石山、鼓山、于山諸處，陳榮仁《閩中金石略》備記之。石刻畫像傳世者，以漢代爲最古，以孝堂山武梁祠爲最著。近年南陽草店及滕縣亦有所出。可以考見東京以前之衣冠文物宮室制度，惟漢畫像爲最可信耳。吾國人於此有述作者，惟瞿中溶《漢武梁祠石刻畫像考》及張寶德《漢射陽石門畫像彙考》、陸開鈞《漢武梁祠石室畫像題字補考》三書。近年來漢魏石經出土者日多，研究此問題者亦日衆，創通條例，予後人以研治之法者，惟王國維先生《魏石經考》一書。後來則張國淦氏之《歷代石經考》及《漢石經碑圖》二書集其成。石刻傳世日久者，歷代拓本字數自有多寡不同，遂有校碑之學。王念孫有《漢碑拾遺》，洪頤煊有《平津館讀碑記》，近年有方若《校碑隨筆》。而通論石刻爲初學入門之書者，則有葉昌熾《語石》及顧燮光之《夢碧簃石言》。治石刻之學與治文字學相通，於是有據金石之別體字以成書者，則有邢澍之《金石文字辨異》，楊紹廉爲作《補編》，而趙之謙《六朝別字記》及羅振玉《碑別字》正、補二編，又加密焉。清代石刻之學其流別約如上述，而今後之治斯學者，則當隨近世考古學之新趨勢，以求其方法之進步焉。

考古學社之使命[①]

近年來，中國學術界各方面都在邁進中，尤其是史學一門，更加有蓬勃的氣象。考古學同史學本有密切的關係，不管是上古史或中古史，如果真正要求改進的話，都不能離開考古學而獨自發展的。去年今日我們動議組織考古學社的時候，其初意本在聯絡同志，印行幾部同志們所作的書而已。在這一年中，用考古學社名義出版的書居然有了八種之多，我們最初的意向算是很滿意的達到了。但是我們仔細想起來，考古學社的使命不止這一點點，至少有下列幾件是同志們應該努力促成的事。

第一，中國考古學本身的改進。在十餘年以前，中國根本沒有考古學，祇有所謂金石學，其內容是拿考古學同古器物學合起來的一種學科。既無嚴格的範圍，又無一定的方法。從前學者們所得到的古器物，大半出於盜掘，連最重要的出土地點一項也弄不清楚，遑論其他。近數年來，中央研究院李濟、梁思永、董作賓三位先生發掘殷虛及濬縣各處；北平研究院徐炳昶、何士驥兩位先生發掘寶雞縣鬥雞臺，都是依照科學律令，作有系統的發掘，成績已斐然可觀。而中央研究院印行之《中國考古報告集·城子崖》，開中國考古學的新紀元。足見這樣的新事業，正有一部分人在那裏努力，使我們感到興趣和愉快的。同志們應當怎樣使這種風氣普遍和認識。

第二，考古學者同古器物學者應該分工合作。近世科學的

[①] 本篇載《考古學社社刊》第2期，1935年6月，第3—5頁。

進步，全在分工合作。考古學之與古器物學，猶之乎化學中之分無機化學、有機化學、應用化學，是一樣的互有關係。考古學者因爲注意發掘的方法，對於許多旁的學科要特別留意，如地質學、人類學、古生物學、古代史之類。於是古器物的研究不能不假手於另外一班人。然而古器物學者假定不知道古器物出土時的情形，就不能着手研究。所以這兩件事是不能離開的。而且地面上可以找得到的古器物，也要注意蒐羅的方法，因此古器物學者爲得要考定名物制度，務必同考古學者取得密切的連絡。

第三，材料集中。在目前私有財產的社會中，史學上材料的門羅主義是一件並不希奇的事。但是在我個人的私見，總以爲學術的真意義是建築在非功利主義的地盤之上。而且材料集中，是促進學術革新的必要條件。所以國家應該以文獻館及圖書館的力量購置私人所藏文獻上的材料，以博物館的力量收集私人所有古器物上的材料。我相信史學的進步，第一要看這幾個機關的努力如何。在這一年之內，單就研究金文一項的材料書而言不下十餘種。其取值之昂，與材料之重複，真是出人意料之外。如此瞎費氣力，完全是學術界上人自爲戰的表現，其足以阻止學術進步是毫無疑義的。前次丁山先生提議用本社名義印一部金文總集，這是我最贊成的事。而本社印行的《海外吉金圖錄》，也是集中材料的一種小工作。

有了上面三項意見，於是本社短時期内應該做的有三件事：一，發起組織旅行團，考察南北各地的考古工作，作友誼的批評與報告。二，決定本社年會的日期，到期社員提出論文，交換考古學上與古器物學上的新得知識。三，應連絡圖書館協會、博物館協會，及研究工作各機關，發起組織一大規模的中國金石學展覽會。假定在這一兩年中我們能做到這三件事，我相信中國考古學界上，必因此而開一新紀元。希望同志們努力促成之！

二十四年六月，於北平圖書館

《四庫》本之評價①

　　最近數月，吾國學術界為影印《四庫全書》事頗有爭論。總其所論之癥結，在版本之比較與選擇。吾人以為本子之良否，未可一言而決，當以事實為前提，而定其價值。前人震於《四庫》之名，咸以《四庫》之書悉經選擇，所用之底本必為最完善者，揆之事實，大謬不然。自乾隆三十七年開館修書以來，迄今已百七十餘年，學術界之進步，已非往昔可比。以吾人今日之版本知識而視當時之《四庫》館臣，相去奚啻霄壤。近年以來，交通發達，佚書層出。在昔日惟有《永樂大典》本或殘本可據之書，時至今日，有明鈔本或原本發現者不下數百種。且當時原有之書，以較今日所見之本，其卷數不完，或序跋脫略者，亦不一而足。由此觀之，所謂《四庫》罕傳之本，其價值正未易言也。不第此也，《四庫》之書屢經刪改，尤以史部、集部為最。且七本皆出抄胥之手，魯魚亥豕，觸目皆是。凡有刻本者，自當以刻本為據。年來國立北平圖書館所

---

① 本篇載《北平晨報》"北晨學園"欄目討論選印《四庫全書》專刊（二），1933年8月15日。

收《四庫》底本不下數十種,合之南京國學圖書館所藏,頗有可採用之書。今者必捨此善本而影印不可卒讀之《四庫》本,是誠何心哉?吾人爲此特選校數書以示《四庫》本之真相,使並世好學深思之士,勿爲《四庫》之名所眩惑,則幸甚!

(一)《論語全解》十卷

宋陳祥道撰

是書國學圖書館有《四庫》底本,北平圖書館有天一閣明鈔本。今以《四庫》本(以下簡稱閣本)與明鈔本相較,其異同之處甚多,例如:

卷一,頁一

"宜爲人知,而不知;<u>不知宜愠</u>,而不愠;然後謂之君子。"閣本脫"不知"二字,意不達。

頁十九

"《書》言:自周有終;《詩》云:行歸於周,周爰咨諏;皆君子之道也。<u>《書》言:比德</u>;《詩》言:洽比其鄰;皆小人之道也。"閣本脫"書言比德"四字,意未完。

卷二,頁二

"孟子<u>繼</u>仁之實而言禮樂,<u>以禮樂</u>、以仁爲本也。蓋禮者,仁之<u>質</u>;樂者,仁之文;<u>禮者,仁之色</u>;樂者,人之聲。有仁之<u>本</u>,然後能興禮樂。"閣本"繼"作"言"。以下加"＿＿"者,皆脫。"本"字作"實"。與原意相差甚遠,讀者能自得之。

卷三，頁二十一

"卿大夫之子不修禮義，則降爲庶人；庶人之子非不賤也。能修禮義，則可進爲卿大夫。然則愚智貴賤，其可以類言哉！故孔子謂仲弓曰：犁牛之子騂且角，雖欲勿用山川其舍諸？騂且角，大可以祀天；小可以祀宗廟。"閣本"降爲"作"歸之"，此下加"——"者全脫。其粗率如此。

經部向稱《四庫》校官所特別留意者，而竟於《論語全解》中得如許之漏略，他可知矣。其在史部、集部之書，往往有删節之處，豈特脫略而已哉。

（二）《錢通》三十二卷

明胡我琨撰

是書雖爲胡我琨撰，而原本每卷皆署校訂人之姓名，閣本皆略去。北平圖書館藏有明萬曆刻本，甚精。閣本往往將序、跋、凡例、目錄盡行删去，此書原本有胡我琨自序一篇，凡例十一條，目錄一卷，閣本皆缺。纂輯之書，凡例最要，而缺略不載，可見館臣之疏忽。而書中被删節一處，脫略者一處，其他文字異同之處尚頗有之。

卷一，頁八，第一條

原文見刑書，而閣本失記。

卷一，頁三十四

萬曆閣臣疏云："竊惟遼東積弱之後，有此一捷，稍覺生氣。而點酉之窺伺報復，勢尚狙獮，甚可爲慮。則夫捐一二萬之金錢，以激勸吏士，使之感恩用命，相率而死敵，此亦機之必不容緩者也。"此條涉及清兵犯境事，必爲館臣秉命刪除，然有補史缺。

卷二，頁四十三

缺左編一條文曰："國初竈丁辦鹽，每引四百斤，給工本鈔二貫五百文。洪武年間，鈔一貫值錢千文，古竈丁得實利如是，而冒禁賣私鹽，絞死可也。今鈔一貫不易粟二升，乃禁絕竈丁，勿賣私鹽，是逼之餓以死也。此後來行法之弊，非初年之失也。"此段關於明代經濟實況甚鉅，而閣本脫略不具。

卷三十一，頁五

所引《學海》條云："突厥遣其柱國<u>康鞘利</u>等送馬千匹，詣李淵爲互市。許發兵送入關，多少隨所欲。淵引見<u>康鞘利</u>等甚厚。"閣本"康鞘利"之名皆缺。他如"夷酋"之改爲"部長"，"東夷"之改爲"北營"者，不一而足，尚其次者也。

（三）《野菜博錄》三卷

明鮑山撰

《野菜博錄》一書成於天啓壬戌，共上、中、下三卷。北平圖書館藏天啓刻本，有鮑山自叙，及目錄一卷。分類整飭，圖繪精緻，堪稱善本。今閣本祇存上、下兩卷，就此析而爲四，號稱四卷本，其實較原刊尚差一卷。首尾序跋皆缺，編次零亂不可董理。該書分類析草、木爲二部，草部佔上、中二卷，木部屬下卷。木部之中又分葉可食五十九種，花可食五種，實可食二十五種，花、葉可食三種，葉、實可食十九種，花、葉、實可食五種，葉、皮、實可食三種。若石岡橡、荆子，皆在實可食類，而閣本皆入花可食類。若藤花、楸樹、櫔齒花，在花可食類，而閣本入之實可食類。若柘樹、褚桃樹，皆葉、實可食類，而閣本入之實可食類。凡此，皆因缺目錄之故。又此二本開卷即不同。

上卷，頁一

"大藍，葉可食。一名菘藍，一名馬藍。人家園圃中，苗高尺餘，葉類白菜，葉微狹，窄尖，淡粉青色，莖梢間開黃花，結小莢，其子黑色，味苦，性寒，無毒。食法：葉煠熟，水浸去苦味，油鹽調食。"閣本圖繪相同，而文大異：名曰蘘荷，似芭蕉，而白色；其子花生根中，似薑；宜陰翳地，依蔭而生；辛，微溫；滑，無毒。食法：八月初踏其苗令死，則根滋茂；九月初，取其旁生根爲菹，亦可醬藏。兩本相較，以圖爲證，作蘘荷者自爲後人所補。其他文字異同，每編有之，兹不贅焉。

（四）《密菴集》十卷

明謝肅撰

謝肅元末明初人，閣本據《永樂大典》入錄，所缺甚多。以十卷爲足本，北平圖書館所藏天啓刻本十卷，亦未爲足本，惟江安傅氏所藏明初刻本最佳。館藏有戴良二序，有謝瑜序，有謝譓後序，有謝帥嚴跋、謝偉跋，並目錄二卷。詩、文分刻。今閣本衹存八卷，且每卷有缺漏，當以傅氏本校印爲是。

以上所述皆就比較所得者言之，其他各書，若假以時日，一一校讎，則閣本之劣點可歷數而出。日所謂罕傳之本，大都第三流以下之作品，吾人當以學術爲前提，則四庫之書，除大多數通行之名著外，直可束之高閣。必欲流傳之，亦當儘先選取善本印行，除必不可得者，則取之四庫，爲數亦頗尠矣。

研究中國語言文字的新路徑①

我以爲研究中國語言同文字的關係，比抱定《説文》《廣韵》《爾雅》幾部書鑽古人早已鑽過的窟窿，似乎是有益些。這並不是説放棄《説文》《廣韵》《爾雅》幾部書不念，在我的意思是要換一種眼光去念。當我們念這幾部書的時候，要特別注意中國語言的特質，及其同文字所發生的關係和演變的途徑。再者中國文字中函有從各民族帶來的特殊語根，從這裏面可以看出中國文化受多方面的影響。同時因傳播的廣遠，對於民族的連繫能力大有增益，造成民族方面的向心力。綜合起來，有下列幾件事。第一件事：中國語言同文字的關係是在成爲平行線發展的狀態下向前進行的。第二件：中國語的特質，就現在研究的結果看來，當然是單音綴、語尾無變化的文字。但其原始狀態究竟如何，尚待研究。第三件：中國語的成分大約有戎語、羌語、蠻語，以及後來的外族語言。近的如契丹、蒙古，遠的如印度。到了近世，且有印歐語的多量成分。第四件：中國文字自始至終是象意文字。其字體之變化，由繁而至簡，可以分作四時期，即古文、小篆、隸書、楷書四種。草書又當

---

① 本篇載《説文月刊》第3卷第1期，1941年8月15日，第73—84頁。後收入曾憲禮編《劉節文集》，第124—138頁。手稿今不存。

別論。第五件：中國方言同中國文字的音讀有很密切的演化關係，所以欲溯中國文字之源，應該向藏緬、苗猺、猓玀等文化不同的民族中去找根由。南方的方言，就是二者之間的橋梁。第六件：中國語、文雖分別演變，而兩者之間，却自有密切關連。中國的文言是根據語言所造成的共通文體，方言怎樣不同都不要緊，而文言却可以全體行用無阻。現在的白話文，也是站在這一原則下所組織而成的。這是文化影響了語言。同這相對的，是說語言同思想的關係。就是說：中國人思想上的邏輯，同語言發生密切關係。換而言之，在這種語言構造之下，自然會形成一種同這語言相一致的思想與文化，這是說語言影響了文化。有了上述幾種原由，我們現在應該如何研究中國語言文字學，大體上是有了方針了。不過現在的問題是如何收集可靠的材料。我以爲在書籍上應該注意詞彙，不要光是注意單字；在語言上應該很詳細的調查方言，不要光是注意方音。最重要的，是要把中國語的原始狀態弄明白了。

一、語言同文字的關係

語言同文字的關係是不成問題的。我現在所要說的，是中國的語言同中國的文字，是那樣一種關係。簡單的說來，中國的文字同語言在平行線的狀態下向前進展的。在開頭，文字同語言是分道揚鑣來表達思想的。這是說中國文字雖然代表語言，但是祇能代表語言中的主要觀念，不能把語言中的曲折，用詳細的、委宛的方法表達出來。從此以後，文字本身，在形式上逐步進化，在聲音上也逐步化分，而語言自身也在發展，這不是文字語言各自平行發展嗎？但是過了一相當時期之後，中國語言逐漸失去原來的形態，反而受了文字的劃一化。因是方言的強調性也逐漸失掉了。所謂官話，是受了文字影響以後所形成的中國人的共通語言。至於白話文的較接近於語言，又是後起的事。我所以這樣說的主要意思，是告訴人，中國古代的文字如甲骨文、金文，乃至《尚書》，這裏面的文章，距離古代實際語言形式更遠，決不是描寫古代語言的文字，是以文字方式來選擇語言中的主要觀念而表達之，其情形比較秦漢以後的古文同語言相距離的程度還要遠得多。這就是説周秦以前的語言，保存原始語言的成分多；而周秦以前的文言，表現語言實况的能力遠不如後代。因爲語言受文字的影響，逐漸失其輪廓，而文字的組織，也逐漸進步，容易適合於表達語言的曲折。唐宋以後的白話文，就是在這樣進步的狀况之下起來的。如果不相信，我可以舉例來説。中國文字的起源，是以文字翻譯語言的方式出現的。而且這種翻譯，完全是意譯。比如羊字作羋，馬字作馬。我們現在雖然知道羊、馬二字的音讀，但是古代是否這樣讀法呢？可以説毫無所知。譬如獅子也名狻猊，然而單説一狻字，或一猊字，都可以代表狻猊的觀念。好象麒麟，也可以單説麟。這不是狻猊或麒麟是此兩動物的本名，而狻猊或麒麟，原來不過是譯其音而已。這些形聲字，都後來起的。在早先，祇有象意字，所以説一麟字，已函有麒麟的音；説一狻字，也已經函狻猊的音。在金文裏凡用命字的地方，都寫的是令字，可見命令在古代必定是連辭，在令字裏可以函有命音，在命字裏也必定函有令音。音讀同文字形式既不能吻合，那末中國古代語言的實况，在中國文字裏很不容易發現的了。中國方言之多，爲世界各國冠。而這種象形文字，祇能代表一種觀念。看了這觀念之後，各人讀各人自己的音。這在牛馬羊一類具體事物，尚有一定形象可據。若是換一種比較抽象的事物，便出了許多麻煩。《禮記·中庸》上説："壹戎衣而有天下。"如果照字面解，同原意便大大的不同。鄭玄説："衣讀如殷，聲之誤也。齊人言殷如衣。"《吕氏春秋·慎大覽》："親郼如夏。"高誘説："郼讀如殷。今兖州人謂殷氏皆曰衣。"其實最早的時候，祇名之爲商或奄。《左傳》定公四年："因商奄之民，封於少皞之虚。"照我們現在的音讀，這五個字没有一個相同的。衣字雖然是借音，而其餘四字都是造成的字，特別來代表這一觀念的。這不是拿文字來翻譯嗎？可是有那麽不同的五個音。家字以豕得聲，可是豕字的音同家字差得太遠了。在《說文》丂部有一𢍰字，讀若瑕，訓豕也。我一位朋友說：這是豕字的古音，所以家字讀古牙切。其實豕部有一𤣥字，《會稽刻石》所謂"夫爲寄𤣥"，即是家字所從之音。古文字上諸如此類很多，都是這字的音讀變了，另造一字。或者覺得某字與實際音讀不合，而另造一字以代之。象形文字的害處在此，因爲無好方法把聲音的結構上曲折的表達出來，聲音的複雜結構既無法表達，語言上的複雜結構更難表現。例如甲骨文中的文句，總是很簡單的，虚字極少。而且中國的虚字，都是從實字那邊借來的，如同屮字、鬲字、而字、其字、己字、又字之類。所以從虚字的逐步增加上，可以説明中國文體之發展大概。長篇大論的文章，在西周初年纔有。但是委宛曲折的程度，遠不如晚周。六朝以後的文章，專門在語氣之間求其抑揚開合之美。如果把之、乎、者、也去掉，會覺得言語無味吧！所以白話文是一種代替文言的，更合乎現實的文體。仔細的研究起來，中國文體是永遠向與語言接近的道上走。而中國的語言，也逐步喪失其特性，而接近文字。

二、中國語文之特質

中國語言的特點在文字上既然無法表達出來，照理應該文字同語言要分離的。然而事實上所不許可，於是祇有在語言上起變化，來將就文字。中國語最接近藏緬語系，尤以暹羅語爲最相近。現代研究中國語言的學者，都從這方面入手來考查中國古代語言的特質。我以爲有幾件事情應該注意的。第一件，中國語在古代有複輔音同多音綴的字。一字重說，從章炳麟先生以來即有此主張。不過近來的人都說這是複輔音的關係。章氏舉貍首作不來首，及鶼鶼作私鉳頭兩證，我以爲這還可以解作複輔音。金文上有蔑曆一詞，也可以作蔑某曆用。蔑曆二字既可分開，又不能用一蔑字，或一曆字來代替一詞，可見蔑曆定是一名。既是一名，在語言上必是雙音綴無疑。此外如草名離南，木名接余，蟲名奚相，鳥名雍渠，獸名蒙頌，也不能解作複輔音的關係，因爲這些名詞都不能拆開的。我以爲中國語言上多音綴的字必定很多，因爲文字是一字一音的關係，令人搜求不出來。至於複輔音的現象，却很普遍。高本漢氏引古藏語二、三、四、五、六、八、九等字的音讀來同廣東語、上海語比較，因而知道與中國同系族的古語尚有此現象。例如：古藏語的二字讀如gnyis，上海語讀如nyi；古藏語三字讀如gsum，廣東語讀如Sam；古藏語四字讀如bži，廣東語讀如Si；古藏語五字讀如Lnga；廣東語讀如ng；古藏語六字讀如drug，廣東語讀如Luk；古藏語八字讀如brgyad，廣東讀如pāt；古藏語九讀如dgu，廣東語讀如kau。這裏面可以暗示出中國古代語言的實況應該是如何。他如果字可以諧裸同菓，知果字的發音必爲kl；京字可以諧凉、諒、景，知京字的發音必爲kl；稟字可以諧廩，知稟字必是bl的發音；童可以諧龍，知童字的發音必是tl。但是從龍的字有瀧、龐兩音，又將如何解釋呢？可見問題還是很多。所以拿現在的中國語同中國文來看特色，真是隔襪搔癢了。第二件，是孤立語，語尾無變化的特性。這一條是比較靠得住的，但是有一種現象不能不說。例如《左傳》上說的"春風風人，夏雨雨人"，《史記》上韓信說"漢王解衣衣我，推食食我"，《大學》上"如好好色，如惡惡臭"，這都是用聲調的不同，來區別詞性。又如《孟子・梁惠王章》："莊暴見孟子。曰：'暴見於王，王語暴以好樂。'"又孟子與梁惠王曰："獨樂樂，與人樂樂，孰樂？"曰："不若與人。"曰："與少樂樂，與衆樂樂，孰樂？"曰："不若與衆。"此地第一見字讀見母，第二見字讀喻母。第一樂字讀喻母，第二樂字讀來母。但同書中樂正子春的樂字，又讀疑母。如果說讀法的不同，是後起的事。但是拿《史記》《左傳》《大學》三處造句方法看，分明利用疊字來表示這種詞性上的不同。不管後人怎樣讀法，當時這兩字連著的，決不讀一樣的聲調的。照此理推論，《孟子》上的幾個疊字，也是相同。至於代名詞上的格位問題，更是顯然的存在。從秦漢以後，纔逐漸失掉這種作用。可見中國語言的最古形態，從現在的文言，甚至白話裏，都看不出什麼特色來了。第三件，是象意文字。中國文字自始至今，未脫離象意、象形的途徑。雖然是形聲字，在大體上也離不開意象。這種文字的特別精神，是表現中國人富於藝術感，專門在形象上謀文字的改革。同善於分析聲音分子的標音文字絕對異途，因爲那種方法是科學的精神，當他們發明音標時，務必先在聲音上有一種抽象的精密的分析，這是中國人所想不出來的。如果是真的中國人很早就發明音標字母，那末到今天，必定有許多同語系的語言,而中國一大片土地上,早已分成歐洲一樣的許多國家,這也不是一件好的事情。中國文字因為是象形或象意的緣故,所以在形體上總是有區別的,就此忘記了聲音上相同的字太多了。這些同音字的來源很多,因此倒保存下來許多古音。往往同一偏旁的字,不同音;不同偏旁的字,反而同音。在研究古代文字語言的人看來,真是最豐富的材料了,不可以不特加注意。

三、中國語之成分及其傳播

中國民族的代表是漢族,而漢族的組成,來自多方面的。在上古的時代,語言的龐雜,可想而知了。即就文字一方面看,戰國時代的語言異聲、文字異形,也就夠複雜了。所以秦人有書同文、車同軌之禁。我們居現在的時候,打算來研究中國古代語言的不同成分,第一要從古文字、古語彙上探究;第二要從鄰族的語言裏去求新材料,以作比較。在中國古書上,隨時可以找到非漢族的語彙。這種材料,如果積得多的話,影響於研究古代語言極大。例如《詩經·衛風·氓》一首詩裏,有"乘彼垝垣,以望復關;不見復關,泣涕漣漣;既見復關,載笑載言!"這幾句詩中的主人翁是氓。苗、蠻、氓,都是一聲。這"復關",非是苗族的專名不可。《左傳》襄公三十年:"使爲君復陶,以爲絳縣師。"又昭公十二年:"王皮冠秦復陶、翠被、豹舄,執鞭以出。"又在《大雅·綿》之詩裏有"陶復陶穴"一句。這三個"陶復"或"復陶",都是秦方言,諒想是出一語根。《左傳》昭公十七年:"楚師繼之,大敗吳師,獲其乘舟餘皇。"這"餘皇",當然是吳人的專名。《左傳》昭公七年:"吾先君楚文王作僕區之法。"這"僕區",當然也是楚名。《穀梁傳》僖公元年："孟勞者，魯之寶刀也。"可見魯名刀曰"孟勞"。《後漢書·光武紀》："衣諸於繡䯰。"《方言》：襜褕，其短者，自關而西謂之袺䘳。於此可見"諸於"必爲某族之方言，而漢化字則爲"襜褕"。以這爲例，中國文字取自外族語言的很多了。《說文》貝部："賨，南蠻賦也。"《後漢書·南蠻傳》上作"賨布"。又如《漢書·匈奴傳》：韓昌張猛與呼韓邪單于盟，單于以徑路刀、金留犁撓酒。夏德氏以爲"徑路"即突厥文之Kingrak，而"留犁"却未得其音。我以爲如同這兩名詞，在我們的語言上，尚未發生重大關係。如《說文》新附中有酪字，解曰："乳漿。"這也根據匈奴字之音而來，古音應爲rak。高本漢氏以爲即arrack，原本是烈酒。這酪字就大不同了，在我們的文化上有很深的關係了。《雞林類事》："也利，朝鮮語，大水也。"《漢書·地理志》譯作鹽難水，隋代却譯作鴨綠水。又如范成大《桂海虞衡志》："西原蠻所用之遏鐸牌，即古之板楯。""遏鐸"乃楯之譯音。諸如此類，多不勝舉。佛經上更多這一類新名詞，雜入我們的語言裏。如同"三昧""方便""刹那""解脫"之類，在我們的語言文字上影響很大。此外還有一件很重要的事，就是在中國文體上或語言上有Verb to be的語法，乃是六朝以後受了印度語法影響以後纔有的，現在我們都認爲當然了。至於說到從鄰族的語言裏去求新材料一節，也是一件有趣的事。中國文化傳播到四裔的，最早莫如朝鮮，其次是安南、日本。印度支那族之加入我們漢族的血統，是很早的。但是那時中國的文化，可是沒有多少傳到那邊去。秦時雖曾設南海、桂林、象郡，已經有安南的地方在內；漢代更設過日南、交阯諸郡；但是在現代安南發現漢代的文化痕跡，却不多見。至於朝鮮，就大不同了，所移過去的，都是戰國以迄西漢的眞正漢族文化。陸路出遼東，水路從登萊一帶泛海而去。現在發掘已得的全部樂浪文化，可以說是純粹的漢化。所以高麗譯音的漢字，在語言學上價値最高。其見於好大王碑的地名，有幾十個。見於《鷄林類事》的，也有幾百條。其餘的還有很多，都是未經開發的寶庫。日譯漢音，見於《古事紀》及《日本書紀》兩書中的，其時代適當第八世紀初年。而日譯漢字中，以日譯吳音爲較古，當五六世紀時從中國東南部海岸傳去。稍晚者，爲北部傳去之日譯漢音。現在所稱日譯古音，乃指吳音；今音，乃指漢音。此外尚有日語中所保存之古代語言，與中國語言相同之詞彙。據高本漢的意思，這些詞彙或許紀元前即已入日本。現在試舉下例五字的古音來比較。竹字，中國現在讀如 chu，古音讀如 t'i̯uk，日譯古音讀如 take，今音讀如 take；麥字，中國現在讀如 mai，古音讀如 mwbk，日譯古音讀如 mugi，今音讀如 mugi；唊字，中國現在讀如 kia，古音讀如 Kap，日譯古音讀如 Kapi，今音讀如 Kai；現在我們松字讀如 Sung，古音讀如 Zi̯ung，日譯古音讀如 Sugi，今音讀如 Sugi；盆，我們現在讀如 P'ên，古音讀如 b'uən，日譯古音讀如 Pune，今音讀如 fune。總之，五字的日譯古音，都是雙音綴的音讀。而在中國的古音裏，都不是雙音綴了。因此想到，日譯古音所保存的中國音很古，很可以幫助我們研究古音，及中國語的原始形態。此外便是安南的漢音了。據馬斯貝羅說，安南的漢音，都是唐末的長安方言。他另有著述。至於從南亞語、印度支那語、中國南部土著語裏討更好的新材料，當然於研究中國語言的根源是有絕大的幫助的。

四、中國文字之演變

象形、象意的文字，受語言的影響，而發生形體上的改革，是很少的。所以中國文字的演變，在結構方面的多，在聲音方面的少。而這種趨勢，總是從繁向簡的望後變。固然，在甲骨文到籀文的時期裏，也有由簡向繁的，那是例外，並非基本的趨向如此。因爲這種由繁向簡的趨勢，是文化上的進步，同時也受寫字的工具有相當影響。中國文字到底起於什麼時候呢？我實在不敢冒昧作答。《荀子·解蔽篇》上説："作書者衆矣！而倉頡獨得其傳者，一也。"但是荀子在這篇内，並未告訴我們倉頡是什麼時代人，更沒有説倉頡是黃帝之史。我以爲在甲骨文字以前，應該有一時期是文字畫暢行時代。在甲骨文裏，雖然找不出很多的文字畫來，在金文裏，確是很多，如同🖼、🖼、🖼、🖼之類。再者，在甲骨文裏也時常透露一些文字的原始狀態來。在倒寫同合體的字形上，可以看出寫字還沒有固定的方式。例如：報丙作🖼，報乙作🖼，報丁作🖼，五十作🖼，六十作🖼，五百作🖼之類。至於倒寫字很多，例如帝字也可寫作🖼，而妣乙、般庚等等人名，都可以倒寫，真不能不説是原始文字的殘留痕跡了。在形體上面看來，説金文出於甲骨文一説，是不十分正確的。例如宿字，金文從夕，從丮，作🖼；而甲骨文，却作🖼，正是宿字所從的佰字。又如客字，金文也從宀，從各；而甲骨文作🖼，這分明不是一個字源。金文上固然也有作🖼的，但是多數作🖼。甲骨文的🖼，固然是從宀，從倒各，但是普通總加一🖼形，而且有省口作🖼的。大部分的甲骨文同金文，都是有淵源的，但是絕對不同的，也不少。至於金文自身，在六國時，更其紛歧錯雜。秦用籀文、六國用古文說，大體上是合理的。從李斯以後，古代文字的形體纔逐漸劃一。漢代的小篆，就是繹山刻石、會稽刻石、瑯琊臺刻石的後身。因爲將就以求劃一的緣故，所以小篆中往往有同造字的本意不相合的。例如侯，從人從𠂆。這𠂆字，是兩手捧一石斧之形。而小篆却變爲𠂆，上面是一火字了。又如候字，族字，在甲骨文上，及大部分的金文裹，其中所從的是交字；而小篆却變成從矢。這一點意思，衛聚賢先生在《古史研究》第一册裹也說過的。又如朝字，本作𦕩。𦕩，是淵源的意思，小篆却改爲從夕。雖然如此，但《說文》中所保存的古形、古義，仍舊很多。《說文》以後，治小學者不下數十家，惟有呂忱的《字林》，繼《說文》而作。再後，便是顧野王的《玉篇》了。隸書起於秦時，《說文》所謂："初有隸書，以趣約易。"也名之爲"佐書"。據《漢書·藝文志》上說："起於官獄多事，苟趨省易，施之於徒隸也。"這種書體，現在有大量的標本，大半是西漢中葉以後的遺物，就所謂流沙墜簡。在這些草隸中，却保存着一些古文異體。至於碑版上的隸書，却有許多俗字。所謂千里草爲董，白水爲泉。又如配字作酏，失字作㕰，因字作囙，體字作躰。其中也許另有所本，但是大部分是雜亂無章。在宋人劉球的《隸韵》、婁機的《漢隸字源》，及清人的翟云升《隸篇》、顧藹吉《隸辨》裹，都可以找到例證。從篆變隸，是書體上一大改革。對於造字之淵源與初意，更加看不出來了。換而言之，文字同語言越加分離得更遠了。楷書是隸書的變體，所以也名爲今隸。其時代自東晉迄于盛唐，楷法纔確定。從此以後，就没有變動了。隸書固然有許多別體，但別體最多的，莫過於六朝。例如惡作恶，離作离，式作弍，真是異體百出，莫衷一是。這種寫法，從前人罵他們不講究六書。到隋唐以後，纔有人出來訂正。顏師古的《五經字樣》，就是這種空氣下出現的。後來杜延業作《新定字樣》，師古的姪孫顏元孫本之作《干祿字書》，具列正、俗、通三體。宋婁機又作《廣干祿字書》，郭忠恕作《佩觿》，張有作《復古篇》，都是訂正楷法的書籍。到了清朝，六朝碑版出來更多了。邢澍作《金石文字辨異》，楊守敬作《楷法溯源》，楊紹廉作《金石文字辨異補正》，羅振鋆作《碑別字》。所列的楷書異體，真是多不勝計，往往可以在這裏推求些關於古文字的體製。總上所說，本章是專門討論研究文字形體變遷的方法。

五、中國方言之區分

文字形體自在一貫系統下演變，已如上述。現在要來說方言的變遷了。不過這種工作，現在還剛剛開步走，距離真正的成績仍是很遠。中國的文字學者，向來也注意方言的。《淮南子·地形訓》上說："清水音小，濁水音大。"可見西漢初年人，已經注意到分別方言。當西漢末年，揚雄作《方言》，集西漢以前的方言之大成。他給劉歆的信上說："故天下上計，孝廉及內郡衛卒會者，雄常把三寸弱翰，齎油素四尺，以問其異語。歸即以鉛摘次之於槧，二十七歲於今矣。"《方言》以後，如許慎《說文》、劉熙《釋名》，都保一些當代的方言。其他如何休、鄭衆、高誘、郭璞等所注的書裏，也有不少方言。北齊顏之推作《家訓》，其中有《音辭》一篇也說："南方水土和柔，其音清舉而切詣，失在浮淺，其辭多鄙俗。北方山川深厚，其音沈濁而鈋鈍，得其質直，其辭多古語。"陸法言作《切韻》，在自序上也說："吳楚時傷輕淺，燕趙則多重濁，秦隴則去聲爲入，梁益則平聲似去。"顏師古注《漢書》，其中也保存許多古代方音方言。所以要想研究中國古代的方言，也並非不可能。唐宋以後，在詩詞、戲曲裏，也有許多方言。至於各地方的志書中，所保存的方言更多了。祇要我們有一定的目標和方法，材料却真是不少。蘇東坡《雨中遊天竺靈感觀音院》詩上説："蠶欲老，麥半黃，前山後山雨浪浪。"這"雨浪浪"，即杭州現在的土語"麥浪浪"，言其多也。同是一麥字，東坡時讀如"雨"，現在却讀如當地土語"馬"字。如果真正解作雨浪浪，或馬浪浪，都是不對的。又黃山谷《次韵錢穆父贈松扇》詩上説"可憐遠度幘溝婁，適堪今時襪襪子"，這"幘溝婁"是高麗的城名；"襪襪子"是南方的土話，謂不曉事人。現在我們故鄉還有人説這句話，音讀如"農堆"，是軟弱的意思。如此之類的材料，臧晉叔的《元曲選》，於每劇後都摘有方言。《元典章》裏，更不勝枚舉。當然還有好多極普通爲人所知的書。但是方言的研究，最重要的是求其來源。所以區分方言的區域，是一步很重要的工作。林語堂氏把揚雄《方言》中所稱引的地名，附以種姓遷徙之跡，其法至爲精密。他説：漢代以前的方言，應分爲秦晋系，梁及西楚系，趙及魏之西北爲一系，宋衞及魏之一部爲一系，鄭韓周自爲一系，齊魯爲一系，燕代爲一系，北燕朝鮮爲一系，東齊海岱淮泗自爲一系，汝穎淮楚並及江淮爲一系，南楚自爲一系，吳揚越爲一系，凡十二系。我以爲這種分類，於研究古代的方言之關係極大。不過這些系中，那一系是當時的通行語？那幾系是當時通行語的基礎？又這基礎是從那一種語言轉化而來的？換而言之，即是説，吳揚越語同南楚語的關係如何？同鄭韓周的語言系統又是如何的關係？但是我們現在還是不知道。以上都是說古代的。至於近代的呢？章炳麟先生分中國方言爲十種。黎錦熙先生分中國方言爲十二種。王力先生分爲五大系，每系中又分小系，共二十九小系，算是最精細的分類法了。這五大系中，第一是官話，內分七系，計冀魯系、晉陝系、豫鄂系、湘贛系、徽寧系、江淮系、川滇系。第二是吳語，內分四系：蘇滬系、杭紹系、金衢系、溫台系。第三是閩讀，內分五系：閩海系、厦漳系、潮汕系、瓊崖系、海外系。第四是粵讀，內分六系：粵海系、台開系、高雷系、欽廉系、桂南系、海外系。第五是客家話，內分七系：嘉惠系、粵南系、贛南系、閩西系、廣西系、川湘系、海外系。這樣分法當然較之從前人已經精密多了。方言的成立，簡單的說，有三個大原因。第一，是由於民族播遷，使各族處於不同的環境，受不同的影響。先秦時，黃河中部兩岸雜處的民族最多，但是可惜我們無法探求他們的方言關係。因爲分處，可以生出不同；但又因雜處，而發生同化作用。所以第二，是由於甲族學乙族語言，乙族學甲族語言，而引起很大的變化。第三，是由於山川的間隔，如浙南，閩廣，各地方言特別多，即是這原因。而北方大平原上，也就因此沒有很大的區別。然而這些都還不是尋根究底的研究，我以爲研究方言的目的，要在乎尋求中國古語之源。所以不能單求之於方言的本身，非得同旁的有相關係的他族語言中去比較不可。研究本國的方言，是作達到這目的的橋梁而已。

六、中國語文在文化上所發生之影響

在上面已經說過，語言文字可以影響文化，而文化也可以影響語言文字。先來說後一點。中國自古以來，民族的向心力很強。在偌大的地域上，一切文化趨勢，總在大一統的精神之下進行一切建設。倫理上，有宗法制度去維繫；政治上，有大帝國的觀念去籠罩一切。先秦的時候，中國本部的民族極複雜，但是在這時候所產生的文字，却是有統一不同語言的力量。能夠造成一標準，使許多帶有特點的語言逐漸劃一化，都照着文字的統一格式，化零①為整。所以漢族一名詞的函義，先從文字語言方面的統一機構造成基礎，再用這基礎去引誘異族歸化。所以在語言文字中，雖然不時可以找到異族語言的成分，却令一般人都不大很注意。這種力量，真是中國文化的特色。因是，中國方言有那麼多，却並沒有分裂成多種的文字和語言。而政治上幾度分裂之後，終於恢復到統一的大帝國。這也可以說是文字的力量影響到文化。如果專門從這一方面去看，所要說的話更多了。第一，象意、象形文字在文學上所發揮的特別力量，是專在形色一方面，而忽略一部分聲音上頭的美感，所以祇有心悅目娛的樂趣。因是中國文學上，好用疊字，及雙聲疊韵字，例如《詩經》上《草蟲》一詩："喓喓草蟲，趯趯阜螽；未見君子，憂心忡忡！"又《東山》詩："伊威在室，蠨蛸在户；町疃鹿場，熠燿宵行。"又如《楚辭·山鬼》："雷填填兮，雨冥冥！猨啾啾兮，狖夜鳴！風颯颯兮，木蕭蕭！思公子兮，獨離憂。"這種描寫方法，固②然也有聲音之美，而大部分還是表現在形色方面。此外便是對偶同駢句，例如："鷄聲茅店月，人跡板橋霜。"其工整還不算，而所表現的情景，確能達出中國文學上之特色。所以駢四儷六的文

---

① 零，原刊作"另"。
② 固，原刊作"因"。

章,惟有中國象形文字上纔會有的。這也是語尾無變化的文字纔可以表現得這樣好,否則便没有這樣簡單而易於分配。第二,是孤立語表現思想之能力及其性質。在西洋哲學上,往往是用語尾變化的方法來變換名詞的意義,這在中國是不可能的。可是另外有一種方法,在西洋哲學上也很少見到。而這種方法在我們中國古代,不論那家的思想議論,都通行。這當然是語言文字所給予思想的影響了。例如:"勞心者治人,勞力者治於人;治於人者食人,治人者食於人。"又如:"性也,有命焉;君子不謂性也。命也,有性焉;君子不謂命也。"又如:"誠者,天之道也;誠之者,人之道也。"又如:"自誠明,謂之性;自明誠,謂之教。誠則明矣,明則誠矣。"又如:"知至至之,可謂幾也;知終終之,可與存義也。"以上所引的是屬於儒家方面的。再如:"道可道,非常道;名可名,非常名。無名,天地之始;有名,萬物之母。"又如:"有始也者,有未始有始也者,有未始夫未始有始也者;有有也者,有無也者,有未始有無也者,有未始夫未始有無也者。"又如:"道惡乎隱,而有真偽;言惡乎隱,而有是非。道惡乎往而不存;言惡乎存而不可。"這些是屬於道家方面的。再如:"物莫非指,而指非指;天下無指,物無可以謂物;非指者,天下而物可謂指乎?"又如:"以指喻指之非指,不若以非指喻指之非指也;以馬喻馬之非馬,不若以非馬喻馬之非馬也。天地,一指也;萬物,一馬也。"這是屬於名家方面的。總之用這樣的方法來表達思想,是中國文字的特色。而所表達的思想,非常澈底而深邃。所以張東蓀先生説:"邏輯是爲文化中的範疇所左右。"我以爲這文化中的範疇便是語言文字,在不同的語言文字裏,自有不同的思想原則,所以中國人也自有一套思想原則。用了這套原則,不但不見得思想上失了正確,並且也不見得就是文化未進步的現象。不過有一點要注意的,象形文字同無語尾變化的特性,是造成語言文字上的簡單而抽象的觀念多。對於有語尾變化及聲調曲折的語言之善於紆迴繚繞的特性,所影響於文化上之富於感覺性的優點,便差得很遠了。科學在中國之不發達,也就是這種原因。

結 語

近代研究中國語言文字的專家,在我們本國的,是孫詒讓、章炳麟兩位先生。在外國的,是高本漢先生。趙元任師同林語堂先生,都是很夠標準的現代人物,將來必定會給我們許多新發明。拿已經過去的人來說,孫詒讓的《名原》,他的目的很遠大,真想在文字的形體方面,直溯中國造字之原。研究甲骨金文的人,有這樣的遠大眼光,孫詒讓先生算是第一人了。現在就是問:光從形體方面求造字之源,當然是可以的,不過,捨棄了聲音的關係,能否得到真正的根源呢?因為文字無論如何,總不能同語言一點兒也沒有關係,而且這關係是很密切的。那末像《名原》式的工作,必定另有檢討的必要。其次是章炳麟先生的《文始》,他的工作的確是要求出中國字的語根,所以大大的努力於初文同準初文的探討。因是,在聲音的通轉裏,考論造字之源,其意可以說至為真切,而成績也大有可觀。但是,中國人最初造字時,並沒有所謂初文的預定,由此再行演化。所以章先生的初文同準初文,並不能作為中國的語根看待。我上面已經說過,中國文字同語言的關係,最初是出於翻譯式的。如果從形體上求中國語言之根,真是戛戛乎其難矣!比如有人把中國注音字母當作初文,這豈不是成了笑話。我以為聲音通轉，是有一部分聲音上變化的理由在裏面。至於語言上的轉變，或者語根的問題，是又當別論的。王念孫《釋文》、程瑤田《果蠃轉語記》①的辦法，却是求語根的路徑。所以章氏《文始》的功績，也就衹是接近於此的一方面。若説初文便是語根，那便離事實太遠了。章氏的《新方言》真是一部絶好著作。像這一類的材料，恐怕還是很多。因此我覺得，我們的工作，應該從二方面着手。第一，審定每一字最確實、最早的形態。從小篆到金文，從金文到甲骨文，凡字皆求其根柢。第二，研究每字的確實音讀，同最初的音讀。譬如氏字，現在讀承旨切。我以爲古代一定不是這樣讀，因爲從氏的字有衹，讀巨支切。又北方的地名有稱氏的，如元氏、乘氏、猗氏之類，在南方則稱陵，如零陵、武陵、夷陵之類。秦謂陵阪曰阺，揚雄《方言》作阺，這分明陵同阺是方言的關係。而且氏、氐，古書上往往互誤。所以氏字的古音，我們還無法決定。由此説來，清人所倡古音分部及通轉的關係，如果换一種方法來看，也許就會全部改觀的。總之，研究文字學，有一根本途徑，即是永遠不能與語言脱節。其最大目的，是從文字上搜求語言的根源。因此，應該注意古字中的偏傍之變動，同音義發生什麼影響？每一字的根源，是在那裏？同一種意義的字爲什麼字形不同，字音又不同？最後，搜求到語法上的構造，以及同思想相連的關係。清人研究古音的多，知道研究古言的，却不多見。自戴震以至章炳麟，真是寥寥可數的幾個人。我們現在，務必百尺竿頭更進一步。

---

①《説文月刊》作"過蠃轉語考"，根據《劉節文集》改。

後記

余大學主修化學，整理劉節先生遺著實在是勉爲其難，在古文字方面更是先天不足，感謝王江鵬博士和天津師範大學高磊博士爲我審稿把關！感謝責編關杰三年來的辛勤付出！

感謝譚世寶教授、張求會教授、朱洪斌教授一直以來對我研究工作的指導和支持！感謝廣東省立中山圖書館林銳老師專門到古籍書庫爲我核對一些難以辨識的甲金文！感謝馬忠文教授及"晚清民國書信日記整理"微信群中各位師友的幫助！

感謝劉節先生的學生、著名書法家林雅杰老師題簽書名！

感謝我曾供職的澳門城市大學支持出版此書，感謝劉駿校長、葉桂平副校長、科研處盛劍處長！

最後，要感謝大表哥劉顯曾先生對我的信任，授權我整理出版劉節先生這部書！顯曾先生一個月前病逝於天津，嘆惜他不能親見此書付梓。

洪光華

二〇二五年三月於澳門